基于多指标构建综合指数的评价方法及其应用研究

石峻驿　陶思年　蔺小奕　著

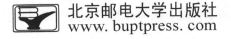

北京邮电大学出版社
www.buptpress.com

内容简介

本书一共包含八章的内容,其中第一~三章为理论和方法部分,第四~八章为应用部分。第一章是引言与文献综述。第二章是常用评价方法及其比较研究。第三章为三大评级机构的信用评级方法比较,作为拓展内容,介绍了国际上三大评级机构的信用评级方法,在此基础上介绍了中国的评级现状。第四章是综合承载力指数的构建及其实现,介绍了基于多指标构建综合承载力指数,并将其应用于主体功能区的划分。第五章是人口承载力测算体系的构建及其实现,主要从不同视角对人口承载力进行了测算研究。第六章是节能减排综合指数的构建及其实现,主要基于综合视角构建节能减排指标体系,并从时间序列和截面两个角度对节能减排综合指数进行了计算和分析。第七章是首都功能提升指数的构建及其实现,主要基于9个维度构建指标体系,计算首都功能提升指数。第八章是企业承诺制改革试点效果评估体系的构建及其实现,主要以山西省为例,构建了企业承诺制改革试点效果评估的指标体系,计算了综合评价指数,并对试点效果进行了显著性检验。

图书在版编目(CIP)数据

基于多指标构建综合指数的评价方法及其应用研究 /石峻驿,陶思年,蔺小奕著. -- 北京:北京邮电大学出版社,2022.1(2024.1重印)
ISBN 978-7-5635-6580-1

Ⅰ.①基… Ⅱ.①石… ②陶… ③蔺… Ⅲ.①企业—信用评级—研究—中国 Ⅳ.①F832.4
中国版本图书馆 CIP 数据核字(2021)第 267217 号

策划编辑:彭 楠　　责任编辑:孙宏颖　　封面设计:七星博纳

出版发行:	北京邮电大学出版社
社　　址:	北京市海淀区西土城路 10 号
邮政编码:	100876
发 行 部:	电话:010-62282185　传真:010-62283578
E-mail:	publish@bupt.edu.cn
经　　销:	各地新华书店
印　　刷:	北京虎彩文化传播有限公司
开　　本:	720 mm×1 000 mm　1/16
印　　张:	13.25
字　　数:	264 千字
版　　次:	2022 年 1 月第 1 版
印　　次:	2024 年 1 月第 2 次印刷

ISBN 978-7-5635-6580-1　　　　　　　　　　　　定 价:58.00 元

·如有印装质量问题,请与北京邮电大学出版社发行部联系·

前　言

随着信息技术的快速发展,各行各业积累的数据量越来越多,也越来越丰富。如何充分利用这些信息,为相关部门、相关机构、相关企业的决策提供参考,是一个涉及范围广泛而且现实意义重要的问题。在现实应用中,如何科学有效地将这些丰富的多维信息进行降维处理,形成综合的单一维度信息,为决策者"拨开云雾",洞察事物发展的规律和趋势?基于多指标构建综合指数的评价方法无疑为解决这一问题提供了一个有效的途径。

本书作者从2008年开始接触基于多指标构建综合指数的评价方法,将其应用于综合承载力指数的计算中,并将计算结果用于主体功能区划分,取得了较好的实践效果。本书第四章的主要内容曾发表于2010年第3期的《城市发展研究》,围绕着评价结果展开的讨论先后发表于2011年《人民日报》(理论版)和2012年《光明日报》(理论版)。

2011年,受北京市丰台区政府的委托,作者承担了"丰台区人口资源环境承载力研究",重点研究了从不同视角对丰台区人口承载力水平进行测算,测算结果对于丰台区决策者及时掌握丰台区的各类资源对人口的承载力水平提供了重要参考,为制定相应的人口政策提供了科学依据。本书第五章的主要内容就是该项研究成果的一个归纳和梳理。

2011年,作者承担了国家统计局的重点项目"中国节能减排核算的理论与实践",对中国的节能减排情况进行评估是其中的一项重要内容。我们基于时间序列数据,对中国1992—2013年的节能减排情况进行评价;基于横截面数据,对中国2012年各省区市的节能减排情况进行评价。本书第六章的主要内容就是这一研究成果的体现,该成果曾发表于2017年第4期的《宏观经济研究》。

2016年,受国家发展改革委体改所课题组的邀请,作者参与了课题"西城区首都功能提升指数研究"的研究工作,主要负责相关指数的编制和计算工作。本书第七章就是作者参与该课题,由作者负责完成的指数计算部分的内容。需要说明的是，首都功能提升指数指标体系的构建工作以及相关数据的采集工作主要由国家发展改革委体改所以及西城区发改委来负责完成，作者仅从指数编制技术角度给予建议和指导。

2017年，受国家发展改革委体改所课题组的邀请，作者参与了"山西省投资体制改革实践与创新研究"，主要负责课题涉及的指数编制、指数计算与相关实证检验工作。本书第八章就是作者参与该课题时，由作者完成的相关内容的梳理。同样需要说明的是，企业承诺制改革试点效果评估体系、基础数据采集、相关政策建议都是由国家发展改革委体改所和山西发改委来负责完成的，作者仅从指数编制技术角度给予建议和指导。

基于多指标构建综合指数的评价方法随着问题和基础数据的变化而会有所不同，在实践应用中需要根据具体情况来进行具体方法的选择。未来，有两个方面的问题需要引起理论研究界和实践应用界的重点关注：一是基于面板数据，进行多指标综合指数编制时，在指数编制方法的选取上如何保证选取的方法能够使得指数结果从时间维度和空间维度都可比，将是一个值得探讨和注意的问题；二是对于指标比较多的情况，如何选取合适的统计方法对指标进行筛选和剔除，将是一项非常基础而又非常重要的工作。

本书的写作分工如下：第一章和第二章由陶思年和蔺小奕完成，石峻驿进行了修改；第三章由秦康和石峻驿完成，陶思年和蔺小奕进行了修改；第四～八章由石峻驿完成，陶思年和蔺小奕对表格、图表和个别文字错误进行了修改。当然，本书可能还存在种种不足，欢迎各界人士提出宝贵的批评意见。作者邮箱：jingjiszh@163.com。

目　录

第一章　引言与文献综述 ………………………………………… 1
　一、引言 …………………………………………………………… 1
　二、文献综述 ……………………………………………………… 3
　　（一）综合评价方法概述 ………………………………………… 4
　　（二）常用综合评价方法的发展 ………………………………… 6
　　（三）常用综合评价方法的应用 ………………………………… 8
　　（四）小结 ………………………………………………………… 9

第二章　常用评价方法及其比较研究 …………………………… 11
　一、综合评价方法的一般步骤 …………………………………… 11
　　（一）明确目的,确定评价指标和评价指标体系 ……………… 11
　　（二）对指标进行量化 …………………………………………… 12
　　（三）确定各评价指标权重 ……………………………………… 13
　　（四）合成综合评价值 …………………………………………… 18
　二、常用综合评价方法介绍 ……………………………………… 20
　　（一）常规综合评价方法 ………………………………………… 20
　　（二）多元统计综合评价方法 …………………………………… 21
　　（三）模糊综合评价方法 ………………………………………… 22
　　（四）Topsis 法 …………………………………………………… 23
　　（五）秩和比法 …………………………………………………… 24
　　（六）层次分析法 ………………………………………………… 24
　　（七）灰色系统分析法 …………………………………………… 24
　　（八）数据包络分析法 …………………………………………… 25

    (九) 人工神经网络法 ·· 25
  三、各种评价方法的综合比较 ·· 26

第三章　三大评级机构的信用评级方法比较 ······························ 29
  一、信用评价及三大机构概述 ·· 29
    (一) 信用评级概述 ·· 29
    (二) 三大评级机构的产生 ·· 30
  二、穆迪对金融机构的评级方法 ·· 31
    (一) 评级方法概述 ·· 31
    (二) 评级的定义、指标及方法 ·· 32
    (三) 案例应用 ·· 33
  三、标普对金融机构的评级方法 ·· 34
    (一) 评级方法概述 ·· 34
    (二) 评级的定义、指标及方法 ·· 35
    (三) 案例应用 ·· 37
  四、惠誉对金融机构的评级方法 ·· 38
    (一) 评级方法概述 ·· 38
    (二) 评级的定义、指标及方法 ·· 39
    (三) 案例应用 ·· 40
  五、三大机构评级方法的比较及中国评级现状 ································ 41
    (一) 穆迪评级流程与思想 ·· 41
    (二) 标普评级流程与思想 ·· 43
    (三) 惠誉评级流程与思想 ·· 44
    (四) 三大机构评级方法的异同 ·· 45
    (五) 中国信用评级现状 ·· 46

第四章　综合承载力指数的构建及其实现 ································ 50
  一、承载力的测定方法 ·· 50
    (一) 单一承载力的测定 ·· 50
    (二) 综合承载力的测定 ·· 52
    (三) 承载力视角与"十一五"要求的对应关系 ···························· 55

二、主体功能区的划分方法 …………………………………………… 56
　（一）划分单元的确定 ………………………………………………… 56
　（二）评价指标体系的建立与权重的确定方法 ……………………… 57
三、综合承载力指数指标体系的构建与数据处理 ……………………… 59
　（一）指标体系的构建 ………………………………………………… 59
　（二）数据预处理 ……………………………………………………… 61
四、综合承载力指数计算的实现 ………………………………………… 64
　（一）无量纲化与权重的确定 ………………………………………… 64
　（二）主体功能区划分指数的计算 …………………………………… 66
五、结论与评价 …………………………………………………………… 70

第五章　人口承载力测算体系的构建及其实现 ……………………… 73

一、课题研究背景 ………………………………………………………… 73
二、承载力测算方法设计与构建 ………………………………………… 74
　（一）承载力测定视角分析 …………………………………………… 74
　（二）承载力测定指标选择 …………………………………………… 74
　（三）承载力的测算方法及原理 ……………………………………… 75
三、不同视角人口承载力的测算 ………………………………………… 77
　（一）基于产业结构的承载力测算 …………………………………… 77
　（二）基于房地产的承载力测算 ……………………………………… 85
　（三）基于水资源的承载力测算 ……………………………………… 86
　（四）基于基础设施的承载力测算 …………………………………… 88
　（五）基于公共服务的承载力测算 …………………………………… 90
　（六）基于城市化的承载力预测 ……………………………………… 93
　（七）基于数量方法的常住人口测算 ………………………………… 95
四、基本结论 ……………………………………………………………… 97

第六章　节能减排综合指数的构建及其实现 ………………………… 100

一、引言与文献综述 ……………………………………………………… 100
二、基于综合视角的节能减排指标体系构建 …………………………… 103
三、基于时间序列数据的中国节能减排评估 …………………………… 108

四、基于省级截面数据的中国各地区节能减排效果评估 …………… 113
五、结论与建议 …………………………………………………… 116

第七章 首都功能提升指数的构建及其实现 …………………………… 118

一、引言 …………………………………………………………… 118
二、指标体系构建与计算方法 …………………………………… 120
 （一）指标体系说明 …………………………………………… 120
 （二）主要指标目标值的确定 ……………………………… 124
 （三）计算方法 ……………………………………………… 126
三、数据的获取方法 ……………………………………………… 128
 （一）数据来源与预处理 …………………………………… 128
 （二）调查数据获取方法 …………………………………… 129
四、指数的计算 …………………………………………………… 131
 （一）最终指标的选取 ……………………………………… 131
 （二）计算结果 ……………………………………………… 134
五、结论与相关建议 ……………………………………………… 140
 （一）首都功能提升各领域情况评估 ……………………… 140
 （二）提升首都功能的对策建议 …………………………… 148

第八章 企业承诺制改革试点效果评估体系的构建及其实现 ………… 152

一、引言 …………………………………………………………… 152
二、企业项目承诺制无审批管理试点效果评价指标体系的构建 … 154
 （一）评价承诺制无审批管理试点效果的主要维度 ……… 154
 （二）构建改革评价指标体系的主要原则 ………………… 155
 （三）改革试点成效评价指标体系的构建 ………………… 156
三、评价与检验方法 ……………………………………………… 160
 （一）指标的无量纲化处理 ………………………………… 160
 （二）指标加权方法的确定 ………………………………… 161
 （三）评价指标的归并处理 ………………………………… 162
 （四）试点效果显著性 ……………………………………… 162
四、评价结果分析 ………………………………………………… 163

（一）数据采集方案设计与预处理方法 ………………………… 163
（二）企业通过改革试点获得收益方面的评价结果分析(A1) … 164
（三）企业对此次改革试点的满意度评价结果分析(A2) ……… 167
（四）政府推进改革工作成效的评价(B) ………………………… 168
（五）成效指数的改革前后对比 …………………………………… 170
（六）试点效果显著性检验 ………………………………………… 170

五、政策建议 …………………………………………………………… 173

参考文献 ……………………………………………………………… 176

附录　各个计算表格结果 …………………………………………… 193

第一章 引言与文献综述

一、引　言

2020年3月,《中共中央 国务院关于构建更加完善的要素市场化配置体制机制的意见》(以下简称《意见》)对外公布,《意见》将数据纳入了与土地、劳动力、资本、技术并列的第五大生产要素。近年来,以计算机、互联网等为代表的现代信息技术和平台持续发展,为数据的处理提供了较为便捷的方法和手段,同时,人们对于各类数据的需求也快速增长。面对错综复杂的数据环境,如何通过分类整理、制度监管等行动实现数据的合理应用,如何通过分享流动、加工处理等过程实现数据的价值展现,是目前学界和业界需要共同解决的问题。针对此类问题,在保有明确目的的情况下,将复杂数据进行高度抽象综合,实现对某一现象或问题的综合评价与正确评估,最终为决策提供依据是较为常用的且有效的手段之一,可以说,几乎任何的综合性活动都可以进行宏观或者微观的评价。实际中的许多现象往往是具有多方面的性质特征的,然而,除了少数实际意义与重要性均较为明确的可靠指标外,大多数的单一指标只能评估现象某一方面的优劣,而不能对其各个方面的性质特征进行综合性的、总括性的评价。因此在更多时候,评价者需借助一定的技术,结合定性与定量指标数据,综合考量主观与客观因素,基于构建多指标综合评价指数的方法,对现象与问题进行评估。多指标综合评价指数方法能够实现被评价对象在不同时间、空间上的整体比较和排序,能够从数量上展示和说明研究对象的规模大小、内外部关系协调等特征,既可以从"度"来反映研究对象所处的相对状态,也可以从"质"来对研究领域较为统一的标准进行分析。在社会经济统计学理论界与统计实际部门的共同努力下,多指标综合评价指数方法在许多领域,尤其是在经济效益综合评价、生活质量评估等场景发挥了重要的作用。

多指标综合评价指数方法是将多个指标的数据综合起来形成一个概括性的指数,将评价结果量化,并通过指数比较以达到评价目的的一种重要技术,其重要的基础理论之一是指数理论。通过科学的理论与技术构造指数是对社会经济现象进行描述的重要方法之一。早在 1675 年,英国学者赖斯·沃汉就已经在《货币铸造论》中以谷物、家畜、鱼类等当时重要的商品为样本,将 1950 年的价格与 1352 年的价格进行比较,编制了反映金属货币交换价值变化的指数。随着世界经济的蓬勃发展以及统计指数理论和技术的不断进步,指数的应用逐步扩展到了工业生产、社会民生、生态环境、经济体制等领域之中。指数有广义和狭义之分,广义指数通常指能够反映社会现象在不同时期的数量对比关系的相对数,狭义指数通常定义为能够综合反映由多种要素组成的经济现象在不同时间和空间条件下平均变动的相对数。指数能够用来反映复杂社会经济现象总体变动的方向与程度,分析社会经济现象在很长一段时间内的变化趋势,也可以分析各个因素对现象总体变动所带来影响的方向与程度,同时指数能够对社会经济现象进行综合评价和测定。从其应用上看,指数既可以反映社会经济现象的整体情况,又可以反映不同行业、不同商品、不同现象等的变动情况;既可以描述历史发展状况,又可以预测外来的发展趋势;既可以用作价值排序,又可以用作价值分类。

多指标综合评价指数方法是指在衡量多维概念基本模型的基础上,将单个指标汇编为一个指数。它代表了研究者对于全套指标的总体看法,能够通过对客观现实状态的描述和评价,揭示出指标所反映现象的状态和水平,能够对可持续发展动态的趋势提供有效预警,并制定相应政策制度以进行调控,能够有效实现多指标情形下的比较。在进行多指标综合评价时,常需要基于扎实的专业知识和广泛的实际调研,其评价的开展首先需要明确研究目的,其次根据目的确定较为科学合理的评价指标与评价指标体系,并在对指标进行同向化和无量纲化等量化处理后,得到单项指标的评价值,完成以上工作后,综合评价需要对指标的权重进行确定,最终通过一定的合成方法得到综合评价值。概括地看,综合评价方法的选择受到被评价对象的外部环境、数据可得性、目的等多方面因素的影响,且无论从哪种角度对方案进行评价研究,其结果都会受到评价指标个数和被评价对象个数这两大要素的影响。总的来说,多指标综合评价指数方法常用于解决从不同侧面对客观事物的整体情况做出评价的问题,其结果通常表现为一个数量化的评价值,且评价者能够通过这一结果实现分类、比较排序、程度考察等目的,最终对实际问题的决策给予有力支持。

综合评价是深入了解和客观认识研究对象的重要手段,是对评价对象进行排序和优选的决策依据,是完善实践过程、优化管理措施的关键支撑与重要基础。建立综合指标的正确方法并不只有一种,虽然各种方法的总体思路是统一的,但是不同方法的选择会对评价结果造成影响,因此,在大多数情况下最优的评价方法是不存在的。从最初的评分评价法、功效系数法、综合指数评价法、组合指标评价法等,到后来的灰色系统评价法、模糊综合评价法、多元统计评价法、AHP(层次分析)法等,再到近几年的 DEA(数据包络分析)法、ANN(人工神经网络)法、Topsis 法等,多指标综合评价指数方法日趋数学化、复杂化、多学科化,其具体方法的选择需要基于实际指标数据的情况。从梳理结果中可以发现,不论哪一种多指标综合评价指数方法,都包含了"量化""加权""合成"这3项基本要素,分别对应评价过程中指标数据的无量纲化处理、权重的设置以及指标值的综合这3个最为关键的方面。综合评价从不同角度来看可以划分为不同类型,而不同类型的综合评价具有不同的特点或应用条件,例如:从评价对象所属时间看可以分为实绩评价与预期评价;从评价对象的结构看可以分为动态评价与静态评价;从评价目标看可以分为相对评价与绝对评价;从评价结果看可以分为单纯性排序评价、价值排序评价、价值分类评价;从评价实施者看可以分为官方评价与非官方评价;从评价持续性看可以分为制度化评价与临时性评价。

随着多指标综合评价技术的日益完善,以及以中国为代表的各主要国家在经济、政治、文化、生态、社会等领域取得了较为全面的发展,多指标综合评价技术发展与应用的必要性显得更为突出,这也促使了一部分具有公信力的第三方评估机构的诞生。因此本书在对多指标综合评价技术进行研究的过程中,也对穆迪、标普等第三方评价机构的一般流程与方法进行了简单研究。长期以来,基于多指标综合指数进行评价的方法被广泛应用到了经济效益、环境质量、可持续发展、现代化水平、竞争能力、生活质量、人员素质、技术水平、企业创新能力、社会发展等领域的综合评价之中。

二、文献综述

多指标综合评价技术发展至今,已经有了较为丰富的理论与方法,作为一项系统性和复杂性的工作,它既是人们认识事物、理解事物并影响事物的重要手段之一,也是一种管理认知过程,更是一种管理决策过程。从其技术层面来看,综合评价本质上属于交叉学科,包括综合指数、模糊数学、多元统计、灰色系统理论、决策科学、ANN、AHP、DEA、Topsis等理论与思想,而多种学科的发展又反过来对多指标综合评价技术的发展产生了重大影响。受指数构造过程及计算方法等之间存在的差异影响,不同综合评价方法对于同一问题应用所得到的结果,以及同一种方法在不同领域应用所得到的结果都会有所不同,因此,在选取方法对多指标综合指数问题进行评价或研究时,往往需要将理论方法与实证分析进行结合。对于基于构建多指标综合指数的评价方法及其应用,目前学术界主要从综合评价方法概述、常用综合评价方法的发展、常用综合评价方法的应用等几个方面展开研究。

（一）综合评价方法概述

对于多指标综合指数评价方法,由于方法众多且更新较快,目前国内外缺少较为系统、全面的整理研究。邱东教授(1991)在专著《多指标综合评价方法的系统分析》中,将多指标综合评价划分为常规多指标综合评价方法、模糊综合评价方法和多元统计方法三大方法体系,但是书中并未对综合评价指标理论、权数方法等内容进行较为详细的介绍,这也是早期对多指标综合评价方法进行系统研究的成果。伴随着多指标综合评价技术的快速发展,多种新的理论逐步被引入综合评价中,许多新的评价方法也被人们提出或改进,更多的对于综合评价方法的整理与概述也随之发表。苏为华(2000)对多指标综合指数评价方法进行了一次较为全面的整理,他一方面对传统的综合评价方法进行了归纳与比较,另一方面对1990—2000年这近10年间出现的较为流行的综合评价方法进行了简单介绍。王青华(2003)对指数法、功效系数法、最优值距离法和排队计分法4种方法进行了详细介绍,并对这4种方法的适用场合进行了比较。陈孝新(2004)将因子分析法、熵值法、层次分析法、多因素层次模糊综合评价法这4种方法用于对于同一个问题的评价,并对其综合评价结果进行了比较,得出一系列关于方法优劣判断等方面的结论。李荣平(2004)从指标的无量纲化方法、指标权重系数的确定、指标值合成方法等综合评价的一般步骤入手,针对综合评价方法的创新和改进提出了建议。虞晓芬(2004)以权重确定方法作为划分依据,选取了较具代表性的主观赋权和客观赋权的综合评价方法进行详细介绍。陈衍泰(2004)将常用的综合评价方法分为定性评价方法、模糊数学方法、多属性决策方法、运筹学方法、系统工程方法、统计分析方法、技术经济分析方法、对话式评价方法和智能化评价方法九大类,并针对每一类方法对其方法内容、优缺点和适用对象进行了整理。彭张林(2015)将综合评价方法划分为定性评价方法、基于统计分析的评价方法、定量评价方法、基于目标规划模型的评价方法以及多方法融合的综合评价方法五大类,并对其分别进行了简单描述。王其荣(2006)、李红(2012)、张洪清(2014)、韩晓(2017)、张发明(2019)等学者也对多指标综合评价方法的基本研究内容和框架结构进行了整理与比较,并对各种方法的优点和存在的主要问题进行了具体分析。

综合评价的一般步骤主要包括确定研究目标,选取指标构建综合评价指标体系,确定各指标权重,以及合成并得到综合评价值。对于其中的一些关键技术与重要步骤,也有学者进行了较为详细的研究。

指标体系的科学性与否直接影响和决定了评价结果的可靠性与可信性,在指标的选取与指标体系构建方面,张尧庭教授(1990)提出了用逐步判别分析法、系统聚类与动态聚类法、极小广义方差法、主成分分析法、极大不相关法等数理统计方法对评价指标进行选取,并对它们的特点进行了分析。邱东教授(1991)提到了用

"条件广义方差极小原则"来选择评价指标体系,还提出了一种根据指标相关性选择"典型指标"的方法,并对用主成分分析法进行指标筛选与排序的过程中存在的问题进行了详细分析。何湘藩(1993)提出了根据"三力"建标法,将评价值离差最大的指标体系视作最优评价指标体系,建立了最优评价指标体系及相应的最优评价模型。王庆石(1994)对"统计指标间信息重叠的消减办法"的相关问题进行了探讨,具体包括复相关系数法、多元回归法、逐步回归法、主成分分析法、因子分析法等。王铮(1988)提出了采用综合回归法(又称"综合趋优法")建立评估指标体系,并对这一方法初始指标体系的建立、指标集的过滤、指标集的净化这3个基本部分进行了详细讨论,为接下来定性与定量相结合的指标体系构造过程提供了较为完整的示范。彭张林(2017)对综合评价指标体系的设计原则与构建流程进行了整理与研究,再次对综合评价指标体系设计的目的性、完备性、可操作性、独立性、显著性与动态性原则进行总结,并提出了指标体系构建的初步构建、初步筛选、定量筛选、合理性检验和反馈性检验"五阶段"过程模型。

在指标的权重确定方面,在已有研究成果的基础上,杨宇(2006)从指标变异程度大小、指标独立性大小、评价者主观偏好3个角度,对确定权重所用的专家评判法、层次分析法、变异系数法、熵权法、组合赋权法等进行了较为全面的介绍。章雁(2006)分别运用熵权法、加权平方和法、模糊综合评价法对企业竞争力进行评价,然后将评价结果按照一定的方法进行组合,得出不同组的综合评价值并进行比较。程启月(2010)基于多种赋权方法的性质,提出了一种将定性分析与定量分析相结合的、将主观赋值法与客观赋值法相结合的结构熵权法。王先甲(2011)在灰色系统理论的基础上,将AHP和DEA两种方法有机结合,共同对综合指标的权重向量进行确定,进而得出方案之间的关联度,最终实现更为有效、合理的综合评价。韩小孩(2012)对基于主成分法分析的权重确定方法进行了较为详细的研究,并提出了一种无须提供多组样本数据的、基于主成分分析的权重确定方法。钟赛香(2015)对不同方法在不同参数设置下的权重值、评价值和评价排序结果的变化特征与分布规律进行了分析,并依据该变化特征与分布规律,对各种方法的"优劣比较"和最优选择进行了探讨。肖枝洪(2020)根据文献《评测指标权重确定的结构熵权法》所提出的观点对改进后的构权方法进行了实际应用,将其与传统德尔菲法的结果进行比较并对差异作出了解释。

在指标的处理方面,邱东教授(1991)在其著作中,对"无量纲化方法"与"合成方法"两大基本问题进行了全面的讨论。在系统工程理论界,也常将极差变换法、高中差变换法、低中差变换法等引入到综合评价过程中(胡祖光,1986)。糜万俊(2013)基于离差最大化要求的约束条件与假设冲突,以及离差最大化可能造成权重信息失真等问题,以属性下方案的方差为媒介,分析了无量纲化方法对属性权重影响的传导机制,并对相关方法的优化提出了建议。俞立平(2020)基于对多属性评价值评价功能影响机制的分析方法,对自然权重与线性科技评价的影响进行了分析,并提出了评价型无量纲法。谢忠秋(2020)提出了使用 t 检验的思路,对统计综合评价中无量纲化方法进行选择,并通过案例分析对该种检验方法进行了有效检验。

(二) 常用综合评价方法的发展

发展至今,较为常用的多指标综合评价指数方法主要包括综合指数评价法、功效系数综合评价法、多元统计综合评价法、模糊数学综合评价法、灰色系统综合评价法,以及引入 DEA、ANN、AHP 等理论的综合评价方法。值得注意的是,无论使用哪一种方法,都需要深入或持续地研究其适用条件,明确评价目的,并基于对综合评价指标体系理论、综合评价标准、综合评价保序性等基础理论问题的研究,选择易于计算、易于理解、易于发挥评价者主体意识的评价方法。

综合指数评价法是最为常规的综合评价方法,该方法依照综合评价方法的一般步骤,适用于评价问题具有明确标准,被评价对象差异不太悬殊,而且各单项评价指数的波动范围也相差不大等情形。综合指数评价法较易理解,且大部分关于综合评价方法的文献对于此类方法都会进行介绍,因此不在此处进行赘述。

功效系数综合评价法是多指标综合评价指数方法中非常重要的一部分,适用于多类别综合评价场景的评价研究,最早在 20 世纪 80 年代初期,国内开始将对于这一类方法的研究应用于经济效益综合评价领域。依照多目标决策方法,庞浩教授首先提出了将每一个指标按照"功效系数"公式进行量化,然后再采用加权几何平均法进行合成的方法(1982、1983),但是这种简单直线化的处理方法可能会导致权重的意义相反且不能处理负值,因此,庞浩教授在原有理论的基础上提出了修正的功效系数法,采用加权算术平均方法,对原本的功效系数进行线性变换,并设定其取值基点。此外,有部分认为直线型的功效系数法容易受到价格等因素影响的学者提出,应将功效系数修正为非线性的,并对指数型功效系数法(陈湛匀,1991)、对数型功效系数法(苏为华,1993)、折线型功效系数法(王晓军,1993)等问题进行了讨论。之后,王青华(2003)在文章中对改进的功效系数法的基本思路进行了分析,并从其优点与存在的主要问题两个角度进行了着重分析。

作为数理统计的重要分支,多元统计方法也常用于对多个变量进行定量统计分析,这与综合评价的目的是较为一致的,因此这类方法也被引入到了多指标综合评价的实际应用中来。从现有的研究结论来看,主成分分析法、因子分析法、判别分析法、聚类分析法、典型相关分析法、主坐标分析法等都适用于开展综合评价。邱东教授(1991)在《多指标综合评价方法的系统分析》一书中,对基于以上几种的综合评价方法进行了较为系统的讨论,包括主成分分析综合评价方法的基本思想与步骤、因子分析评价法的步骤、几种方法之间的异同点和优缺点等内容。此外,王惠文(1996)、孟生旺(1992、1993)、李玉平(1995)等学者也对多元统计综合评价方法的有关理论问题进行了研究,并针对其中的一些常用方法及其改进意见进行了具体分析,如从权数角度(余迪意,1993)、指标重叠信息消除角度(王庆石,1994)对因子分析法的应用进行了讨论。刘贤龙(1990)、赵树宽(1993)等学者对判别分析综合评价法中的"类的划分"等技术细节提出了观点。陈述云(1995)提出了对主成分进行旋转处理。潘石柱(2006)提出了一种将GHA(Generalized Hebbian Algorithm,广义Hebbian算法)学习规则应用到主成分分析的新方法,有效地避免了在大样本数据情况下传统方法可能乏力的问题。林海明(2013)提出了主成分分析综合评价的应用条件,包括指标正向化、标准化,主成分载荷阵具有简单结构,主成分实际意义正向且与变量显著相关等。刘照德(2019)针对因子分析方法在综合评价领域的应用进行了分析,对因子分析综合评价的起因、存在的问题等进行了研究,并提出了相关领域待研究的问题。

目前多指标综合评价实践中应用较广的方法还有模糊综合评价法,与多元统计方法、功效系数法相比,模糊综合评价涉及的应用领域更广泛,且模糊综合评价本身就是模糊数学理论的重要研究内容之一,因此这一方法的发展几乎与模糊数学理论的发展同步。一些新的模糊综合评价思想被人们提出来。例如:汪培庄等学者(1985)提出了"变权综合"的思想;陈守煜教授(1994)根据自己建立的"模糊数排序新方法"提出了"优属度"的概念,并将其应用于综合评价之中;K. Kim(1990)提出了使用最优化指数来对模糊集进行排序的办法;吕昌会等(1997)则提出了一种基于三角模糊权数的模糊数排序方法;吴伟(2018)针对模糊综合评价指标赋权困难的问题,应用偏序集对模糊综合评价的方法进行表示,给出了一种更为简捷的排序方法。

另外,基于对邓聚龙教授(1990)提出的"灰色系统方法"的研究与拓展,文献根据"灰色聚类过程"对基于灰色系统白化函数的综合评价过程进行了应用(邓聚龙,2005),根据"灰色关联系数"对基于关联系数的灰色综合评价过程(罗庆成,1994)和聚类评价(模式识别)过程(赵艳林,1999)进行了应用。刘思峰(2013)对灰色关联分析模型的研究进展进行了梳理,并对该方法接下来的发展脉络进行了研究。刘勇(2017)通过灰色关联分析方法,从匹配主题的满意度、匹配方案的稳定性和公平性整体出发,构建了双边公平匹配决策多目标优化模型。

作为有限方案多目标决策分析的一种常用方法,许多学者对Topsis方法进行了研究,该方法由Wang和Yoon(1981)在文献中首次提出。在传统Topsis方法的基础上,侯志东(2005)提出了基于Hausdauff度量的模糊Topsis方法,通过模糊极大集和模糊极小集来确定模糊多属性决策问题的理想解与负理想解,再由Hausdauff度量获得不同备选方案到理想解与负理想解的距离及其贴近度,根据贴近度指标对方案进行优劣排序。刘继斌(2006)在Topsis法中应用属性AHM

赋权法引入指标权重,体现出了 Topsis 方法的优势。曾守桢(2021)提出了基于类 Pearson 综合相关系数的概率语言 Topsis 多属性决策方法,并通过数值算例和比较分析对方法进行验证。此外,陈雷(2003)、钱吴永(2009)等学者也通过引入其他方法为 Topsis 法权重的确定提供了思路。

此外,受益于众多新的理论与方法的提出,多指标综合评价指数方法将它们引入,发展出了能够更加灵活处理不同场景的综合评价问题的方法。比如,在通过层次分析法进行定性的多目标决策分析的基础上,部分文献提出了将 AHP 法作为一种独立的综合排序评价方法,即除了构权以外,指标从量化到合成的全过程都使用层次分析法(和今生,1985)。再如,刘英平(2006)在已有理论方法体系的基础上,针对传统数据包络分析模型不能区分有效决策单元以及不同决策单元的效率缺乏可比性问题,引入了最优和最差两个虚拟决策单元,提出了一种有效区分决策单元的 DEA 模型。

建立综合指标的正确方法并不只有一种,虽然各种方法的总体思路是统一的,但是不同方法的选择会对评价结果造成影响,在大多数情况下最优的评价方法是不存在的。因此,为了得到更为有效的评价结果,研究者们利用几种方法的互补性质,将其结合起来对研究对象开展综合评价的应用进行了研究。组合评价是指多种评价方法取长补短结合起来进行评价,既要求方法之间有差别,又要求方法可以相容。钱吴永(2009)利用灰色关联的思想,为 Topsis 法提供了指标权重的计算,构建了利用灰色关联度定权的加权 Topsis 模型。戚湧(2009)提出了一种基于主成分 BP 神经网络的评价模型,并对评价结果采用 K-均值聚类方法进行分组。柳顺(2010)提出了基于数据包络分析的模糊综合评价方法,利用数据包络分析的优化结果代替模糊评价中的专家评分,使得评价结果更有说服力。陈国宏(2011)结合云理论,提出了一种针对定性数据的组合评价方法,将问卷调查中的模糊性评价以及随机性评价转换成具有解释意义的具体数值。李红(2012)在文献中提出,组合评价方法的应用有各评价方法独自使用时结果要有差异,组合的过程要注意各方法的兼容性,各方法独自评价时其结论要具有可比性等几个前提。向欣(2014)提出了基于层次分析法和模糊综合评价的沼气工程技术筛选方法和决策流程,既克服了 AHP 指标不易量化的主观性,又避免了模糊综合评价方法对指标权重的忽视,可为沼气工程技术筛选提供科学方法。宇文塔曼(2020)使用基于多维设计因子的 AHP-灰色关联的评价方法对汉服发展与营销进行研究。

(三)常用综合评价方法的应用

基于部分较为传统的、成熟的理论成果,学界与业界将其与综合评价方法进行结合,卓有成效。如对于多元统计综合评价方法,大量的理论工作者与实际工作者将其应用到了诸如医药企业的综合经济效益(高元源,1986)、经济效益评价(金星日,1997)、地区经济发展水平评价(杨善朝,1997)、财务评价(毛定祥,1999)、石灰石脱硫(翟忠和,1998)与固硫(李昕泠,2006)特性评价、环境质量评价(应竹青,1995)、医院工作质量管理(谈永飞,1997)、对外贸易国际竞争力(林海明,2013)、制备抗寒性评估(苏李维,2015)、产品处理流程评估(王计瑞,2021)、银行财务竞争力评价(梅红伟,2021)等重要领域。对于最优值距离法,研究者们将其应用到了各地区低碳经济发展评估(李沙浪,2014)、科室绩效评估(贾品,2008)等领域。对于模糊综合评价方法,研究者们将其应用到了出入境检验系统(柳顺,2009)、沼气工程技术(向欣,2014)、工程风险评价(李新宇,2021)、跨境电商信用评价(俞裕兰,2021)等领域。对于灰色系统综合评价方法,人们同样将其应用到了环境质量综合评价(安景文,1999)、水质污染综合评价(冯玉国,1995)、经济效益综合评价(彭家生,1992)、旅游饭店经营绩效综合评价(安景文,1998)、电能质量(沈阳武,2012)、药品质量(卞理,2020)、服装产业发展(宇文塔曼,2021)等众多领域。

随着综合评价理论与方法的进一步完善,越来越多新的、高效的、能够更加合理应对当前数据环境的方法逐步被应用到综合评价之中。如对于数据包络分析综合评价法,已经有一些文献将其应用到了重点特殊企业技术水平的评价(孙宇,1986)、国纺织企业经济效益的评价(魏权龄,1990)、银行经营管理综合效益的评价(薛峰,1998)、工业制造业技术创新的相对评价(王建华,1999)、绿色产品评价(杨印生,2003)、配电台区综合评价(范韩璐,2021)等领域。对于人工神经网络综合评价法,人们将其应用到了多目标评价(祝世京,1996)、经济预警评价(王建成,1998)、工业经济效益的综合评价(徐川育,1997)、武器装备研制项目重要性评估(吕建伟,2000)、高校创新评价(戚湧等,2009)等领域。对于 Topsis 法,部分文献将其应用到了风电场综合评价(张文朝,2014)、障碍消减效应评估(张子龙,2015)、网络舆情态势等级评价(杨靛青,2020)、能源系统效益评估(金璐)等领域。对于层次分析法,研究者们将其应用到了电网安全与效益综合评价(穆永铮,2015)、中国生态文明与社会协调发展综合评估(李茜,2015)、装备采购综合评价(卢天鸣,2021)等领域。

(四)小结

多指标综合评价是一个多学科之间相互交叉、相互渗透、相互支撑的重要研究领域,作为能够将复杂数据高度抽象综合,对某一问题进行综合评价与正确评估,并为最终决策提供依据的有效手段之一,综合评价技术发展至今已经有了较为丰富的理论与方法体系。通过对相关文献的梳理可以发现,多指标综合评价方法的基础理论、基本方法等内容在较早时候就已经被学者提出,其方法在不断发展、壮大的同时,被学界和业界广泛应用于多个领域。目前国内外对综合评价理论和方法的研究都对综合评价理论和实践的发展起到了很大的推动作用,但每种理论和方法的产生和发展都有其独特的历史背景和领域特点,也自然具有其一定的适用性。随着模糊数学、灰色系统等理论的日益成熟以及计算机等技术的迅猛发展,更多新的内容被纳入了综合评价之中,许多适应于处理非线性、"大数据"等复杂问题的方法也逐渐被人们应用到更为广泛的领域之中。

现阶段,关于综合评价理论与方法的研究大多集中在综合评价的理论方法研究与综合评价的应用研究两个方面。前者包括指标构建方法、数据处理方法、赋权方法、指标合成方法等有关综合评价一般步骤的内容,以及组合赋权、赋权方法和合成方法结合、组合评价等有关将多种综合评价方法进行融合的创新研究。后者包括按照某种流程,应用一种或几种综合评价方法对经济、社会、管理、军事等领域中存在的某些具体问题进行综合评价,最终得出预期的评价结果与研究结论。

但是,现有的研究重点主要集中在了多指标综合评价方法的创新和应用上,对于其基础理论问题,如综合评价指标体系理论、综合评价标准、综合评价公理体系、综合评价保序性等内容的研究,在整体上未有较为明显的理论扩充。大多数时候,综合评价仍以早期提出的基本理论为基础,这导致了综合评价方法选取与应用混乱、综合评价结果不稳定等问题的出现。虽然已经有学者有针对性地对此类问题提出了对综合评价方法稳定性进行分析研究的方法,但是这些成果依旧停留在初步探讨阶段,关于综合评价方法的基础理论研究领域依旧存在较大空白。因此,在未来新的形势和环境下,需要不断深入研究综合评价理论和方法,拓展综合评价理论和方法解决实际应用问题的能力。

第二章 常用评价方法及其比较研究

一、综合评价方法的一般步骤

(一) 明确目的,确定评价指标和评价指标体系

科学的评价指标体系是开展多指标综合评价的基础,指标体系的科学与否直接影响和决定了评价结果的可靠性与可信性。因此,在明确研究目的之后,需要对评价指标进行确定,并以此为基础构建综合评价指标体系。综合评价指标体系的选取方法主要分为定性和定量两大类,其中在对定性指标进行选取时,需要遵循目的性、全面性、可行性、稳定性、与评价方法的协调性这5项基本原则;而在对定量指标进行选取时,除了可以参照一些较为主观的原则与思想外,还可以借助一定的定量方法进行筛选。需要注意的是,在对指标进行筛选时不能单纯依赖某种方法,更不能使得指标脱离其实际意义。对综合评价指标体系所纳入的指标进行筛选时,主要通过对以下几种方法的综合应用。

1. 综合法

综合法适用于对现行评价指标体系的完善与发展,通常是将已存在的指标进行收集,按照一定的标准将其进行分类,使之体系化,并通过对多种方案的分析比较,最终综合得到更为标准的评价指标体系。

2. 分析法

分析法是构造评价指标体系时最常用的方法,是指将综合评价指标体系的测量对象和测量目标划分成若干个不同组成部分或不同子系统,逐步细分,直至各个部分和各个方面都可以用具体的统计指标来描述和实现,最终整合得到一个更为全面的评价指标体系。

3. 交叉法

交叉法是指通过二维或三维及以上的交叉推导出一系列的统计指标,从而形成一个综合的、具有丰富经济意义的评价指标体系,如投入产出比等指标的构造。

（二）对指标进行量化

在确定纳入综合评价指标体系的各项指标之后，为了保证综合评价结果的科学性与可靠性，需要对指标进行一系列的处理，如对指标的量化处理，其中又包括指标同向化、指标无量纲化，以及定性指标量化。

1. 指标同向化

对于正指标、逆指标与适度指标，为了使得所有指标能够从同一角度对总体进行说明，需要对其进行同向化。其中，正指标指数值越大，评价得分越高；逆指标指数值越小，评价得分越高；适度指标指数值越接近某个值，得分越高。需要注意的是，指标正向和逆向的界定需要围绕综合评价的目的进行具体分析，同样一个指标既可能是逆指标，也可能是正指标。

将逆指标转换为正指标的方法主要可以分为差式与商式两大类。差式逆变换是指通过正、逆指标之间的互补关系对指标进行逆变换，可以用公式 $Y_{new} = C_1 - C_2 Y_{old}$ 进行表示，其中 C_1、C_2 均是非负常数，且 C_1 代表约束总量，常用于线性评价模型；而商式逆变换是指通过正、逆指标之间的互逆关系对指标进行逆变换，可以用公式 $Y_{new} = C/Y_{old}$ 表示，其中 C 是一个与计量单位及指标计算时间长度有关系的正常数，常取值为 1。

将适度指标转换为单项指标的方法主要有分段变换法和绝对离差法两类。其中分段变化法是指将适度指标看作正指标与逆指标形式上的分段函数，将适度指标的某一段按照原公式进行取值，同时对另一段进行逆变换，使其整体具有相同的测量方向；而绝对离差法则是指先计算指标值与适度值之间的离差，再取绝对值消去符号带来的影响，可以用公式 $Y_{new} = |Y_{old} - K|$ 进行表示，其中 K 是相对于评价目标而言的适度指标适度区间的极值。

2. 指标无量纲化

一般来说指标体系各指标的数值之间往往不能直接进行度量和比较，常出现如有些指标是相对数，有些指标是绝对数等情况，而综合评价最终要求它们能够以一定方式"加总"在一起，这就要求研究者通过一定的数学变换来对原始指标的单位与数量级对评估结果造成的影响进行处理。为了消除各指标之间不同计量单位对指标数值大小的影响，以及所带来的无法进行综合的问题，需要对指标进行无量纲化处理，这同时也是计算单项指标评价值的过程。单项指标评价值是一个相对数，表明从某项评价指标来看，被评价对象在总体中的相对地位。无量纲化方法的选择应该遵循客观性、简易性、可行性等原则，分析所选取指标的特点。常用的定量指标无量纲化方法如下。

1) 阈值比较法

阈值比较法将单项指标实际值与标准值进行对比,该方法的一般公式为 $y_i = \frac{x_i}{x_0}$,其中 x_0 是阈值,一般来说,阈值的确定需要根据实际需求,阈值设置得越大,评价指标对于指标变动的反应越迟钝,反之则较为灵敏。阈值比较法的关键是阈值的选取,从理论研究与实际应用来看,常见的取值有极(最)大值、极(最)小值、算术平均值、变量总值、变量平方和的开方值、历史标准值或经验标准值等。其中前两种取值的无量纲化方法被称作极值化方法,容易受到极端值的影响;当取算术平均值或者中位数值作为阈值时,被称作均值化,也被称作中心化;当取总量值作为阈值时,被称作比重法;当取平方值和开方值作为阈值时,可以处理含负值的情况。这几种方法都属于相对评价方法,对于样本容量的规模有一定要求,适用于多个单位或不同时间的综合评价,且受指标正逆表现形式的影响。而当取历史标准值或经验标准值作为阈值时,比较基础与样本无关,属于绝对评价方法。

2) 规格化方法

规格化的无量纲化方法需要确定两个标准值,该方法的一般公式为 $y_i = \frac{x_i - x_{i0}}{x_{i1} - x_{i0}}$。当 x_{i0} 取最小值,x_{i1} 取最大值时,被称作极差变换法;当 x_{i0} 取算术平均值,x_{i1} 取极大值时,被称作高中差变换法;当 x_{i0} 取极小值,x_{i1} 取算术平均值时,被称作低中差变换法。这类方法都易受极端值的影响,且对于样本容量的规模具有一定要求,属于相对评价方法。

3) 标准化方法

标准化方法适用于数据量较大的情况,该方法的一般公式为 $y_i = \frac{x_i - \bar{x}}{s}$。通过标准化方法得到的数据值在 −1 到 1 之间,且服从标准正态分布,但是由于该方法只能反映指标之间的相互影响,抹杀了各指标之间的差异程度,因此这种方法较少被应用于多指标综合评价的过程中。

3. 定性指标量化

随着多指标综合评价技术的发展,以及其在实际领域应用中的拓展,一些定性的变量也被引入综合评价指标体系中来,因此,需要通过专门的技术将这一类定性指标进行量化。常用的定性指标量化方法包括直接评分法、分解合并法、模糊统计法、比较评分法、分类统计法、专家评分法、定性排序量化法、尺度评分法等。

(三) 确定各评价指标权重

在综合评价体系中,由于每个指标的作用、地位和影响力各不相同,且在单项指标已经确定的情况之下,权数的变化将会导致评价结论的变化,因此我们需要根据各指标对评估总目标作用的大小及影响的重要程度进行赋权。权数具有多种类别与形式,按照权数的表现形式来看,可以分为绝对权数和比重权数两类,其中可以通过计算比重将绝对权数转化为比重权数(归一化),且在模糊综合评价等一些方法中,只能使用比重权数;按照权数与待加权单项评价值之间是否相关,可以分为独立权数和相关权数两种,其中独立权数的权值与指标值独立,而相关权数的权值与指标值呈函数关系,当指标达到一定水平时其重要性会有所变换;按照权数的性质可以分为实质性权数、估价权数、信息量权数、可靠性权数、系统效应权数等;按照权数的形成方式可以分为自然权数与人工权数。不同类别的统计权数往往具有不同的经济含义与数学特点,因此在对权数进行确定时,需要结合实际问题,选取较为规范的方法。

确定权重的方法有两大类,即主观赋权法和客观赋权法,对应的综合评价方法可以称作主观赋权评价法和客观赋权评价法。其中主观赋权法在赋权时主要依靠专家对指标的重要性判断来对指标进行赋权,如德尔菲法、比较评分法、层次分析法等,这种确定权重的方法具有相当程度的主观性和随意性;而客观赋权法则通过数理运算来获得指标的信息权重,如均方差法、相关系数法、主成分分析法、变异系数法、熵权法等,这种方法避免了人为因素和主观因素的影响,但赋权结果没有考虑指标在实践中的重要性,有时候会出现赋权结果与客观实际存在一定差距的情况。所以在对指标的赋权方法进行确定时,需要考虑指标能够分辨出被评价对象之间差异能力的大小、指标之间重叠信息的多少,以及评价者的主观偏好,通常情况下,单一的加权方法会受到赋值方法的影响,容易造成偏差,因此一般建议采用组合赋权的方法,即将主观赋权和客观赋权的结果进行综合考虑,给出最终的权重。本章在这一小节中仅从权重的构造过程出发,对几种简单的赋权方法进行介绍,其他方法以及涉及综合评价较为完整的内容放在后文常用综合评价方法的部分介绍。

1. 比较评分法

比较评分法是确定估价权数的常用方法,使用这种方法进行赋权的基本原理是分别将各个指标与其他的指标进行比较,然后对这些指标的相对重要程度,利用一定的评分标准进行量化,从而得到各个指标相对于其他指标的重要性程度,最后经过一定的数学处理得到估计的权数。根据对指标进行比较时所采用的方法及评分规则不同,可以将比较评分法分为两两比较互补式评分法、两两比较互反式评分法(AHP法)以及环比评分法 3 种。表 2-1 是对这 3 种方式的一个简单分析比较。比较评分法的特点是:得出的估计权数不随样本数据的改变而改变,同一套指标体系的权重分配方案可以适用于任何对象的评价;原始数据是指标的重要性分数,而且该分数具有互换性;专家需要学习评分规则;整个指标体系的比较次数为 $n(n+1)/2$;其原理可用于具有分层特点的指标体系。优点是:基本原理比较简单;专家只需要在两个指标之间进行比较;可以避免系统性错误,并可降低由于个别判断失误而造成的影响;它对于指标体系没有任何要求。该方法的适用范围:在多指标综合评价或多目标决策中,需要使用估价权数的地方;指标体系中定性指标与定量指标相混杂的时候;以及指标之间的重要性差异不太大时。

表 2-1 比较评分法的 3 种方法比较列表

方法	不同点			
	评分标准	指标个数	精度	核心公式
两两比较互补式评分法	互补式评分标准	较多	要求不高	$a_{i.} = \sum_{j=1}^{m} a_{ij} \ (i=1,2,\cdots,n)$
AHP 法	互反式评分标准	不太多	要求较高	$(a_{ij})_{m \times n} \boldsymbol{\omega} = \lambda_{\max} \boldsymbol{\omega} \ (i=1,2,\cdots,n)$
环比评分法	先将各指标前后排列,相邻比较评分	较多	要求不高	$M_i = \prod_{k=i}^{n} R_k \ (i=1,2,\cdots,n)$

注:第一,$a_{i.}$ 表示指标 x_i 的绝对权重;$\lambda_{\max}$ 为矩阵 $(a_{ij})_{m \times n}$ 的最大特征值;$\boldsymbol{\omega}$ 为相应的特征向量;M_i 表示指标 x_i 的修正重要性分数;R_k 是指标 x_k 的重要性程度对于 x_{k+1} 的倍数。第二,AHP 法需要对判断矩阵进行一致性检验。

2. 专家评判法

专家评判法是对一类基于专家的知识、经验、信息和价值观等,直接、主观地对各项指标赋予权重的方法,如德尔菲法等。德尔菲法是一种反馈匿名函询方法,其一般流程是在对所要预测的问题征得专家的意见之后,进行整理、归纳与统计,再与专家进行若干轮的集中、反馈,直至达成一致的意见。专家评判法选择若干专家组成一个评判组,每个专家独立地赋予一组权数,形成一个评判矩阵,综合权重是对专家给出的权重进行综合处理得到的。由于这种方法受主观因素影响较大,不能形成一套令人信服、稳定的权数,因此它更适用于数据收集困难或者信息量化不易准确的评价项目。专家评判法中专家选择的合理与否对于权重确定结果的准确性具有很大影响,因此需要通过分类确定调查部门,严格选择调查专家,保证专家的代表性和权威性。在确定权重系数时,单纯采用专家评判法受专家主观意志的影响较大,为避免专家判断赋值的自相矛盾,保持前后判断的一致性,便于综合,在设计问卷时,可规定每个指标的权重系数取值范围为 [0,1],同时各层的权重系数之和应等于 1。

3. 主成分分析法

主成分分析法是一种将多个指标组合成较少综合指标的统计方法,是确定系统效应权数的一种方法。该方法认为某项指标与综合评价指标之间在变动方向和变动幅度上的关系,可以通过该指标与综合指标之间的相关关系来表达,即若某指标与综合评价指标之间呈正相关关系,则其系统效应权数为正,正相关程度越大,则正系统效应越大;相反,则该负系统效应权数的绝对值也应该越大。具体计算方法是,指标的权数是由所有指标的相关系数矩阵与所有指标标准差矩阵所组成的对角矩阵组成的矩阵的最大特征根所对应的特征向量构成的,计算的核心公式是

$$r_{jk} = \frac{\sum_{i=1}^{n}(x_{ij}-\overline{X}_j)(x_{ik}-\overline{X}_k)}{\sqrt{\sum_{i=1}^{n}(x_{ij}-\overline{X}_j)\sum_{i=1}^{n}(x_{ik}-\overline{X}_k{}^2)}} \quad (j,k=1,2,\cdots,m)$$

$$\boldsymbol{R} = \begin{bmatrix} r_{11} & r_{12} & \cdots & r_{1m} \\ r_{21} & r_{22} & \cdots & r_{2m} \\ \vdots & \vdots & & \vdots \\ r_{m1} & r_{m2} & \cdots & r_{mm} \end{bmatrix}$$

其中,r_{jk}表示指标j与指标k的简单相关关系数,共同构成了相关系数矩阵。该方法的特点是:原始数据是对被评价对象的实际观测值,整个过程无任何主观意识;不需要对指标进行正向化处理。优点是:对原始数据没有要求;赋权原理比较简单,比较易于理解;系统效应权数保留的原始信息比较多;整个过程无须人工干预,比较适合计算机程序化。这种方法的适用范围:在多指标评价体系中,需用信息量权数时;要求指标体系中全是定量指标;要求每项指标在所有被评价对象上的观测值基本服从正态分布,所有指标之间呈现不完全相关关系,而且指标间的相关程度越低越好;样本数至少是指标数的 2 倍。

4. 变异系数法

变异系数法是指根据每个指标在所有被评价对象上观测值的变异程度大小来对其赋权。为避免指标的量纲和数量级不同所带来的影响,该方法直接用变异系数归一化处理后的数值作为每个指标的权数。

假设有 m 项评价指标,有 n 个评价对象,$\boldsymbol{X}$ 为原始数据矩阵,即

$$\boldsymbol{X} = \begin{bmatrix} x_{11} & x_{12} & \cdots & x_{1m} \\ x_{21} & x_{22} & \cdots & x_{2m} \\ \vdots & \vdots & & \vdots \\ x_{n1} & x_{n2} & \cdots & x_{nm} \end{bmatrix}$$

变异系数法首先计算反映各指标绝对变异程度的标准差,即

$$S_j = \sqrt{\frac{\sum_{i=1}^{n}(x_{ij}-\overline{x}_j)^2}{n}}$$

接下来计算反映各指标相对变异程度的变异系数,即

$$v_j = \frac{S_j}{\overline{x}_j}$$

最后对各个指标的变异系数进行归一化处理,得到各指标的权重,即

$$w_j = \frac{v_j}{\sum_{j=1}^{m} v_j}$$

变异系数法的基本原理在于认为变异程度越大的指标对综合评价的影响越大,且权重大小反映了指标判别能力的大小。但是它不能反映指标的独立性大小以及评价者对指标价值的理解,所以它常被应用于评价指标独立性较强的项目。

5. 熵权法

熵权法是根据每一个指标向决策者所传输的信息量的大小来确定指标权重的方法。某一项评价指标的差异越大,熵值越小,那么这一指标所包含和传输的信息越多,相应权重也就越大。

熵权法首先将各项指标数值进行归一化处理,即

$$a_{ij} = \frac{x_{ij}}{\sum_{j=1}^{n} x_{ij}}, \quad i=1,2,\cdots,n; j=1,2,\cdots,m$$

接下来计算各评价指标的熵值,即

$$H_j = -k \sum_{i=1}^{n} a_{ij} \ln a_{ij}$$

其中 $k = \frac{1}{\ln n}$。最后将熵值转换为反映指标间差异大小的权数,即

$$w_j = \frac{1 - H_j}{m - \sum_{j=1}^{m} H_j}$$

熵权法与变异系数法的基本原理比较相似,它也是以原始数据的差异大小作为权重确定的依据,因此数据的独立性以及评价者的偏好并不能反映在权重中。

6. 均方差法

该方法利用对随机变量离散程度的计算和比较来判定变量的权重大小。计算的基本思路是:首先以各评价指标为随机变量,将其无量纲化;其次计算无量纲化后变量的均值,并计算其均方差;最后将指标的均方差归一化,求出各均方差的相对重要性程度作为该指标的客观权重。如果某项指标在所有被评价对象上的观测值相差较大,即离散程度较大,表明该指标在所有被评价对象上的变异程度较大,因此该指标的重要性也就越大;反之则越小。均方差法是比较简单但常用的一种客观赋权法。

7. 组合赋权法

组合赋权法是主观赋权法和客观赋权法相结合的产物,首先选择合适的主观赋权法和客观赋权法分别计算出两套权重系数,再根据实际情况确定主观、客观赋

权法的权重系数所占比例,将两种赋权结果进行线性组合。可用的合成方法较多,主要有乘法合成法和加法合成法两大类。

1) 乘法合成法

乘法合成法的实质就是利用几何平均数来进行计算的合成方法,其计算公式为

$$\Delta w_{ji}(n+1) = \eta o_i + \beta \Delta w_{ji}(n)\sigma \quad (i=1,2,\cdots,m; j=1,2,\cdots,n)(连乘归一法)$$

$$w_j = \left(\prod_{i=1}^{m} x_{ij}\right)^{1/m} \quad (i=1,2,\cdots,m; j=1,2,\cdots,n)(乘法)$$

2) 加法合成法

对于各种赋权方法得出的权数,可以进行加权汇总得出组合权数,加法合成法的实质是利用算术平均数的方法来进行合成,计算公式为

$$w_j = \frac{1}{m}\sum_{i=1}^{m} x_{ij} \quad (i=1,2,\cdots,m; j=1,2,\cdots,n)(等权加法合成)$$

$$w_j = \sum_{i=1}^{m} \lambda_i x_{ij} \quad (i=1,2,\cdots,m; j=1,2,\cdots,n)(不等权加法合成)$$

式中 x_{ij} 为第 i 种赋权法给第 j 个指标所赋的归一化权数, λ_i 为第 i 种赋权法的权数, w_j 为组合赋权法对第 j 个指标所赋的权数, m 为赋权法的个数。加法合成法适用于各种赋权法相互独立的场合,对各种赋权法的结果变动反映不太灵敏,该方法简单、易推广,但需要注意权数 λ_i 的确定要有理论依据,主要有基于离差平方和、偏差、等级相关系数等几种方法,否则组合权精确度难以保证。

乘法合成法适用于几种赋权方法之间有关联的场合,采用乘法合成法对各种赋权法进行综合时,所得结果补偿性较差,且连乘法具有倍增效应,使得大者越大,小者越小。在采用乘法合成法对各种赋权法进行综合时,权数起到的作用并不明显,并且对各种赋权法的结果一致性要求较高。但从合成过程来看,乘法合成法比加法合成法要复杂一些,而且它对于几种赋权法结果的变动反映更加灵敏。

(四)合成综合评价值

在确定指标的权重之后,需要通过一定的算式将多个指标对事物不同方面的评价值结合起来,得到一个整体的评价。对合成方法的选取需要从指标评价值之间数据差异大小和指标间重要程度差异大小两个角度来进行,常用的合成方法有加法合成、乘法合成、加乘混合合成 3 种。

1. 加法合成

加法合成通常是线性加权求和法,计算公式为 $P = \sum_{i=1}^{n} w_i d_i$,其中 P 为单元归并值, n 为指标值的个数, w_i 为第 i 个指标的权重, d_i 为第 i 指标的值。这种计算

方法简单直观,计算结果反映了空间单元评价因素的总体特征,是大多数空间单元影响因素综合作用的结果,能够充分体现权数的作用,且各指标之间可以线性地进行补偿,适用于各评价指标之间相互独立的场合。该方法的不足之处在于通过该方法得到的综合指标对指标值变动的灵敏度较低,且当各影响指标量化值的变异较大时,综合指标结果容易受到评价分数较大或指标权数较大的指标的影响,用它们的加权和作为反映空间单元的综合指标,会削弱和掩盖限制性指标的作用,使限制性指标的强限制性不能体现在空间单元的划分上,从而使该方法的应用受到一定的限制。

2. 乘法合成

乘法合成通常是连乘法,计算公式为 $S = \prod_{k=1}^{m} d_k$,其中 S 为单元归并值,m 为空间单元划分影响指标数,d_k 为第 k 个指标值。这种计算方法强调被评价对象各指标值的一致性,权重在其中起到的作用不是很明显,适用于评价指标间有较强关联性的场合,综合指标对各指标变动的灵敏度较高。此外,这类方法能满足限制性指标的规律,即在诸多指标中,起决定作用的往往是限制强度最大的,因此当空间单元影响指标中的某一强限制性指标的作用较低时,空间单元总归并值则明显降低,特别是在 $d_k \rightarrow 0$ 时 $S \rightarrow 0$。该方法的缺点在于当空间单元影响指标中某一非限制性指标原作用分值较低时,会使单元总作用分大幅度下降,即对于指标评价值的数据要求较高,不能出现零和负值,因此该方法的使用也受到一定的限制。

3. 加乘混合合成

加乘混合合成也被称作动态加权求和法,计算公式为 $G = \prod_{j=1}^{L} f_j(x_j) \sum_{i=1}^{n} w_i d_i$,其中,$G$ 为空间单元总归并值;L 为限制指标数;n 为空间单元划分影响指标数;$f_j(x_j)$ 为 j 限制指标的限制系数,$0 \leqslant f_j(x_j) \leqslant 1$,$f_j(x_j)$ 的值越大,限制性越弱,当 $f_j(x_j) = 1$ 时无限制;w_i 为第 i 个指标的权重;d_i 为第 i 个指标的值。为使空间单元归并值既能反映出区域开发的总体特征,又能突出限制性指标的作用,可以通过动态加权求和法来构建空间单元属性值的归并计算公式。当限制指标因子的作用对区域开发利用无限制或限制性较弱时,其计算公式为 $G = \sum_{i=1}^{n} w_i d_i$,因而此时空间单元总分值体现了其影响指标因子总的作用状况,反映了区域开发能力的总体特征;当限制性指标的作用对区域开发存在一定程度的限制时,有 $\prod_{j=1}^{L} f_j(x_j) < 1$,则 $\prod_{j=1}^{L} f_j(x_j) \sum_{i=1}^{n} w_i d_i < \sum_{i=1}^{n} w_i d_i$,这样在综合反映影响指标总体作用的基础上,可使限制性指标的限制作用得到体现。虽然在理论上,该方法能够得到较好的综合

结果,但是由于其对于计算的要求较高,且受到诸多限制,所以其并不属于常用的合成方法。

二、常用综合评价方法介绍

(一) 常规综合评价方法

1. 综合评分法

综合评分法按照各个评价指标的重要性确定标准得分,通常以计分的形式,将全部指标标准得分的综合记作 100,单项指标的标准得分就是该指标的最高分。在使用综合评分法进行综合评价之前,人们通常会先将所有评价单位的各单项评价指标值按照优劣进行排队,然后根据评价单位指标值的名次计算各单项得分,最终将各指标单项评价值加权平均为综合评价结果,这种方法也被称作排队计分法。

与其他综合评价方法相比,排队计分法不需要人为地寻找比较标准,而是由评价单位在总体中的相对位置决定;同时,由于在排序过程中已经考虑了正指标与逆指标的差异,所以无须再对各指标进行同向化处理。排队计分法对数据的样本量规模和分布状况没有严格要求,不仅适用于数值型变量的综合评价,也适用于包含顺序变量的综合评价问题,应用范围较为广泛。但是,排队计分法得到的单项指标值仅由指标值在总体中的位置决定,忽略了数值本身的大小,导致评价指标的原始信息有一定的损失。

2. 综合指数法

综合指数法将单项指标值与对比标准值作比,作为各指标的单项评价值,再通过加权算术平均得到综合评价指数。综合指数法计算得到的单个指标评价值完全反映了各评价指标实际数值的大小,能够充分体现各评价单位之间的差距,但是这种方法仅以被评价单位基期数值作为对比标准值,会导致评价结果不合理,且该种方法容易受到极端值的影响,会出现极端值导致大多数单位评价结果的差距不明显的情况。

3. 功效系数法

功效系数法的基本思路是,在确定各指标的满意值和不容许值之后,先通过功效系数公式计算各指标的单项评价值,再通过加权平均得到综合评价值。

其中,计算单项评价值时所用的公式为:$d_i = \dfrac{\text{实际值}-\text{不容许值}}{\text{满意值}-\text{不容许值}} \times 40 + 60$。

功效系数法的优点在于指标数值与单项评价值之间存在线性转换关系,其评价值能够反映出各评价指标的数值大小,可以充分体现各评价单位之间的差距,且通过上述公式进行计算时,单项指标值的计算结果一般在 60~100 之间,能够明显削弱某一单项评价值过高对综合评价值的影响。

4. 最优值距离法

最优值距离法的基本思想是以最优值为对比标准,以各单位的实际值与最优值的相对差距作为单项评价值,通过加权平均得到综合评价值。

其中,计算单项评价值时所用的公式为:$d_i = \left|1 - \dfrac{实际值}{最优值}\right| \times 100$。

最优值距离法的优点在于,评价值都在(0,1)区间,而且指数值和各个评价指数之间存在线性转换关系,其评价值能够充分反映出各评价指标的原始信息。但是,当最优值偏离一般水平时,评价结果容易受到极端值的影响,大多数单位的评价结果差距不明显。

(二) 多元统计综合评价方法

1. 主成分综合评价方法

主成分分析法是利用降维的思想,把多指标转换为几个综合指标的多元统计分析方法。其基本思想是通过线性变换将一组给定的相关变量转换为另一组不相关的变量,这些新的变量按照方差依次递减的顺序排列,作为主成分变量。主成分分析法能够保持总方差不变,也就是说变量的信息不会有损失。将主成分分析法应用于多指标的综合评价,其思路是将转换后的独立成分综合起来,得到每个被评价对象的综合评价值,然后对样本进行排序。这种方法既可用于原始指标数据有关联的情况,也可用于含有定性数据的情况。

采用主成分分析法进行综合评价时,一般首先要对原始指标数据进行标准化处理,以达到各指标综合评价的无量纲要求;其次要得到指标数的相关矩阵 $\boldsymbol{R}$,此为基准计算其特征根、特征向量和各主成分的贡献率等,实现从原指标到分量的转换,同时得到把原指标综合为主成分,把各主成分合成为总评价值的权数,再依照累积贡献率大于85%等准则确定主成分的个数,并对主成分的含义进行解释;最后对主成分进行综合,得到综合评价值。

主成分分析法根据指标间存在一定相关性的特点,用较少的不相关指标来代替原始指标,一方面大大地简化了原指标体系结构,另一方面从根本上解决了指标间信息重叠的问题。此外,主成分分析法通过数学计算,根据各因子的贡献率对权重进行客观确定,所得结果较为合理。但是,主成分分析法对于样本量的要求较高,且计算过程较为繁琐,它假设指标之间的关系都为线性关系,因此在处理指标之间存在非线性关系的实际问题时,得到的综合评价结果可能存在偏差。主成分综合评价法的过程比较模式化,方法较为规范,先将指标转换成相互独立的分量,再将分量综合,消除了评价指标间相关关系的影响;同时,当样本容量比较小时,同一样本在不同样本集合中的综合评价值可能是不同的,因此使用该方法时对样本容量有一定要求,且主成分综合评价方法更适合用于一次性的综合评价比较;从权数来看,主成分综合评价过程中的权数可能是负数,需要结合数据指标的实际意义与综合评价具体场景进行分析。

2. 因子分析综合评价方法

因子分析法是指从与变量相关的数据中,找出由变量组合得到的起决定作用的若干基本因子,通过总因子分数对被评价样本进行排序,从而对事物的内部关系进行深入分析,这种方法常被应用于多指标综合评价中。因子分析法用于多指标综合评价与主分量分析法有许多相似之处:基本思想一致,同样需要完成去量纲、去相关、定权数、降维这4项基本工作。

在通过因子分析法进行综合评价时,首先需要将变量进行标准化,依照变量的相关系数矩阵判断其是否可以进行降维;接下来,应当对初始的因子载荷矩阵进行估计,并根据碎石图、协方差阵特征根等性质对所使用因子的个数进行判断,通常需要对因子进行最大化正交旋转;在得到所需进行分析的因子及其结果以后,需要根据样本对因子得分进行计算,并对其进行排序与综合评价。由于因子分析有时候进行的是斜交因子旋转,因此对因子合成所求得的评价值可能包含重复的变异信息。

由于因子比主成分单纯,且在因子分析中可以对因子实施正交旋转处理,这一点对定性分析的效果起到非常重要的作用,可以说因子的含义比主成分更明确,但是在因子分析中评价值为估计值,与主成分的分析结果相比没有那么准确。同时,考虑多指标综合评价的工作量通常较大,一般的多指标综合评价可以优先考虑应用主成分分析法,而当还需要进行分类和预测等其他工作时,或者当主成分分析法的效果不理想时,可以考虑采用因子分析法。

(三) 模糊综合评价方法

模糊综合评价(FCE,Fuzzy Comprehensive Evaluation)方法是以模糊数学为基础,运用模糊关系合成的原理,针对评价对象因素的模糊性,将边界不清晰的因素定量化,再根据多个评价因素对被评价对象的隶属等级状况进行评价的一种方法。该方法依据评价条件,对评价对象全体的每一个对象赋予一个非负实数,据此进行排序并择优,具有简便性质。

模糊综合评价方法的基本步骤是在确定研究对象包含各单项指标的指标集 U 和对应的评价等级层次的评价集 V 之后,通过模糊数学理论确定各个指标的权重以及它们的隶属度向量,获得模糊评价矩阵,根据模糊评价矩阵以及指标的权重集进行模糊运算并进行归一化,最终得到模糊评价的综合结果。

模糊综合评价方法有效地解决了强制打分法中硬性截割和评分的问题,同时又能够将事物变化区间划分成各个评语区间,弥补了常规多指标综合评价方法的不足。这种方法可以解决一些不是绝对的肯定或否定的、具有模糊性和不确定性的问题,评判结果信息比较丰富,它既可准确客观地刻画研究对象,又可通过进一步加工,得到更多的参考信息。但是,模糊综合评价方法不能解决评价指标间相关造成的评价信息重复的问题,且在一些情况下,尤其是多目标评价时,隶属函数的确定较为困难,在这种情况下模糊综合评价方法的实用性不强。此外,模糊综合评价方法的应用需要注意在对评价指标进行选取时,将相关程度较大指标删除,从而保证权数的客观性。模糊综合评价方法所得结果的可靠性和准确性依赖于指标的合理选取、权重分配、综合评价合成算子、模型选择等人为因素,具有很强的主观性。

(四) Topsis 法

Topsis 法是系统工程中有限方案多目标决策分析的一种常用方法,原意为"按与理想解的相似性定序偏好的方法",该方法对于样本资料没有特定要求,使用较为灵活,应用较为广泛。Topsis 法的基本原理是在基于归一化后的原始矩阵中,找出有限方案中的最优方案和最劣方案,然后分别计算出评价对象与最优方案和最劣方案间的距离,获得该评价对象与最优方案的相对接近程度,以此作为评价优劣的依据。

在使用 Topsis 法进行综合评价时,首先,需要将评价指标同趋势化,得到共同趋势化后的原始数据表,并对原始数据矩阵进行归一化处理,得到归一化后的数据矩阵;其次,需要根据矩阵得到最优值向量和最劣值向量,对应确定最优方案与最劣方案,并分别计算总体内各评价对象所有指标值与最优方案和最劣方案的距离;最后,该方法应当分别计算各评价对象与最优方案的接近程度,最终依照接近程度对各评价对象进行排序,并以此开展评价,Topsis 法认为接近程度的值越接近 1 时,所选择方案越优。

其中,评价方案到最劣方案的距离记作 D_i^-,到最优方案的距离记作 D_i^+,样本点到最优样本点接近程度的计算公式为 $C_i = \dfrac{D_i^-}{D_i^+ + D_i^-}$。

Topsis 法对于原始数据的利用比较充分,能够保留大部分信息,且这种方法对于数据的样本量、指标数以及分布没有严格的限制,既可以从时间维度,也可以从空间维度对研究对象进行评价,具有较为广泛的应用范围和较为直观的几何意义。但是 Topsis 法需要主观地提前确定好各指标的权重,且最优方案和最劣方案一般都是从无量纲化后的数据矩阵中挑选的,无法对指标自身条件以及所处环境的变化做出反应,会导致评价结果不够客观。Topsis 法不能解决评价指标间相关造成的评价信息重复问题,其最终的综合评价结果具有不稳定性和不唯一性。

(五) 秩和比法

秩和比(RSR，Rank-Sum Ratio)法是指利用 RSR 值进行统计分析的一种方法，其基本思想是在一个行列矩阵中，通过秩转换，获得无量纲统计量，在此基础上运用参数统计分析的概念与方法，以 RSR 值对评价对象进行排序。

(六) 层次分析法

层次分析(AHP，Analytic Hierarchy Process)法是一种定性和定量相结合的、系统化的、层次化的分析方法，这种方法将决策者的经验进行量化，适用于目标结构复杂且数据较为缺乏的情况。层次分析法根据评价目的将评价对象的总评价目标分解为若干个连续的层次，每个层次与上一层次和下一层次之间具有一定的隶属关系，该模型一般包括目标层次、标准层次和方案层次等几个基本层次。每个层次中的要素地位大致相同，以最低层次的指标作为评价指标来衡量目标的实现程度。在对每一层次进行分析的过程中，该方法按照对一定客观事实的判断，对每层的重要性以定量的形式加以反映，即通过两两比较确定各层次要素的相对重要性，并以量化的方式表达出来，建立判断矩阵。然后，用数学方法计算各层次判断矩阵中各指标的相对重要性权重。最后计算出综合评分指标，对评价对象的总评价目标进行评价。

在使用层次分析法进行综合评价时，首先需要对总评价目标进行连续性分解，以得到不同层次的评价目标，建立目标树图，对目标树图中自上而下的各层次逐一打分，并建立成对比较判断优选矩阵；之后，需要计算各评价指标的组合权重系数，并逐层合成计算每个判断矩阵各因素对目标层的相对权重，进行层次总排序，最终还需要对排序结果进行一致性检验。

作为一种定性与定量相结合的分析方法，层次分析法可以对人们依靠主观经验判断的定性问题进行量化，既包含主观的逻辑判断和分析，又依靠客观的计算和推导来保证分析过程的科学性。这种方法将问题视为一个系统，并根据系统各组成部分之间的相互关系和系统所处的环境做出决策。但是在应用层次分析法时，需注意在计算归一化权重系数后，应逐层检查计算出的权重系数是否在逻辑上具有一致性。

(七) 灰色系统分析法

灰色系统分析(GRA，Grey Relation Analysis)法是针对数据少且不明确的情况下，利用既有数据潜在的信息来白化处理，并进行预测或决策的方法。灰色系统分析法认为若干个统计数列所构成的各条曲线几何形状越接近，即各条曲线越平行,则它们的变化趋势越接近,其关联度就越大。因此,可利用各方案与最优方案之间关联度的大小对评价对象进行比较和排序。在使用灰色系统分析法进行综合评价时,首先需要求得各个方案与由最佳指标组成的理想方案的关联系数矩阵,通过关联系数矩阵推算得到关联度,最后按照关联度的大小进行排序,并得出综合评价结论。

在使用灰色系统分析法进行综合评价时,仅需要具有代表性的少量样本即可,且这种方法无须对数据进行归一化处理,计算较为简单。但是受模型及理论的限制,在使用该方法对一些发展趋势相平或者相反的问题进行分析时,难以得到比较好的综合评价结果,灰色系统分析法不能解决评价指标间相关造成的评价信息重复问题。

(八) 数据包络分析法

数据包络分析(DEA,Data Envelopment Analysis)法是通过对多个投入指标与多个产出指标的系统分析,对同类型单位的相对效率进行比较的技术。该方法通过客观数据的分式规划,计算其评价单位的相对效率,并通过投影原理提出相应改进方向。数据包络分析法是一种用来评价多输入和多输出的"部门"(决策单元)相对有效性的方法,其应用前提是系统应当具有输入指标与输出指标,因此该方法适用于效益类问题的综合评价,能够反映投入与产出的对比关系。

在使用数据包络分析法进行综合评价时,首先,需要明确评价目标,围绕目标对评价对象进行分析,对决策单元进行选择,并对其结构、层次进行分析;其次,评价者需要建立能够全面反映评价目标和评价内容的输入输出指标体系,并在对数据进行充分的收集与整理之后,根据研究问题的实际背景选择 DEA 模型进行计算;最后,应当根据计算结果对所研究问题进行分析。

数据包络分析法的可靠性依赖于客观数据的准确性,数据包络分析法的优点是不需要给出代表决策者偏好的权,也不需要给出输入输出的函数关系。但是这种方法要求输入输出数据均不能是随机变量,同时 DEA 法的应用需要有足够多的样本个数,且它是一种相对评价,不同样本的有效系数不可比。DEA 法的应用范围限于一类具有多输入、多输出的对象系统的相对有效性评价,其相对有效性系数(效率评价指数)与参加评价的单位情况有关,因此当样本结构发生变化时,评价结论可能随之改变,同时该方法对所提供数据的准确性非常敏感,而现实中很多综合评价的指标因素难以用准确的数字来表达,这在一定程度上限制了数据包络分析法的进一步应用和推广。

(九) 人工神经网络法

综合评价是一个复杂的过程,其所涉及的指标或因素通常不是相互独立的,往往具有一定的关联性,而且这种关联性通常不是简单的线性关系,而是复杂的非线性关系。为了处理这种非线性关系问题,人工神经网络是一个很好的工具。ANN是一种非线性科学,无须建立数学模型,而是通过网络训练从数据中概括出知识,并将其存储于神经元中,构成网络知识,进一步对相似的对象进行评价或者预测。这一类评价方法能够模拟人脑的一些思维模式,具有自学习、自组织、自适应等特点。它的出现结合了专家学者的经验和客观的判断方式,减少了评价过程中出现主观偏差的可能性,克服了一般综合评价方法不能反映评价指标的动态变化过程的问题,同时提高了解决问题的效率。

人工神经网络中最常用的是BP(Back Propagation)神经网络,它又被称为误差反向传播网络,实现一种从输入到输出的映射关系,由输入层、隐含层和输出层组成,是一种典型的多层前馈网络。BP神经网络的学习过程包括信息正向传播和误差反向传播两部分,正向传播时输入样本从输入层节点输入,经过隐含层处理并传向输出层,若输出层未得到期望输出,则转入反向传播,反向传播方法在优化中使用梯度下降算法,具有很强的问题识别功能。

标准BP神经网络学习算法的步骤如下:①网络初始化,给定各连接权值、误差函数、计算精度值和最大学习次数;②随机选取输入样本及对应期望输出,计算隐含层各神经元的输入输出;③计算误差函数对输出层各神经元的偏导数;④计算误差函数对隐含层各神经元的偏导数;⑤对连接权值进行修正并计算全局误差;⑥对计算结果进行评判。

需要注意的是,当评价对象数量较多、评价规模相对较大时,神经网络节点数量通常较大,庞大的网络结构会降低其泛化能力,评价时间也会更长,因此经常会陷入局部最小的困境。

三、各种评价方法的综合比较

多指标综合评价指数方法是将多个指标的数据综合起来形成一个概括性的指数,将评价结果量化,并通过指数比较以达到评价目的的一种重要技术,其有效开展常需要基于扎实的专业知识和广泛的实际调研。一般来说,在开展综合评价时,第一步往往是在明确研究目的之后,选取用于评价的指标并构建相应的评价指标体系;第二步是通过同向化、无量纲化等技术对指标进行量化处理;第三步是确定评价指标体系中各指标的权重,即考虑每个指标对于评估总目标作用的大小及影响的重要程度;第三步是根据已有信息将各单项指标评价值合成为一个综合评价值,并对研究对象进行评价。

伴随着多指标综合评价技术的快速发展,多种新的理论逐步被引入综合评价中,许多新的评价方法也被人们提出或改进,如多元统计综合评价方法、模糊数学综合评价方法、层次分析法、灰色系统分析法、神经网络法等。通过对几种方法的研究与比较可以发现,无论是哪一种综合评价方法,其基本思想都是遵循多指标综合评价的一般步骤。但是受到被评价对象的外部环境、数据可得性、目的等多方面因素的影响,不同方法的选择会对综合评价的结果造成影响。因此,几种多指标综合评价方法在使用条件、优缺点及适用对象等方面是存在一定差异的。

首先,几种较为常规的综合评价方法所涉及的理论与方法都较为容易理解,因此其综合评价值的构建对于评价者的要求相对较低,且计算过程较为便捷,推广价值与运用价值都较高。但是这一类方法中的大部分对于样本容量的规模均有一定要求,且其评价结果易受极端值的影响,因此该类方法常适用于研究数据易获得,且样本间特征的差异较为集中的问题。

多元统计综合评价方法具有较为成熟的理论体系,以主成分综合评价方法为例,其评价过程较为模式化,评价方法较为规范,能够消除评价指标间相关关系的影响,且该方法对于权重的确定是通过数学计算的方法客观得到的,评价结果具有一定的合理性。但是该方法对于样本量的要求较高,忽视了事物的主观因素,且计算过程较为繁琐,其评价结果需要结合数据指标的实际意义与综合评价具体场景进行分析,因此该方法更适合用于一次性的综合评价比较。

模糊综合评价方法的模型简单易懂,能够将不确定的信息定量化,且该方法的评价结果包含较为丰富的信息,具有较强的适用性。但是该方法的应用主观性较强,不能解决评价指标间相关造成的评价信息重复的问题,且在一些情况下对于隶属函数的确定较为困难,因此该方法常适用于对具有模糊性和不确定性的问题进行综合评价。

Topsis法对于原始数据的利用比较充分,能够保留大部分信息,且这种方法对于数据的样本量、指标数以及分布没有严格的限制,具有较为广泛的应用范围和较为直观的几何意义。但是该方法的评价结果不够客观,且具有不稳定性和不唯一性,因此该方法具有较为灵活与广泛的应用性,适用于较多类型问题的综合评价。

层次分析法能够将定性与定量两种方法相结合,原理简单且评价结果可靠性高,其综合评价结果具有较小的误差。但是该方法中对于指标权重的确定受主观因素影响较大,且受指标数量的限制,因此该方法常适用于目标结构复杂且数据较为缺乏,难以对不明确的总目标进行量化的问题。

数据包络分析法对数据和函数形式没有具体要求,其信息利用率较高,客观性较强,可以得到较为明确的评价结果。但是,该方法对于数据的变动极为敏感,且有效决策单元所提供信息较少,因此该方法常适用于评价具有多输入、多输出信息的大系统。

与传统的多指标综合评价方法相比,神经网络法具有较强的自适应能力与较高的可容错性,可以实现输入与输出间的任意非线性映射。但是该方法需要大量训练样本,否则较难实现其计算结果在精度上的提升,因此该方法常适用于处理具有非线性、非局域性与非凸性等特征的复杂问题。

在大多数情况下,最优的综合评价方法是不存在的,因此在进行多指标综合评价的时候,需要根据现有资料,结合数据情况与综合评价的具体场景,作出科学的选择。同时,在对多种综合评价方法分别进行较为基本的学习之后,可以对将几种方法利用其互补性质结合起来开展综合评价的方法进行较为细致的研究与拓展。

第三章 三大评级机构的信用评级方法比较

一、信用评价及三大机构概述

(一)信用评级概述

信用评级也称为资信评级,是指由独立的信用评级机构,根据独立、客观、公正的原则,通过收集影响发债主体或债务工具信用的信息,采用系统的分析框架和分析方法,对发债主体或债务工具在特定时期内偿还债务的意愿和能力进行综合统计评价,并用简单符号将这些意见表达出来。其评级结果基于评级主体的信用、品质、偿债能力以及资本等要素。需要注意的是,信用评级仅是来自独立第三方机构的意见,它虽然能够为资本市场的参与者提供风险管理的技术支持,但是并不能成为资本市场买入与卖出行为的推荐,也不能成为评级对象会发生"违约"行为的保证。信用评级直接影响到资产定价的合理性、风险管理和金融监管,乃至整个金融系统的稳定性。

伴随着资本扩张速度的加快,越来越多的公司选择通过资本市场来筹集所需的资金,经过几次经济危机的检验后,穆迪投资者服务公司(以下简称"穆迪")、标准·普尔公司(以下简称"标普")和惠誉国际信用评级有限公司(以下简称"惠誉")三家评级机构凭借自身的独立地位和在信息收集、加工和分析等方面的优势,逐步建立了良好的声誉与较为稳固的地位。现代信用评级行业经历百年发展,已经基本形成了国际资本市场以三大国际评级机构为主导、各国资本市场以本土信用评级机构与三大评级机构联合主导的信用评级行业格局。尽管金融危机以来三大评级机构的市场信誉受到了很大的冲击,但在信用评级机构需"熬年头"的内在发展规律下,中短期内依旧很难出现可撼动三大评级机构全球领先地位的市场力量。因此,在未来一段时间内,目前这种行业竞争格局将继续保持。

（二）三大评级机构的产生

世界上最早的信用评级机构产生于美国。在 1837 年金融危机的推动下，路易斯·塔班（Louis Tappan）于 1841 年在纽约建立了第一个商业评级机构，为商业合作伙伴提供交易对手的资信情况。随后，罗伯特·邓（Robert Dim）兼并了该机构，并于 1859 年开始公布首份评级指南。1849 年，约翰·白氏（John Bradstreet）成立了一个类似的商业评级机构，并于 1857 年开始出版评级手册。

19 世纪中叶，独立第三方评级机构进入快速发展阶段。其重要原因之一是美国的铁路运输等产业得到了空前的扩张，此时银行和直接投资已经不能满足其繁荣所需要的大量资本，因此铁路和其他一些公司开始通过私募债券市场筹集资本。此前，美国的债券市场发行主体主要为联邦和地方政府。对于联邦政府所发行的债券，投资者认为政府有意愿也有能力履行债务，因此对于了解政府所筹集资金用途及相关商业计划和财政事务的需求不高；不同的是，对于公司债券，由于投资者质疑铁路债券发行中金融机构利用信息优势获利，因而市场对独立第三方提供的有关于债券发行公司的信息产生了强大的需求。在这种情况下，亨瑞·普尔在 1868 年首先出版了《美国铁路手册》，集中了主要铁路公司的经营和财务统计数据，为借款公司提供了独立的信息来源。1909 年约翰·穆迪在其出版的《铁路投资的分析》中，将这项工作进一步推进，首次发布了铁路债券的评级情况，即首次从财务实力、违约率、损失程度和转让风险等方面对 250 家铁路债券的信用质量进行了升级，并采用 Aaa-C 的简单符号来表示评级结果。

此后评级业务范围逐步扩大至公用事业债券、工业企业债券和市政建设债券，到了 1924 年，美国债券市场上几乎所有债券都有了评级。除了穆迪投资者服务公司以外，标准·普尔公司和惠誉国际信用评级有限公司也先后于 1916—1924 年陆续开始从事评级业务。自 1975 年美国证券交易委员会（SEC）将穆迪、标普、惠誉认定为全国认可的评级组织后，3 家公司开始垄断国际评级行业。

其中穆迪于 1900 年创立，过去其评级和研究对象以公司和政府债务、机构融资证券和商业票据为主，近年来穆迪也开始对证券发行主体、保险公司债务、银行贷款等进行评级。标普由亨利·瓦纳姆·普尔于 1860 年建立，目前它是麦格劳·希尔公司的子公司，专门为全球资本市场提供独立信用评级、指数服务、风险评估、投资研究和数据服务，为投资者提供独立的参考指针，作为其投资和财务决策的信心保证。惠誉规模较小，是唯一一家欧洲控股的评级机构，其前身是成立于 1913 年的惠誉出版公司，是一家金融统计数据出版商。

随着评级意见的发布普及以及信息传播深度和广度的提升，信息不对称问题得到了有效缓解，越来越多的企业包括原来难以通过债券市场融资的中小企业开始进入债券市场，融资项目也获得了更加广泛的生存空间。债券市场依赖评级行业的评估与督导,评级行业的发展反过来促进了债券市场的发展,评级对于市场各方主体起到了较为重要的作用。本书以三大评级机构为研究对象,浅析金融稳定统计下信用评级方法的比较,简述中国信用评级现状并对其发展进行展望。

二、穆迪对金融机构的评级方法

(一) 评级方法概述

穆迪投资者服务公司的评级使得发行人能够及时地制定市场化债务策略,从而能够更广泛地捕捉投资者的关注点和更深入地进行流动性选择,其信用评级主要是从规模、经营状况、营利能力、财务杠杆与债务覆盖率、财务政策等评级要素出发。其中,规模方面主要考虑企业的收入规模、净资产、总资产等指标;经营状况方面主要考虑产品的多样性、竞争地位、营销环境等定性因素;营利能力方面主要考虑资产回报率、营业利润率等指标;财务杠杆与债务覆盖率主要考虑债务、资本、现金流等要素之间的关系;财务政策主要考虑资产结构、流动性管理、历史风险等定性因素。其总体评级思路是依照设置打分卡评分,对应给予信用等级。

一般而言,穆迪投资服务整体的评级一共包括以下 9 个步骤,如图 3-1 所示。

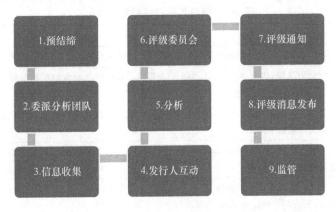

图 3-1 穆迪评级步骤

穆迪在对发行人和相关机构进行评估和解释的过程中,主要由分析师团队利用多途径获取到的信息对实体的信誉开展评估,其评级意见常基于经验丰富的专业人士。通常分析师从已发布的报告,以及与发行人管理层的访谈和讨论中获取信息,通过对这些信息的应用与分析判断来评估实体的财务状况、经营业绩、政策和风险管理策略。

在得到初步评级结果后,分析师将会针对评级主体信用优势和行业弱点与趋势等方面,与发行人或其代理人开展较为坦诚的讨论,并在对评级进行完善之后,将他们提出的建议供评级委员会进行审议,由评级委员会成员通过投票的形式综合确定评级。除了明确标识为时间点评级的信用评级之外,一旦信用评级发布,穆迪将持续监控该信用评级,并在必要时修改信用评级作为回应改变其对于评级主体的看法。所有受监控的信用评级至少每12个月审核一次,至少每6个月审查一次主权评级。

(二)评级的定义、指标及方法

穆迪的信用评级主要集中于对与发行人长期和短期风险状况相关的基本因素,以及对与评级主体重要业务相关的推动元素进行分析。其信用评级主要包括长期评级与短期评级两个部分,长期评级主要针对一年期以上的债务,而短期评级一般针对一年期以下的债务。对于长期评级,评级符号从最高的"Aaa"级到最低的"C"级,一共有21个级别,以"Baa"级作为分界,也可粗略分作投资级与投机级两大部分;对于短期评级,穆迪根据发行人或相关机构的短期债务偿付能力将其分为4个等级。为了应对全球资本市场日益扩大的广度和力度,穆迪会定期更新记录其评级系统、评级符号和定义的出版物。穆迪长期和短期评级指标及说明依次如表3-1、表3-2所示。

表3-1 穆迪长期评级指标及说明

等 级	说 明
Aaa	评级为优等。代表评级对象信用质量最高,信用风险最低,发行地位稳固
Aa	评级为高级,包含Aa1、Aa2、Aa3三个等级。代表评级对象信用质量较高,信用风险较低,利润保证较为充足
A	评级为中上级,包含A1、A2、A3三个等级。代表评级对象投资品质优良,但未来还本付息能力可能会下降
Baa	评级为中级,包含Baa1、Baa2、Baa3三个等级。代表评级对象现阶段能够保本息安全,但是长期具有不可靠性
Ba	评级为具有一定投机性质,包含Ba1、Ba2、Ba3三个等级。代表评级对象还本付息的保证有限,无法保证较好的状况,具有不稳定性
B	评级为具有投机性,包含B1、B2、B3三个等级。评级对象还本付息或长期履行合同中条款的保证极小,存在高信用风险
Caa	评级为劣质,包含Caa1、Caa2、Caa3三个等级。代表评级对象有可能违约且现阶段存在危及本息安全的因素,存在很高的信用风险
Ca	评级为具有高度投机性,代表评级对象可能在违约中,或者非常接近违约,具有较为明显的缺点
C	评级为最低等级,代表评级对象不具有投资价值

表 3-2　穆迪短期评级指标及说明

等　级	说　明
P-1	发行人或相关机构短期债务偿付能力最强
P-2	发行人或相关机构短期债务偿付能力较强
P-3	发行人或相关机构短期债务偿付能力尚可
NP	发行人或相关机构不在任何 Prime 评级类别之列

（三）案例应用

以 2020 年 8 月 28 日，穆迪将京东集团股份有限公司的评级从"Baa2"上调至"Baa1"，并将评级展望从"正面"调整至"稳定"为例。

从公司发展状况来看，MIS 认为："京东尽管有相当大的投资需求，但其公司的业务和财务状况一直在改善，且公司自身能够通过稳健的财务政策为低杠杆率和稳健的现金状况提供支撑，如通过较为谨慎的投资态度，扩大融资渠道，为未来的投资需求和潜在的波动提供了充足的缓冲。"

对于将京东的信用评级上调为"Baa1"，穆迪从多个方面给出了评级依据。首先从市场环境来看，中国乃至全球的电商市场正处于快速增长的阶段，逐步进入规模化经营；从评级主体商业模式来看，京东具有较为强大的供应链能力和规模经济；从评级主体效益来看，京东的活跃用户保持不断增长，且内部和外部在线流量渠道较为稳定。更具体地，穆迪认为，在新冠疫情暴发后数字化和网络购物加速发展的趋势下，在零售业务稳定的利润率和京东物流营利能力提高的支撑下，京东的现金流也将获得同步的增长，强劲的现金流在帮助公司保持良好流通性，为公司抵御风险、提供缓冲的同时，也可帮助京东的杠杆率能够较为稳定地保持在 2.0 倍左右，减少了公司对于债务的依赖，极大地改善了公司的财务状况。

同时，穆迪也从执行风险和资本相关要求两个角度提出了京东目前进一步发展所存在的制约。一方面，京东在全流程运行中需要处理大量的个人数据，这使其面临了一定数据泄露的风险。针对这一类问题，京东严格遵守收集、处理、保留和保护个人数据的法律和法规要求，通过配置最新的数据安全系统，尽可能地缓解风险。另一方面，穆迪认为京东对于新业务的发展需要更多的投资，在增加投资和扩大融资渠道方面存在一定风险。

最后，结合最新的评级结果，穆迪对京东下一阶段评级上调或下调的因素进行了整理。在评级上调方面，从关注因素来看，包括京东收入和利润继续增长，京东投资保持谨慎，以及公司在京东数科（京东科投控股股份有限公司）的应收账款证券化中保持良好的贷款质量管理。从财务指标来看，包括京东调整后债务/税息折旧及摊销前利润（EBITDA）保持在 2 倍以下，经营现金流和净现金状况持续增长。

在评级下调方面,从关注因素来看,包括京东未能维持稳定的盈利业务,京东进行收购从而导致资产负债表流动性紧张或财务风险增加,京东数科激进地扩大其应收账款证券化,导致京东面临由不良贷款增加的额外财务要求的风险。从财务指标来看,包括调整后债务/EBITDA始终保持在2.5倍以上,以及经营现金流为负值或持续性地营业亏损。

三、标普对金融机构的评级方法

(一)评级方法概述

标准·普尔公司采用基于一定原则的方法在全球范围内开展评级,其评级框架总体分为基础评级和评级调整两个部分,标普通常在基础评级的基础上,综合考虑其他多个因素并进行调整。其中基础评级主要包含企业的经营风险评价和财务风险评价,而经营风险又包括国家风险、行业风险、竞争地位3个方面,财务风险又包括现金流和财务杠杆两个方面。在得到基础评级之后,机构将资本结构、流动性、财务政策等视作调整项,对主体信用评级进行调整。

标普全球评级重视通过校准确定评级的标准,从而保持各部门和不同时期评级的可比性,即使得每个评级符号对于不同部门、不同时期的评级主体具有相同的一般信誉水平。标普信评的业务重点集中在债券评级和结构性债务融资工具评级,包括但不限于对发行主体的数据收集和利用、信用市场的研究和研究成果应用、贷款市场和债务工具市场整合分析与研究、市场持续监控与预警等领域。其中,基于数据收集和利用,得出与"信用分析与洞察能力"相关的结论,既是其作为国际评级机构的核心竞争力,也是最容易触动包括政府机构在内的各利益相关者神经的领域。

一般标普信用评级包括以下8个步骤,如图3-2所示。

标普信用评级具有前瞻性。也就是说,标普信用评级的指向是表达对未来的看法,实际上,标普所提出的问题"信用质量"正是其面向未来的核心问题。鉴于经济和信贷周期的变化,标普对于发行主体的评级会随着时间的推移而变化,为了解决信誉固有的可变性,标普对其评级进行较为规范的监督,并根据其监督状况对升级、降级等决策进行评估。标普信用评级通常采取较为迅速的评级行动,除了评级本身,标普还会通过发布的与评级相关的明确理由,从分析理论、分析角度等方法对评级过程进行解释,提升其公信力。

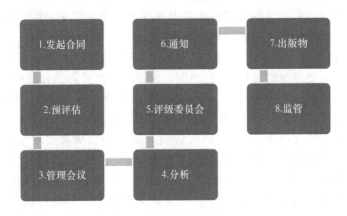

图 3-2　标普信用评级步骤

（二）评级的定义、指标及方法

标普信用评级表达了标普关于发行人和相关机构信誉的前瞻性观点,更具体地说,标普信用评级所表示的相对排名是一个多方面的现象,其信用评级体系实现了将评估因素浓缩为简单一维尺度的评级符号,并进行分析。在实际操作中,各种因素的相对重要性受以下几个方面因素的影响。

1. 主要因素

标普认为,违约的可能性是信誉的核心,这意味着违约的可能性,包括能力和支付意愿,是标普评估发行人信誉或债务的最重要因素。

标普强调违约可能性的排序,但不会仅以相对的方式查看评级类别,它将每个连续更高的评级类别与能够承受更紧张的经济环境相关联,并认为这种环境不太可能发生。标普认为具有最高类别评级的发行人拥有够承受极端或严重压力的能力,将他们联系起来,看作他们违约的可能性较低;而认为有较低类别评级的发行人面对轻度或适度的压力具有脆弱性,将他们联系起来,并对其违约的可能性进行重点评估。

2. 次要信用因素

除了违约的可能性之外,标普还把其他一些可能的相关因素纳入考虑。其中,第一个因素是违约后债务的支付优先级,标普以一种非常明显的方式反映了支付优先权对于评级的影响:当公司发行高级债务和次级债务时,机构通常会对下级债务给予较低的评级。然而对于大多数发行主体而言,违约的可能性对于高级债务和次级债务都是完全相同的,因为两者都是在发行人破产的同时产生违约。第二个因素是投资者在债务违约时获得预计回收。例如,标普通过对部分公司分配投机级评级,对其违约后预期复苏的状况进行反映。第三个因素是信用稳定性,某些类型的发行人和债务在违约之前往往会出现逐渐衰退的时期,这种不稳定性可能更容易受到突然恶化或违约的影响。从本质上讲,某些类型的信用在违约之前往往会发出警告,而部分类型的信用违约则不会有这样的过程。此外,由于经济或商业环境在某些关键方面的变化,某些类型的信用违约的可能性会遭遇突然改变,而另一些类型的信用违约的可能性对于这些变化的条件不会太敏感。两种差异都用"信用稳定"这个术语进行描述,不同程度的稳定性构成了信誉的差异。

在评级特定债务的背景下,支付优先级和预计回收更常适用于评级发布者。通常随着违约可能性的增加(即在较低的评级水平),支付优先级和预计回收具有越来越重要的意义;相反地,随着违约可能性的降低(即在更高的评级水平),信用稳定性具有越来越重要的意义。此外,部分因素的相对重要性可能随着市场条件和经济环境的变化而有所改变。标普通过不同类型信用的评级标准详细地对支付优先级、预计回收和稳定性3项因素进行考虑,其长期和短期评级指标及说明分别如表3-3、表3-4所示。

表3-3 标普长期评级指标及说明

等 级	说 明
AAA	代表债务人履行债务财务承诺的能力极强,是标准普尔评级给予的最高长期评级
AA	代表债务人履行债务财务承诺的能力非常强
A	代表债务人履行债务财务承诺的能力比较强,但是还债能力较易受外在环境及经济状况变动的不利因素影响
BBB	代表债务人有足够的能力履行债务财务承诺,但是不利的经济条件或不断变化的情况有可能削弱债务人履行其债务财务承诺的能力
BBB−	代表市场参与者认为的最低的投资级评级
BB+	代表市场参与者认为的最高的投机级评级
BB	代表相对于其他投机级的评级,其违约的可能性最低,但是,它具有持续不确定性和可能导致债务人履行其债务财务承诺能力不足的不利业务、财务或经济状况。当面临持续的重大不稳定情况或者恶劣的商业、金融、经济条件时,可能不具有足够的能力偿还债务
B	代表更容易发生不付款行为,违约债务人目前有能力履行其对该债务的财务承诺,但是不利的业务、财务或经济条件可能会削弱债务人履行债务财务承诺的能力或意愿
CCC	代表目前存在违约的可能性,在业务、财务或经济条件不利的情况下,债务人不太可能有能力履行其对该债务的财务承诺,可能会违约
CC	代表目前违约的可能性较高
C	代表具有较低的预期回收率,存在提交破产申请或采取类似行动的可能性,但仍能偿还债务
D	代表不具备按期偿还债务的能力,是标准普尔评级分配的最低评级

表 3-4　标普短期评级指标及说明

等 级	说 明
A-1	代表偿还债务能力较强,是标准普尔给予的最高短期评级,当发债人偿还债务的能力极强时,可以在评级后另加"+"进行标注
A-2	代表偿还债务的能力令人满意,但是其偿债能力较易受外在环境或经济状况变动的不利影响
A-3	代表目前有足够能力偿还债务,但在经济条件恶化或外在因素改变的情况下,其偿债能力可能较脆弱
B	代表偿还债务能力脆弱且投机成分相当高,虽然发债人目前仍有能力偿还债务,但是持续的重大不稳定因素可能会令其没有足够能力偿还债务
C	代表目前有可能违约,发债人需依靠良好的商业、金融或经济条件才有能力偿还债务
R	代表其财务状况目前正在受监察
D	代表债务到期而发债人未能按期偿还债务
SD	代表发债人有选择地对某些或某类债务违约

（三）案例应用

以 2021 年 4 月 23 日,标普将招商银行股份有限公司及核心子公司招银国际金融有限公司(以下简称"招银国际")、招银金融租赁有限公司(以下简称"招银金融租赁")和招银国际租赁管理有限公司(以下简称"招银国际租赁管理")的长期评级确定为"BBB+",短期评级确定为"A-2",并将评级展望从"稳定"调整为"正面"为例。

对于将招商银行的信用评级确定为"BBB+",标普从多个方面给出了评级依据。标普认为,招商银行及其核心子公司能够在未来两年内保持稳健业绩和超越同行的预期。从数据方面来看,2018—2020 年 3 年期间招商银行的盈利缓冲比率平均为 0.84%,其盈利对标准化损失的覆盖能力在同等评级同业当中处于上端;同期,招商银行的股本回报率(ROE)平均为 16.7%,在可比同业中处于较高的位置。从公司发展来看,作为中国零售银行市场最成功的银行之一,招商银行借助符合其发展的轻资本业务模式,逐步拥有了较强的核心资本生成能力,并在私人银行领域占据较大份额,据中国银行业协会数据,截至 2019 年 12 月 31 日,招商银行私人银行客户(日均管理资产达到 600 万元人民币及以上的客户)资产管理规模占全银行系统总额的 19.3%,远高于其他任何中资银行。综合来看,受益于其多元的业务结构以及成熟稳固的零售银行业务,标普认为招商银行能够保持其不良资产和信用损失风险的稳定可控,其业绩有较大可能会持续优于同业,且更容易获得政府的特别支持。

最后,结合最新的评级结果,标普对招商银行下一阶段评级上调或下调的因素进行了整理。如果在贷款结构调整(提高非贷占比)和疫情的持续影响下,招商银行的盈利缓冲比率和资本可持续比率依然持续高于同等评级的同业,那么标普可能会上调该行的评级;如果标普认为招商银行获得政府特别支持的可能性上升,那么标普也有可能上调评级,但这种情形出现的可能性相对较小;如果由于疫情的影响和房贷监管的收紧,招商银行的业绩并未优于同等评级的同业,那么标普可能会将展望调整为"稳定"。

四、惠誉对金融机构的评级方法

(一)评级方法概述

惠誉国际信用评级有限公司通过提供具有前瞻性的信用观点,反映评级主体在各种情景下的信用行为预期。在评级过程中,机构采用定量与定性分析相结合的信用评级方法,主要考虑行业风险、国家风险、管理战略、公司治理、运营状况、财务状况等重要因素。在开展评级的过程中,惠誉注重深入实地调研,强调定性和定量相结合的分析方法,侧重对未来偿债能力和现金流量的分析评估。一般惠誉信用评级包括以下8个步骤,如图3-3所示。

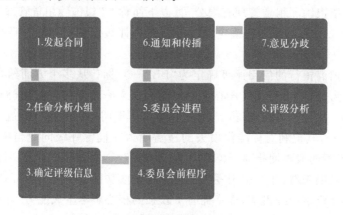

图3-3 惠誉信用评级步骤

惠誉信用评级的监控与审核流程通常是连续的,由评级委员会对受监管的评级进行定期审查,通常是每年一次,根据部分地区法律等要素的要求,审查频率可能会有所不同。惠誉对新评级进行分配时所需的时间各不相同,主要取决于评级主体在没有公开信息的情况下,响应来自惠誉的信息请求所需的时间,以及发行主体对惠誉关于事实和非公开信息等进行回顾时所需的时间。根据所涉及信贷分析的行业和类型,惠誉通常设定在4~8周内能够提供较为完整的评级。

(二) 评级的定义、指标及方法

惠誉评级发布各种规模的意见,其中最常见的是信用评级,同时该机构还发布与财务或运营实力相关的评级、分数和其他相关意见。惠誉所发布的信用评级是对实体履行财务承诺相对能力的意见,包括利息、优先股股息、偿还本金、保险理赔或交易对手债等,其长期评级用以衡量一个主体偿付外币或本币债务的能力,短期评级大多针对到期日在13个月以内的债务,更强调发债方定期偿付债务所需的流动性。

惠誉的长期和短期评级指标及说明分别如表3-5、表3-6所示。

表3-5 惠誉长期评级指标及说明

等级	说明
AAA	代表最低的信贷风险,具有最高的信贷质量。该等级仅在具有特别强大的支付财务承诺能力的情况下给予分配,被认为极不可能受到可预见事件的不利影响
AA	代表很低的信贷风险,具有很高的信贷质量。该等级被认为不容易受到可预见事件的影响
A	代表较低的信贷风险,具有较高的信贷质量。与更高的评级相比,该等级被认为可能更容易受到不利的商业或经济条件的影响
BBB	代表目前的信贷风险较低,具有较好的信贷质量,是投资级的最低级别。该等级被认为债务偿付能力可能会被不利的业务或经济条件削弱
BB	代表有出现信贷风险的可能,但是能通过合理的商业或财务措施对债务进行偿还,具有投机性
B	代表存在很大的信贷风险,但是依旧存在一定的安全性,债务能够偿还需依赖于一个持续向好的商业和经济环境,具有较高的投机性
CCC	代表违约的可能性存在,其债务的偿还能力完全取决于持续向好的商业和经济发展,具有一定的风险性
CC	代表某种程度的违约是可能的
C	代表已经接近出现违约现象
RD	代表评级主体虽然不能在宽限期内按期偿付部分重要的金融债务,但是仍然有能力偿付其他级别的债务
D	代表评级主体未能按照合同规定定期偿付本金和利息,已经对所有的金融债务违约,因此惠誉认为发行主体已进入破产申请、管理、清算等正式清盘程序或已停止营业

表 3-6　惠誉短期评级指标及说明

等　级	说　明
F1	代表能够定期偿付债务的最高能力,具有最高的信贷质量
F2	代表定期偿付债务的能力令人满意,但是在安全性上需关注,具有较好的信贷质量
F3	代表定期偿付债务的能力足够,但是近期负面的变化可能会使其评级降低,具有一般的信贷质量
B	代表定期偿付债务的能力有限,且容易受近期经济、金融条件的负面影响,具有投机性
C	代表存在违约的可能性,其偿付债务的能力完全依赖于一个持续有利的商业经济环境,具有较高的违约风险
D	代表评级主体已经对所有的金融债务违约

对于长期评级中的"CCC"等级到"AA"等级,以及短期评级中的"F1"等级,惠誉通过在评级后面另加"+"或"-"两类修饰符号,表示对主要评级等级进行微调,是评级类别内的相对状态。

对于许多部门的评级实体,包括金融和非金融公司、主权国家、保险公司、某些公共部门等,惠誉的评级结果通常表现为发行人违约评级(IDR)。IDR 对评级主体对于金融债务违约(包括不良债务交换等)的相对脆弱性发表意见,其所解决的门槛违约风险通常是财务债务的风险,同时,IDR 也可用于对破产、行政接管或类似概念的相对脆弱性进行评估。总体而言,IDR 并未对违约的可能性进行特定百分比的预测,而是根据机构对违约相对脆弱性的看法提供了发行人的序数排名。

在所有情况下,违约评级的分配反映了代理商对最合适评级类别的看法,该评级类别与其评级范围的其余部分一致,并且可能与发行人的财务债务或当地商业惯例条款下的违约定义不同。

(三)案例应用

以 2019 年 11 月 22 日,惠誉将中国石油化工股份有限公司(以下简称"中国石化")的长期外币和本币发行人违约评级确定为"A+",其评级展望确定为"稳定"为例。从公司基本资料来看,中国石化集团是国务院国有资产监督管理委员会的全资子公司。该公司是中国最大的石油和石化产品供应商,也是最大的石油和天然气生产商之一,在实施中国燃油零售价格机制方面发挥着关键的政策作用。

在评级过程中,惠誉基于母公司与国家政府、母公司与子公司的联系,上游业务发展,中下游业务主导地位,一体化经营,炼油利润率,集团信用与杠杆率等要素,从评级调升与调减两个角度对其进行评估。

从对评级起到调升作用的因素来看,在集团母公司与政府的关系方面,惠誉认为作为中国三大国有石油公司之一的中国石化集团在地位、所有权和控制权方面都具有战略重要性,集团通过海外扩张、天然气发展战略和股权开放等方式执行政府的政策和指令,其发展获得了政府多方面的支持,大量注资和补贴有助于其财务状况保持健康;在母子公司联系方面,惠誉认为中国石化是中国石化集团最具价值的子公司,占据集团总资产的较大份额,也是集团主要的上市平台;在上游业务的发展方面,中国石化借助较高的上游资本支出为产量的扩张给予支持;在中下游业务的主导地位方面,中国石化是中国最大的成品油和石化产品生产商和经销商,在成品油和某些石化产品的销售中占据超过50%的市场份额,其零售网络覆盖全国,在燃油零售价格制定中发挥着关键作用;在一体化经营方面,中国石化一方面能够缓和油价和产品价差波动的影响,另一方面更好地抵御了单个细分市场的低迷。

从对评级起到调减作用的因素来看,在炼油工业方面,2020年国内炼油和化工行业产能过剩将继续对炼油利润率构成压力,由于新炼油产能带来了市场的盈余,但是消费量并没有跟上,中国石化的炼油利润率一直在下降;在集团信用与杠杆率方面,惠誉估计,如果中国石化维持较高的股息派息,考虑下游表现较弱和资本支出增加,中国石化的FFO(来自营运现金流)调整后净杠杆率将从2018年年底的0.5倍恶化至2019年的0.8倍左右,且中国石化集团在中国石化以外存在大量的债务,这使得集团整体杠杆率处于较高水平。

五、三大机构评级方法的比较及中国评级现状

对于不同类型的主体,各个评级机构对其实施的评级虽有所差异,但每个机构的大体评级框架思路基本保持一致。本书以包括证券公司和财务公司在内的非银行金融机构为例,对三大评级机构的评级方法进行研究与对比。

(一) 穆迪评级流程与思想

穆迪对于非银行金融机构的评级过程,大体可以分为3个阶段,第一阶段是独立评估,第二、三阶段是在第一阶段的基础上考虑多方面因素,最终确定评级。穆迪将第一阶段的评估划分为财务状况、经营环境和评级主体概况3个层次,其中财务状况主要评估主体的营利能力、资本充足率和杠杆率、资产质量、现金流和负债率等,经营环境主要考虑纳入宏观层面的指标因素和行业风险因素,主体概况以定性分析为主,包括评级主体业务多样化、集中度、定位、企业行为、风险管理等。在完成第一阶段的评估后,穆迪依据当地政府支持性政策、评级主体信用状况、评级人和评级工具的使用等因素,评估在发生违约的情况下,公司的负债结构如何影响到基于安全和索赔优先权的差异而产生的公司工具的损失,从而对企业进行级别

上的调整,最终得到该机构的信用评级。本书意在研究环境稳定下的评级方法,因此主要讨论第一阶段独立信用评估过程。

独立信用评估是穆迪对金融机构的信用风险进行整体评估过程中的重要环节。该部分受到三方面指标的影响:财务概况、经营环境、业务概况和财务政策。其中财务概况为定量指标,后两个指标为定性指标。穆迪在进行独立评估时所使用的记分卡也由上述 3 个指标组成,这 3 个指标下均有各种影响子因素,不同类型的金融机构记分卡之间指标基本一致,但权重可能略有不同。

首先,对于财务概况这一定量指标,穆迪主要从可获利性、资产流动杠杆率、设备质量以及现金流 4 个方面进行衡量。穆迪设计了对于其中每一个因子的一般评分方法及其权重,并通过权重记分卡,根据其得分从"Aaa"到"Ca"制定子指标等级。穆迪通过对评级主体的财务报表及监管文件进行研究,或是根据分析师的其他观察,对评估子因素的信息进行估计后得出了子指标评级,以可获利指标下的子指标为例(表 3-7)。

表 3-7 穆迪可获利指标下的子指标评级

子因素	子因素权重	子部门	Aaa	Aa	A	Baa	Ba	B	Caa	Ca
净收入/平均管理资产	10%	贷款方、借款方、商业发展公司和服务采购商	≥8.5	5.5~8.5	2.5~5.5	1~2.5	0.5~1	0~0.5	-2.5~0	<-2.5
息税前利润/利息支出	5%	借款方	≥8.5	7.5~8.5	6.5~7.5	4~6.5	3~4	1~3	0.5~1	<0.5
优先股股息	20%	服务采购商	≥8.5	5.5~8.5	2.5~5.5	1~2.5	0.5~1	0~0.5	-2.5~0	<-2.5

其次,对于经营环境这一定性指标,穆迪主要考虑宏观指标和行业风险两个子因素,其中宏观指标包括经济优势、制度优势和风险事件敏感度,且这 3 个指标所占的权重依次为 25%、50% 与 25%;而行业风险主要考虑进入市场的障碍、监管框架的有效性,以及可能对商业条件产生有利或不利影响的变化等。

最后,对于业务概况和财务政策方面,穆迪一般通过业务多元化集中和特许经营定位、不透明度和复杂性、企业行为风险管理与流动性 4 个定性因素来进行衡量。这些因素补充了财务概况和运营环境子组件中欠考虑的部分,是金融机构信用的重要贡献因素。

对于上述定性评估,穆迪常用的方法是采取风险因素情景来实现信用约束环境中的定级,以行业风险因素评估为例,其情景及级别划分如表3-8所示。

表3-8 行业风险因素情景及级别划分

等级	说明
Aa	金融公司具有垄断性;具有寡头垄断性的定价实力;特别稳定的行业,基本上不可能出现技术中断或受国内经济周期的不利影响;历史波动性特别低;不存在事件风险;产品过时的风险特别低,有出色的业绩记录;产品面向广大的人群
A	金融公司处于行业领先地位;具有垄断性的定价优势;来自银行和替代资本供应商的竞争非常低,高度稳定;几乎不可能受到技术破坏或不利监管变化的影响;基本上不受国内经济周期的影响,具有极低的历史波动性;具有非常低的事件风险;产品过时的风险极低,有出色的业绩记录;有针对广泛人群的项目
Baa	行业集中度适中,金融公司占有很高的市场份额;来自银行和另类资本提供者的竞争威胁有限;行业稳定,很少受到技术破坏或不利监管变化的影响;历史波动性小,事件风险低;没有产品过时的风险,有超过十年的稳定业绩记录;产品针对特定群体
Ba	金融公司在某一业务领域拥有适度的国内市场份额,进入壁垒有限;定价力度有限;应对技术破坏或不利监管变化的风险水平有限;行业遵循国内经济周期,事件风险适度;小众但稳定的产品供应,过时风险相对较低;至少有10年的跟踪记录
B	金融公司在这一业务领域的国内市场份额有限;竞争性的定价模式;应对技术破坏或不利监管变化的风险水平不高;行业的波动性比经济周期适度,波动程度高于同行;中等程度的事件风险;产品性能的记录有限
Caa	金融公司的总市场份额较低;行业分散,新老企业众多,或由银行主导,定价模式竞争激烈;行业与周期性经济力量高度相关,但历史波动性较大;面临技术破坏;行业依赖关键的个别监管;事件风险高;新产品没有跟踪记录,依赖未经证实的技术,或针对高风险人群
Ca	金融公司的总市场份额极低;行业高度分散,有许多新的参与者,或由银行占主导地位,价格竞争激烈;历史波动性极高,过去有金融危机的例子;目前面临技术破坏或不利的监管变化;事件风险极高;产品以前有高损失记录,或针对高风险人群

通过上述方法,可以分别得到金融机构在财务概况、经营环境以及业务概况和财务政策3个方面上,各子指标的评级等级,不同子指标之间通过列联表构造指标热力分布图,从而实现指标降维,最终得到该机构的信用评级。

(二) 标普评级流程与思想

标普对于非银行金融机构的评级框架大致可分为确定锚点、确定独立信用评估和外部环境影响调整3个部分。

其中第一阶段,设置锚点是标普对非银行金融机构进行评级的第一步,锚点反映了一个部门面临的经济风险和行业风险。标普首先依照每个国家的银行已经确定的锚点,对该国家各个部门的锚点进行设置。在此基础上,一般证券公司的初步锚点比银行锚点低两个级别,金融机构的初步锚点比银行锚点低3个级别。

第二阶段,在设置锚点后,标普根据一些具体情境,在调整锚点的过程中开始对特定实体进行分析。具体而言,其主要考虑的因素包括经营地位、资本杠杆收益、风险头寸以及资金流动性,方案如果适用,再将该实体纳入可比较的评级调整。每个因素都最多可以提升SACP(独立信用状况)或GCP(集体信用状况)两个等级,或者将SACP或GCP从锚点降低最多5个等级。

影响SACP的指标大体上可分为定性和定量两种。对于定性指标,一般由业务人员或分析师按照经验判断为由强到弱的若干个级别。对于定量指标,标普通过划分指标区间确定该指标对应的影响程度。不同评价对象在该指标下的值决定其所属区间,从而对应其对杠杆率的影响程度。

对于不同维度的若干个标准,标普总体通过列联表交互的形式完成降维。例如,在业务地位下设有业务稳定性和业务多元化等若干指标,在取得每个子指标独立评级后,标普通过如表3-9所示的列联表格,将两个层面的评价统一成一个总体指标,从而实现数据的降维。

表3-9 业务多元化和稳定性的综合评价

业务多元化	业务稳定性					
	非常强大	强大	充足	中等	弱	非常弱
强大	非常强大或强大	强大	强大或充足	适度	中等或弱	弱或非常弱
充足	强大或充足	强大或充足	充足	中等	弱	非常弱
中等	强大或充足	适度	适度	中等	弱	非常弱
弱	强大或充足	适度	中等或弱	中等或弱	弱	非常弱

在确定SACP或GCP后,标普会在第三阶段考虑包括政府的影响等在内的,对非银行金融机构可能的潜在外部影响,最终得到金融机构的评级。

(三) 惠誉评级流程与思想

除非受到主权、地方或机构支持的推动,惠誉对于非银行金融机构的发行人违约行为,将通过对其独立信用准则的评估来确定。在评估非银行金融机构的独立信用时,惠誉主要考虑以下5个关键因素:经营环境、公司概况、管理与战略、风险偏好和财务状况。

所有因素都与非银行金融机构的独立信用风险有关,但是它们的相对重要性因机构而异,取决于机构的运营情况环境和各个机构的具体情况,并可随时间而变化。因此,惠誉不会为每个因素都分配固定权重,而是指定独立信用风险概况中的每个关键评级因子的相对重要性。相对重要性指标、每个评级因素的趋势、展望指标评级因子和每个财务概况子因子通常由惠誉在其评级导航中公布。

经营环境、公司概况、管理与战略、风险偏好和财务状况5个指标中,前4个关键评级因素主要是定性的,通常由惠誉内部人员以其以往经验进行制订。其中经营环境的影响指标主要包括人均GDP和世界银行的易行性业务排名;公司概况主要包括特许经营权、商业模式和组织结构3个因素;管理与战略主要包括管理质量、公司治理、战略目标和执行力4个方面;风险偏好主要包括风险控制、公司成长、市场风险和操作风险4个方面。对于上述4类定性指标,惠普采用经验定义评级指标,以商业模式中的特许经营权为例。惠普将对应的指标属性进行列举,将其定义为"核心"与"互补"两类,并通过对指标的描述指出每种属性通常如何评估。惠普内部人员通过定义中子指标"核心"属性的数量来判断指标在"Aaa"到"C"中的信用级别。

而在评估财务状况这一指标及其可能相关的情况时,惠誉使用量化措施,采用定量数据区间划分法,将指标所属区间分段并从"Aaa"到"C"中指定等级,同样通过列联表交互的形式对子指标进行降维并获得总体指标,最终得到该机构的信用评级。

(四) 三大机构评级方法的异同

从评级思路上来看,三大机构的信用评级均从经营环境、财务风险、定性概况3个层次,将企业经营的宏观环境、行业前景、自身财务状况、公司治理以及政府支持力度等多维度信息进行综合评价,得到评价企业信用风险的信用评级结果,其目的是将多个评级因素对评级对象信用质量的影响浓缩到评级符号中。其中,标普的评级因素主要包括相对违约可能性、回收程度、偿还顺序和信用稳定性4个方面,其中相对违约可能性是最重要的因素。穆迪的主要评级因素包括相对违约可能性、损失严重性、财务实力和过渡风险4个方面。惠誉的主要评级因素包括相对违约可能性、回收程度和偿还顺序3个方面。总体来看,国际三大评级机构均认为相对违约可能性和回收程度是影响信用评级的主要因素,因此信用评级主要反映了评级对象的违约可能性及回收程度。从思想上看,标普的评级思想有别于其他两家机构,其评级过程为首先以同类型机构评级作为该机构评级锚点,进而通过汇总后的指标确定在该锚点上下如何调整。而穆迪和惠誉的评级思想大体一致,优先确定影响因素下的最小影响指标,进而通过列联方式两两合并,将子指标最终汇总并得到该机构的信用评级。

从评级形式上来看,国际三大评级机构均通过打分表的形式进行主体信用评级,打分表主要由多个评级要素及其相应细化的多个定性和定量指标所组成。信用评级的一般流程为:首先,分析师对各评级要素的具体量化指标分别进行分析,以确定各评级要素所能达到的分数或对应的信用级别,同时对各评级要素设定相应的权重;然后,将各评级要素的得分或对应的信用级别进行加权,得到一个总分数或加权后的信用级别。若打分表采用得分的形式,最终总分数对应的级别即主体的信用级别;若打分表采用信用级别的形式,加权得出的最终信用级别即主体的信用级别。其中在指标降维的处理上,三大机构均采用列联表方式对子指标进行降维处理。但是国际三大评级机构对于各评级要素在打分表里的权重设置存在一定差异。穆迪对于不同行业主体的评级,均在打分表中明确设定了各类评级要素的权重;而标普和惠誉认为各评级要素在打分表中所占的权重将随主体的差异、时间的变化而变动,因此没有在打分表中事先确定各评级要素的权重,而是由分析师根据具体情况而设定。

从评级机构获取发行主体信息的渠道来看,三大评级机构都着重关注以下几个方面的数据信息来源:一是年报等公开资料数据;二是募资说明书、销售通告、销售备忘录、信托契约等某种特定的文件;三是股票价格走势、成交量、债券价差等市场数据;四是行业团体、协会或组织、政府机构部门等提供的数据;五是学术界的专家观点、书刊、财经杂志、媒体报道等;六是一些来源于发债机构或其他主体的内部资料。

从评级结果来看,三大评级机构都具有较成熟的定期审查机制,会在出具评级结果后对企业进行持续监控,并在必要时对评级结果进行修改。在给出评级结果的同时,机构还会同步给出评级观察与评级展望。其中评级观察用于表明较短时间内评级可能出现的变动及变动方向,正面表示可能调升评级,负面表示可能调减评级,循环表示调升、调减、持平 3 种状态均有可能;而评级展望用于表明在一两年内评级可能出现变动的方向,包括正面、负面、稳定、循环 4 类,其中"循环"评级展望主要出现在无法识别评级主体基本面的变动趋势时。

(五)中国信用评级现状

我国的信用评级市场是在改革开放和市场经济的进程中,伴随着债券市场的发展而逐步壮大起来的。回顾 30 多年的发展历程,我国信用评级市场大致可分为以下 3 个发展阶段。

1. 初创起步阶段(1987—1991 年)

我国现代信用评级业务始于企业债券评级。1986 年,国内允许地方企业发行债券。为适应债券市场发展要求,中国人民银行和中华人民共和国国家经济体制改革委员会提出组建信用评级机构的设想和要求,于是各地纷纷成立信用评级公司,各地专业银行的咨询机构、调查机构、信息咨询机构也开始展开信用评估工作。其中,1987年吉林省资信评估公司成立,成为我国最早的信用评级公司。

2. 探索发展阶段(1992—2005年)

进入20世纪90年代,我国证券市场稳步发展,企业通过公开市场募集资金的规模逐年增加,人们开始对市场经济有了一定的认识,也产生了对金融产品进行风险评估的初步需求。上海新世纪资信评估投资服务有限公司(成立于1992年7月,以下简称"新世纪")、中国诚信证券评估有限公司(成立于1992年10月,以下简称"中诚信")、深圳市资信评估公司(成立于1993年3月,后更名为鹏元资信评估有限公司)、大公国际资信评估有限公司(成立于1994年,以下简称"大公国际")等社会评级机构相继成立。

这一阶段,我国信用评级机构数量大幅增加,业务的市场化程度不断提高,评级技术也得到了较大幅度的提升。但是,由于这一时期债券市场产品相对单一,债券市场发行规模较小,同时受到利率管制的影响,信用评级结果在债券和贷款定价中的作用微乎其微,大大地限制了债券发行主体和贷款企业对评级服务的需求,导致信用评级业务量严重不足,信用评级机构经营状况普遍欠佳。

3. 快速发展阶段(2005年至今)

2005年5月中国人民银行发布了《短期融资券管理办法》,允许符合条件的企业在银行间债券市场发行短期融资券,放开了发行主体限制,并取消了额度审批。此后,国家发改委和中国证监会也逐步放松了企业债和公司债的管制。以上举措极大地促进了我国债券市场的发展。这为信用评级行业的发展提供了良好的外部环境,信用评级业务进入快速发展阶段。

这一时期,在金融市场尤其是债券市场的快速发展推动下,经济社会对信用评级的需求不断扩大,政府对信用评级机构的监督管理不断规范,评级机构业务种类不断增加,信用评级行业在竞争和规范中整体向好,行业已经初具规模。尤其是2018年国内较具规模的评级机构之一的大公国际由于评级造假遭到处分之后,我国信用评级体系的进一步规范化发展受到监管层以及市场的广泛关注。

目前我国已经形成了以大公国际、联合资信(联合资信评估有限公司)、中诚信、新世纪等几家市场份额较高的信用评级机构为主的信用评级市场体系。全国债券市场评级机构的格局如表3-10所示。近年来国内评级机构实现了快速发展,在市场规模、员工发展、业务类型以及评级技术方面都取得了显著的进步。但与国际成熟市场以及社会信用体系建设的要求相比,我国的信用评级行业还处在发展初期,未来仍具有较广阔的发展空间。

表 3-10 全国债券市场评级机构的格局

评级机构	企业债评级业务	公司债评级业务	银行间债券市场评级业务	保险资金投资债券使用外部信用评级
大公国际资信评估有限公司	√	√	√	√
东方金诚国际信用评估有限公司	√		√	√
联合信用评级有限公司				√
联合资信评估有限公司	√		√	√
鹏元资信评估有限公司	√	√		
上海新世纪资信评估投资服务有限公司	√	√	√	√
远东资信评估有限公司		√		
中诚信国际信用评级有限责任公司	√		√	√
中国诚信证券评估有限公司		√		
中债资信评估有限责任公司			√	√
上海资信有限公司		√		
中证指数有限公司		√		

4. 展望

随着债券等市场的持续发展，我国信用评级行业在经历长期的考验之后已经形成了较为稳定的行业格局，但是在获得快速发展的同时，评级行业也正面临着机构产生不正当竞争，对高风险企业预警不足，多头监管带来套利行为等问题，这对国内评级机构的公信力和声誉度产生了不良影响。因此，在下一阶段，我国评级行业需要将以下 4 个方面作为重点，进一步完善与发展。

一是提升评级分辨度。长期以来，我国信用评级行业普遍存在评级虚高的问题，欠缺足够细致的信用风险辨别度，一方面对于债务资本市场参与者来说参考意义不大，另一方面也会对评级机构的公信力造成不良影响。

二是逐步提升评级机构的评级透明度。作为独立的第三方机构，评级机构需要在维持自身评级准确性和公信力的基础上，加强评级透明度建设，主要包括事先披露评级方法的理论和依据，发布评级后进行持续跟踪监察，定期对评级表现进行评估并对外公布等工作。

三是提升对于发行体的约束。一方面，评级主体的决策和行为对于评级结果通常具有较大影响，因此较为完善的评级体系能够督促评级主体更加主动地披露更多信息，从而提升发行体的财务透明度等；另一方面，评级机构所公布的评级方法论能够成为发行体快速发展与自我完善的标准之一，能够约束发行体在公司治理、杠杆比率降低等重要环节的决策。

四是促进股票资本市场、贷款市场和债务工具市场的进一步整合。较为成熟的评级体系应该以发行体为中心,同时综合考虑影响发行体偿还能力、偿还意愿等的因素,需要借助系统性、结构性的评级方法,从整体规范与内部协调方面对系统性风险和交叉违约风险进行防范和管控。

第四章 综合承载力指数的构建及其实现

一、承载力的测定方法

承载力是承载主体可承受的承载对象的活动规模。在现有的研究中,通常把资源和环境作为承载的主体,把人口作为承载的对象,而对于经济,则有的把它作为承载的主体,有的把它作为承载的对象。在本章的研究中,我们把经济视同与资源和环境一样,作为承载的主体来看待。关于承载力的评价与测定,目前多采用定量评价的方法,主要分为单一承载力的测定和综合承载力的测定。

(一) 单一承载力的测定

单一承载力最早开始于对土地承载力的研究,而目前水资源承载力的测定方法最为丰富,另外基于相对资源承载力的测定方法使用得也比较多。

土地资源承载力的计算方法主要依照联合国粮食及农业组织(FAO,1985)提供的农业生态区法(AEZ),即将气候生产潜力和土壤生产潜力相结合,反映土地用于农业生产的实际潜力,同时考虑对土地的投入水平和社会经济条件,从而对人口、资源和发展之间的关系进行定量评价。一般来讲,土地资源的承载力受4个因素的制约,即时间、生活水平、土地生产能力与土地利用结构,所以,土地承载力的计算通常可以归纳为以下几个步骤:首先,明确研究的时间段,分为现状评判和未来预测,处于不同阶段的土地承载力是有差别的;其次,对生活水平划分为温饱型、小康型和富裕型(由营养标准与实物消费水平两部分组成),一般来讲生活水平越高,对土地的承载力要求也就越高;再次,土地的生产能力与投入等有关,可分为低、中、高3种投入水平,一般投入越高,土地的承载力就会提高;最后与土地的利用结构有关,而土地的利用结构较为复杂,包含复种指数、灌溉条件等与投入、技术水平等有关的因素,所以最后根据土地的利用结构对土地承载力进行测定时,可以采用多模型组合预测法。

水资源承载力的测定目前在资源学科领域和地理环境学科领域应用较多,研究的角度大多是综合考虑多方面的影响因素,对一个地区的水资源承载力做出系统评价,并借助可持续发展的思想,应用已有的和创新的方法来解决水资源承载力的问题。具体有如下几种:一是常规趋势法,即在考虑可利用水量、生态环境用水以及国民经济各部门的适当用水比例的前提下,同时考虑建设节水型社会的情况,计算水资源所承载的工业、农业及人口量;二是模糊评价法,即在设置影响水资源承载力要素的基础上,确定评语集合和权重,通过综合评价矩阵对影响水资源承载力的多因素做出评价;三是主成分分析法,即通过降维处理技术把影响水资源承载力的多个变量转化为少数几个综合指标,同时确保综合指标能够反映原来多个指标的信息以及各指标间的彼此独立;四是系统动力学仿真法,即通过建立 Dynamo 模型并借助计算机仿真,定量研究具有高阶次、非线性、多重反馈和复杂时变的系统;五是多目标分析评价法,即在列出影响水资源系统的主要约束条件的情况下,运用系统分析和动态分析手段,寻求多个目标的整体最优;六是投影寻踪评价模型法,即将高维数据向低维空间数据进行投影,通过低维投影数据的散布结构来研究高维数据的特征,进而实现对水资源承载力的测定。

相对资源承载力模型的研究思路是将自然资源与经济资源作为承载对象,人口作为被承载对象,建立自然资源、经济与人口之间协调关系的单一综合指标评价方法。在具体研究时,选取土地资源或者土地资源加水资源代表相对自然资源承载力的研究对象,选取国内生产总值作为相对经济资源承载力的研究对象。其中,在计算相对土地资源承载力时以耕地面积作为评价指标,所得的相对土地资源承载力代表相对自然资源承载力。该方法的关键计算步骤如下。

第一步:计算相对自然资源承载力

$$C_r = I_r \times Q_r$$

其中,$I_r = \dfrac{Q_{p0}}{Q_{r0}}$,$C_r$ 为某种自然资源的相对承载力,I_r 为该种自然资源的承载指数,Q_r 为评价区该种自然资源量,Q_{p0} 为参照区人口数量,Q_{r0} 为参照区该种自然资源的量。

第二步:计算相对经济资源承载力

$$C_e = I_e \times Q_e$$

其中,$I_e = \dfrac{Q_{p0}}{Q_{e0}}$,$C_e$ 为某种经济资源的相对承载力,I_e 为该种经济资源的承载指数,Q_e 为评价区该种经济资源量,Q_{e0} 为参照区该种自然资源的量。

第三步:计算相对资源综合承载力

$$C_s = W_r C_r + W_e C_e$$

其中，C_s 为相对资源综合承载力，W_r、W_e 分别为相对自然资源和相对经济资源承载力的权重，根据已有的大多数做法，一般假设 $W_r=W_e=0.5$，所以相对资源综合承载力可以表示为 $C_s=\dfrac{C_r+C_e}{2}$。将计算得到的相对资源综合承载力（资源相对可承载的适度人口）与实际资源承载人口进行比较，就可以判断所研究区域相对于参照区的承载状态。当然这种方法最终结果的准确与否还有赖于参照区的选择是否准确。

（二）综合承载力的测定

关于综合承载力的测定，目前国内外学者们仍在不断研究和修订，主要利用人类对地球生态系统所产生的影响和压力的测度方法，直接或间接地来度量承载力。在这些承载力的研究及应用中，确立所采用的评价方法一直是研究的重点，现有的比较成熟的评价模型主要有自然植被净第一性生产力估测法、ECCO（Enhancement of Carrying Capacity Options，提高承载力的策略模型）模型法、递阶多层次综合评价法、状态空间法、生态足迹法等。这些方法的共同之处在于均需要设计相应的评价指标体系。由于各种方法所应用的领域不同，因此在应用中来测定承载力存在着各种不同的理解和约束条件，使得这些测定承载力的方法带有各领域的特点。这里我们主要介绍一下递阶多层次综合评价法，为后面我们的实证研究所选用测定方法提供借鉴依据。

递阶多层次综合评价模型主要应用于复杂的区域复合生态系统，它考虑了人类活动的影响，实质是确定区域生态系统对人类活动干扰的最大承受能力。该方法应用的前提条件是：承载主体与承载对象间的关系十分复杂，但这种复杂关系不是杂乱无章的，而是具有一定系统层次性的。该方法的研究思路是通过估计承载主体的客观承载力和承载对象的压力大小，来判断系统的承载状况。在递阶多层次综合评价模型中关键点有两个：一是确定各评价指标权重，常用的权重确定方法是层次分析法；二是指标评价结果的聚合，主要采用的方法是模糊模式识别法。

1. 层次分析法

层次分析法是一种定性与定量相结合的方法，常用于多指标评价体系中各评价指标权重的确定。其解决问题的主要步骤如下。

首先，建立递阶层次结构。建立递阶层次结构是 AHP 法中关键的一步，如图 4-1 所示。图 4-1 中目标层一般以区域综合承载力作为总目标层，以综合指标表示评价区域的生态承载力总体状况；制约层则构成区域生态系统的各个子系统，是制约区域生态承载力的主要因素；因素层所反映的各种要素是子系统的组成部分，这里根据各要素的复杂程度,可以用一个或若干个评价指标来反映要素的基本情况。

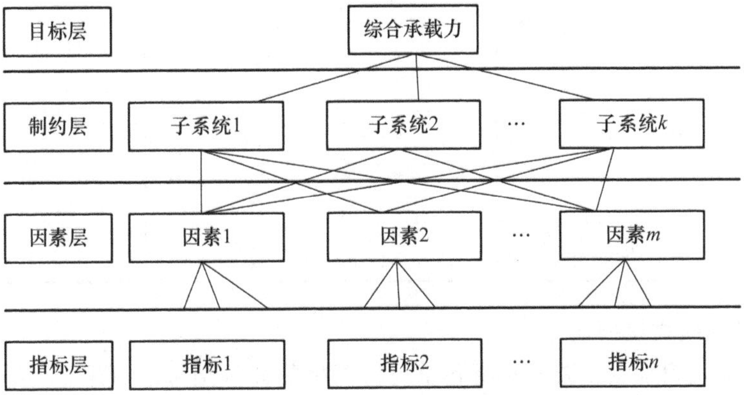

图 4-1 递阶层次结构图

其次,在建立递阶层次结构后,构造两两比较判断矩阵。假定 A 层中元素 A_k 与下层 P 中元素 $P_1, P_2, \cdots, P_n$ 有联系,则将 P 中元素两两比较,可构成如表 4-1 所示的判断矩阵。其中,$P_{ij} = w_i/w_j$ 为矩阵表中任意一元素,表示对 A_k 而言,第 i 个因素与第 j 个因素重要度之比。通常判断矩阵的数据可以通过专家调查填写来获得。

表 4-1 判断矩阵表

A_k	$P_{\cdot 1}$	$P_{\cdot 2}$	$\cdots$	$P_{\cdot n}$
$P_{1\cdot}$	P_{11}	P_{12}	$\cdots$	P_{1n}
$P_{2\cdot}$	P_{21}	P_{22}	$\cdots$	P_{2n}
$\vdots$	$\vdots$	$\vdots$		$\vdots$
$P_{n\cdot}$	P_{n1}	P_{n2}	$\cdots$	P_{m}

再次,进行层次单排序及其一致性检验,即根据专家填写的判断矩阵计算对于上一层某元素而言,本层次与其无关元素的重要性次序的权数,其本质是求矩阵特征值与特征向量,并利用 CR=CI/RI 对矩阵进行一致性判断,其中 CR 是一致性比率,CI 是一致性指标,RI 是平均随机一致性指标。

最后,进行层次总排序及其一致性检验。利用层次单排序的结果计算层次的组合权值。假定已知层次 A 的所有因素 $A_1, A_2, \cdots, A_m$ 的组合权值(总排序结果)分别为 $a_1, a_2, \cdots, a_m$,与 a_j 对应的本层次 B 中的因素 $B_1, B_2, \cdots, B_n$ 单排序的结果为 $b_{1j}, b_{2j}, \cdots, b_{nj}, j = 1, 2, \cdots, m$,这里若 B_j 与 A_i 无关,则 $b_{ij} = 0$,可按表 4-2 来计算层次 B 中各因素针对层次 A 而言的组合权值。层次总排序是从上至下逐层进行的,其结果仍需进行总的一致性检验。

表 4-2　层次总排序及组合权重表

层次 B	层次 A				B层次组合权重（总排序）
	A_1	A_2	$\cdots$	A_m	
	a_1	a_2	$\cdots$	a_m	
B_1	b_{11}	b_{12}	$\cdots$	b_{1m}	U_1
B_2	b_{21}	b_{22}	$\cdots$	b_{2m}	U_2
$\vdots$	$\vdots$	$\vdots$		$\vdots$	$\vdots$
B_n	b_{n1}	b_{n2}	$\cdots$	b_{nm}	U_n

2. 模糊模式识别法

模糊模式识别法主要是指将各个评价指标的评价结果进行聚合，从而得出总的评价结果。该方法通过构造等级模糊子集把反映被评价事物的模糊指标进行量化（确定隶属度），然后利用模糊变换原理对各指标进行综合。模糊模式识别法的过程主要如下。

首先，建立样本实际指标矩阵。如果 X 为 n 个评价单元样本组成的集合，根据 m 个评价因子提供的权重值，对不同单元建立如下样本实际指标矩阵 $\boldsymbol{X}_{m\times n}$：

$$\boldsymbol{X}_{m\times n}=\begin{bmatrix} x_{11} & \cdots & x_{1n} \\ \vdots & & \vdots \\ x_{m1} & \cdots & x_{mn} \end{bmatrix}=(x_{ij})$$

其次，建立评价指标标准矩阵。按照评价标准对 m 项评价指标，相对于 c 个评价标准的隶属关系进行评价，建立指标标准矩阵 $\boldsymbol{Y}_{m\times c}$：

$$\boldsymbol{Y}_{m\times c}=\begin{bmatrix} y_{11} & \cdots & y_{1c} \\ \vdots & & \vdots \\ y_{m1} & \cdots & y_{mc} \end{bmatrix}=(y_{ih})$$

再次，建立评价指标相对隶属度矩阵。我们根据各评价指标隶属级别的模糊性，用相对隶属度进行描述，则介于第 1 级与第 c 级之间指标 i 的 h 级标准的相对隶属度为

$$S_{ih}=\frac{y_{ih}-y_{i1}}{y_{ic}-y_{i1}}$$

然后规定对实际评价单元的指标 $i,x_{ij}\leqslant y_{ij}$，对于评价目标的相对隶属度 r_{ij} 为 0；$x_{ij}\geqslant y_{ij}$，对于评价目标的相对隶属度 r_{ij} 为 1，则

$$r_{ij}=\frac{x_{ih}-y_{i1}}{y_{ic}-y_{i1}}$$

这样，利用上述公式将 $\boldsymbol{X}_{m\times n}$，$\boldsymbol{Y}_{m\times c}$ 变为相应的实际指标相对隶属度矩阵 $\boldsymbol{R}_{m\times n}$ 和评价指标相对隶属度矩阵 $\boldsymbol{S}_{m\times c}$：

$$R_{m\times n}=\begin{bmatrix} r_{11} & \cdots & r_{1n} \\ \vdots & & \vdots \\ r_{m1} & \cdots & r_{mn} \end{bmatrix}=(r_{ij}), \quad S_{m\times c}=\begin{bmatrix} s_{11} & \cdots & s_{1c} \\ \vdots & & \vdots \\ s_{m1} & \cdots & s_{mc} \end{bmatrix}=(s_{ih})$$

接着,建立评价对象相对于评价目标级别的相对隶属度矩阵。先将矩阵 $R_{m\times n}$ 进行归一化运算,求出归一化矩阵(w_{ij}),再根据欧氏距离参数,样本 j 对 h 级生态承载力状况的相对最优隶属度的推导公式为

$$u_{ij}=\begin{cases} 1, & h=a_{\min}=a_{\max} \\ \cfrac{1}{\sum\limits_{k=a_{\min}}^{a_{\max}}\left[\cfrac{\sum\limits_{i=1}^{m}(w_{ij}\mid r_{ij}-s_{ih}\mid)^P}{\sum\limits_{i=1}^{m}(w_{ij}\mid r_{ij}-s_{ik}\mid)^P}\right]^{2/P}}, & a_{\min}<h<a_{\max} \\ 0, & a_{\min}>h \text{ 或 } h>a_{\max} \end{cases}$$

在此基础上求出样本 j 隶属于 h 级"生态承载力状况"的相对隶属度矩阵(u_{hj}):

$$U_{c\times n}=\begin{bmatrix} u_{11} & \cdots & u_{1n} \\ \vdots & & \vdots \\ u_{c1} & \cdots & u_{cn} \end{bmatrix}=(u_{hj})$$

满足约束条件 $\sum\limits_{h=1}^{c}u_{hj}-1=0$。

最后,求出每个单元样本的级别特征值 H_j,$H_j=\sum\limits_{h=1}^{c}hu_{hj}$,并根据该值得出综合评价结果。

(三) 承载力视角与"十一五"要求的对应关系

《中华人民共和国国民经济和社会发展第十一个五年规划纲要》(以下简称《十一五规划纲要》)中明确提出:"根据资源环境承载能力、现有开发密度和发展潜力以及其他综合因素,将国土空间划分为优化开发、重点开发、限制开发和禁止开发4类主体功能区。"因此,目前我国关于主体功能区的划分基本上都是从资源环境承载力、现有开发密度和发展潜力 3 个角度出发来选取和构建指标体系的。这种做法无疑需要在后续分析中选取相应的阈值作为判断标准,同时需要叠置分析或矩阵判别这类的方法,以进行功能区的最终判别分析。

我们的研究将从承载力的视角出发,依据现有承载力的测定方法,构建承载力和承载压力两个一级测量指标,从环境、资源和经济 3 个方面相应地分别构造环境承载力、资源承载力、经济承载力、环境承载压力、资源承载压力和经济承载压力 6 个二级指标。这里需要说明的是,我们定义的承载力是指单位国土面积上所拥有资源(环境或经济)的量,拥有的量越大则相应的承载力越大;而承载压力这里指的

是人均拥有资源(环境或经济)的量,拥有的量越少则相应的承载压力越大。基于这样的理念,我们选用资源承载力、环境承载力两个二级指标与《十一五规划纲要》中的资源环境承载力相对应,选用资源承载压力、环境承载压力两个二级指标与《十一五规划纲要》中的现有开发密度相对应,而把经济承载力和经济承载压力看成与《十一五规划纲要》中的发展潜力对应,这样我们就将《十一五规划纲要》中的3个一级指标转换成基于承载力视角的6个二级指标了。表4-3反映了这种对应关系。

表4-3 承载力视角中的指标与《十一五规划纲要》中指标的对应关系

一级指标	二级指标	对应关系	《十一五规划纲要》中的指标
承载力	资源承载力		资源环境承载力
	环境承载力		
	经济承载力		现有开发密度
承载压力	资源承载压力		
	环境承载压力		发展潜力
	经济承载压力		

在后面的研究中,我们将根据这种对应关系,通过表4-4中所选取的各个因子来构造三级指标体系,同时根据承载力和承载压力构造承压度这一指标,最终实现对我国主体功能区评价划分的定量分析。

二、主体功能区的划分方法

我国主体功能区划的界定综合了自然区划、生态区划、经济区划、区域发展战略布局等多种空间界线原则,因此主体功能区划分的方法应该与自然区划、生态区划以及经济区划等具有明显的不同。在具体划分时,既要考虑由于地域差异而导致的资源环境不同,又要考虑由于经济和社会联系而产生的辐射功能差别,还要充分体现国家和地方宏观发展战略的需要。一般来讲,主体功能区划分的流程包括:空间划分单元和属性因子的确定、评价指标的赋值与量化、评价指标的归并与转换、主体功能区类型的判别以及主体功能区划分最终方案的确定。

(一)划分单元的确定

主体功能区划是科学的系统工程,基本空间分析单位的选择将直接决定区划的成效。从理论上讲,任何一级拥有一定国土空间范围、一定经济管理权限和政策实施手段的政府或经济主体都应贯彻和实施区域功能区划的战略理念。我国共有五级行政政府,最小的政府单位为乡镇,所以具体来说,划分单元的选择有以下几种可能的情况：第一种，国家一级主体功能区以省和直辖市为基本单元和边界，省一级主体功能区以地级单位(333个)为划分的基本单元和边界；第二种，国家一级主体功能区以地级单位(333个)作为基本单元和边界，省一级主体功能区以县级单位(2 862个)作为基本单元和边界；第三种，国家一级主体功能区以县级单位作为基本单元和边界，省一级主体功能区以乡镇级单位(41 636个)作为基本单元和边界；第四种，国家一级和省一级主体功能区均以地级市作为基本单元和边界；第五种，国家一级和省一级主体功能区均以县级单位作为基本单元和边界；第六种，国家一级和省一级主体功能区均以乡镇级单位作为基本单元和边界。一般来说评价划分单元越小，方案精度会越高，但基本数据资料的采集、报送与管理，以及评价和具体实施的难度也将会越复杂。由于我国县级行政区内通常就存在较大的差异，因此单从理论上讲，应该选择第三种方案会比较好，即国际一级主体功能区以县级单位作为基本单元和边界，而省一级主体功能区以乡镇级单位作为基本单元和边界。

但是从现实层面看，我国五级政府拥有的权限、职能、手段各不相同。特别是省级以下政府在辖区范围、立法权限、经济管理手段等方面非常有限，同时，省级以上的其他分析单位则是人为的地缘结合产物，分析的现实意义有限。从实践上看，空间分析基本单元过大，如以省为基本单元，区域的主体功能难以准确确定。因为一个大的空间单元内部可能存在多种主体功能区，很难用一类主体功能来概括。空间分析基本单元过小，如以乡镇为基本单元，区域的主体功能相对容易确定，但是空间单元的数量较多，数据收集和整理的工作量和难度都很大。因此，区域功能区划从政策实施有效性和可操作性方面看，应主要以中央和省两级政府为主构建国家和省两个层次区域功能区划体系。在两个层次区域功能区划体系中，国家层次区域功能区划体系的空间分析基本单元是省份，省份层次区域功能区划体系的空间分析基本单元是地级市。我们的研究思路正是从这一现实出发，基于指标和相关数据的可获得性，设想从省和地级市两个层面对我国主体功能区进行评价与划分。

（二）评价指标体系的建立与权重的确定方法

构建评价划分主体功能区的指标体系，并确定各因子、因素、指标之间的权重关系，同时对评价因子进行赋值量化，这些是主体功能区评价与划分工作的核心与基础。其中，因素因子的选择及权重的确定是否合理将直接关系到整个功能区划分方案的客观性和可操作性。

指标体系的选择和构建通常需要遵循一些基本的原则。联合国可持续发展委员会"可持续发展指标工作计划"(1995—2000)确定的可持续发展指标的选择原则是：第一，指标在尺度和范围上是国家级的；第二，与评价目标相关；第三，可以理解的、清楚的、简单的、含义明确的；第四，在国家政府可发展的能力范围内；第五，概念上是合理的;第六,数量上是有限的,但应保持开放并可根据未来的需要进行修订;第七,具有国际一致的代表性的;第八,基于已知质量和恰当建档的现有数据,或者以合理成本可获得的数据,并能定期更新。经济合作与发展组织(OECD)(1998,2001)提出了可持续发展指标的选择所应该遵循的3条基本原则:第一,与政策的相关性,即指标要提供环境状况、环境压力或社会响应的代表性图景,要简单易于解释并能够揭示随时间的变化趋势,要对环境和相关人类活动的变化敏感,要能提供国际比较的基础,最好具有一个可与之相比较的阈值或参考值;第二,分析的合理性,即指标在理论上应当是用技术或科学术语严格定义的,应该是基于国际标准和国际共识的,可以与经济模型、预测、信息系统相联系;第三,指标的可测量性,即指标所对应的数据应当是已具备或者能够以合理的成本取得的,指标数据应当进行适当的建档并知道其质量,应该可以依据可靠的程序定期更新。

根据上述指导原则,考虑各种类型主体功能的定位,我们从资源、环境、经济、人口4个方面初步选取并构建指标体系,具体如表4-4所示。

表 4-4 初步选定的指标体系

因素层	因子层
资源	地区国土面积 13种矿产资源数量 活立木总蓄积量 水资源总量 耕地面积 粮食作物播种面积
环境	工业废水排放总量 生活污水排放量 工业与生活 SO_2 和烟尘以及工业粉尘排放量 工业固体废物产生量 生活垃圾清运量 "三废"综合利用产品产值 城市绿地面积 工业污染治理完成投资额
经济	地区生产总值 第二、三产业比例 财政支出基本建设费 交通运输里程数(含铁路营业、内河航道和公路里程) 外资投资总额 教育经费合计总额 专利申请授权件数
人口	地区总人口数

注意,上述指标只是从评价角度并根据数据的可获得性,所初选出来的指标,并没有把承载力的因素考虑进去,后面我们在实证研究部分,将会将上述指标从承载力的视角出发,重新构建评价的指标体系。

三、综合承载力指数指标体系的构建与数据处理

我们的研究思路如图4-2所示。首先,确定评价划分单元,这里我们选定国家层面的划分单元为省级行政单位(不包括港澳台),而选定省级层面的划分单元为地级市。其次,确定一级指标为承载力和承载压力,并根据一级指标构建主体功能区划分指数"承压度"(承压度＝承载压力/承载力),如果承压度大于1,则表明应该进行优化开发,如果承压度小于1,则应该进行重点开发,而对于限制开发区和禁止开发区国家已经明确规定,所以在我们的功能区划评价分析中不予考虑。再次,在一级指标的基础上,我们从环境、资源和经济的角度,构架6个二级指标,并将它们与《十一五规划纲要》中的一级评价指标建立对应关系。最后,利用所选择的评价因子,构建三级评价指标体系,选取合适的综合评价方法进行功能区划的评价。

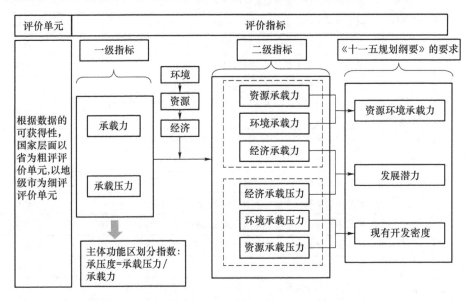

图4-2 基于承载力视角的主体功能区划研究思路图

(一) 指标体系的构建

根据相关的评价指标选取原则,同时考虑数据的可获得性,我们采用表4-4中

所选取的评价因子,在定义承载力表示单位国土面积上所拥有的资源(环境或经济)量,而承载压力表示人均拥有的资源(环境或经济)量的前提下,把承载压力和承载力作为两个一级指标,从环境、资源和经济3个方面构造资源承载力、环境承载力、经济承载力、资源承载压力、环境承载压力和经济承载压力6个二级指标。把单位国土面积13种矿产资源数量等5个三级指标作为资源承载力的分解指标,把单位国土面积工业废水排放总量等8个三级指标作为环境承载力的分解指标,把单位国土面积地区生产总值等7个三级指标作为经济承载力的分解指标,把人均13种矿产资源数量等5个三级指标作为资源承载压力的分解指标,把人均工业废水排放总量等8个三级指标作为环境承载压力的分解指标,把人均地区生产总值等7个三级指标作为经济承载压力的分解指标,这样共有三级指标40个。整个指标体系如表4-5所示。

表4-5 主体功能区评价指标体系

一级指标	二级指标	三级指标	指标类型
承载力(X)	资源承载力(AX)	单位国土面积13种矿产资源数量/$(t \cdot km^{-2})$(AX1)	正指标
		单位国土面积活立木总蓄积量/$(m^3 \cdot km^{-2})$(AX2)	正指标
		单位国土面积水资源总量/$(m^3 \cdot km^{-2})$(AX3)	正指标
		单位国土面积耕地面积/$(hm^2 \cdot km^{-2})$(AX4)	正指标
		单位国土面积粮食作物播种面积/$(hm^2 \cdot km^{-2})$(AX5)	正指标
	环境承载力(BX)	单位国土面积工业废水排放总量/$(t \cdot km^{-2})$(BX1)	逆指标
		单位国土面积生活污水排放量/$(t \cdot km^{-2})$(BX2)	逆指标
		单位国土面积工业与生活SO_2和烟尘以及工业粉尘排放量/$(t \cdot km^{-2})$(BX3)	逆指标
		单位国土面积工业固体废物产生量/$(t \cdot km^{-2})$(BX4)	逆指标
		单位国土面积生活垃圾清运量/$(t \cdot km^{-2})$(BX5)	逆指标
		单位国土面积"三废"综合利用产品产值/(元·千米$^{-2}$)(BX6)	正指标
		单位国土面积城市绿地面积/$(hm^2 \cdot km^{-2})$(BX7)	正指标
		单位国土面积工业污染治理完成投资额/(元·千米$^{-2}$)(BX8)	正指标
	经济承载力(CX)	单位国土面积地区生产总值/(万元·千米$^{-2}$)(CX1)	正指标
		第二、三产业比例(CX2)	正指标
		单位国土面积财政支出基本建设费/(元·千米$^{-2}$)(CX3)	正指标
		单位国土面积交通运输里程数(含铁路营业、内河航道和公路里程)/(km·km^{-2})(CX4)	正指标
		单位国土面积外资投资总额/(万美元·千米$^{-2}$)(CX5)	正指标
		单位国土面积教育经费合计总额/(万元·千米$^{-2}$)(CX6)	正指标
		单位国土面积专利申请授权件数/(件·千米$^{-2}$)(CX7)	正指标

续表

一级指标	二级指标	三级指标	指标类型
承载压力(Y)	资源承载压力(AY)	人均13种矿产资源数量/(吨·人$^{-1}$)(AY1)	逆指标
		人均活立木总蓄积量/(米^3·人$^{-1}$)(AY2)	逆指标
		人均水资源总量(米^3·人$^{-1}$)(AY3)	逆指标
		人均耕地面积/(公顷·人$^{-1}$)(AY4)	逆指标
		人均粮食作物播种面积/(公顷·人$^{-1}$)(AY5)	逆指标
	环境承载压力(BY)	人均工业废水排放总量/(吨·人$^{-1}$)(BY1)	正指标
		人均生活污水排放量/(吨·人$^{-1}$)(BY2)	正指标
		人均工业与生活SO_2和烟尘以及工业粉尘排放量/(吨·人$^{-1}$)(BY3)	正指标
		人均工业固体废物产生量/(吨·人$^{-1}$)(BY4)	正指标
		人均生活垃圾清运量/(吨·人$^{-1}$)(BY5)	正指标
		人均"三废"综合利用产品产值/(元·人$^{-1}$)(BY6)	逆指标
		人均城市绿地面积(公顷·人$^{-1}$)(BY7)	逆指标
		人均工业污染治理完成投资额/(元·人$^{-1}$)(BY8)	逆指标
	经济承载压力(CY)	人均地区生产总值/(元·人$^{-1}$)(CY1)	逆指标
		第二、三产业比例(CY2)	逆指标
		人均财政支出基本建设费/(元·人$^{-1}$)(CY3)	逆指标
		人均交通运输里程数(含铁路营业、内河航道和公路里程)/(千米·人$^{-1}$)(CY4)	逆指标
		人均外资投资总额/(美元·人$^{-1}$)(CY5)	逆指标
		人均教育经费合计总额/(元·人$^{-1}$)(CY6)	逆指标
		人均专利申请授权件数/(件·万人$^{-1}$)(CY7)	逆指标

注:① X 表示承载力,Y 表示承载压力;② A 表示资源,B 表示环境,C 表示经济;③ AX 表示资源承载力,BX 表示环境承载力,CX 表示经济承载力,AY 表示资源承载压力,BY 表示环境承载压力,CY 表示经济承载压力。

在40个三级指标中,我们同时标注和区分了正指标和逆指标。在承载力中,正指标数值越大则相应的承载力也就越大,逆指标则是数值越大承载力反而越小;在承载压力中,正指标数值越大则相应的承载压力越大,逆指标则是数值越大承载压力越小。

(二) 数据预处理

省级主体功能区评价划分所用的原始数据来源于《中国统计年鉴2007》,其中耕地面积这一指标《中国统计年鉴2007》只给出了重庆市与四川省的总值,我们根据《中国区域经济统计年鉴2006》中两个地区的值,用等比插补的方法计算出2006

年重庆市与四川省各自的耕地面积数。根据各个原始指标的数值,计算各三级指标的数值。其中承载力的各项三级指标值是根据各原始指标数据值除以各省相应的土地面积计算得到的,承载压力的各项三级指标值是根据各原始指标数据值除以各省相应的人口数计算得到的。

在计算完三级指标的数值后,对于表4-5中的逆指标,通过取倒数的方法将逆指标转换为正指标。然后对于每个正指标(含逆转后的)进行异常值的检测,采用均值加减3倍的标准差方法,甄别出各个指标的异常值,如表4-6所示。

表4-6 三级指标中的异常值

指 标	异常值	指 标	异常值
单位国土面积13种矿产资源数量(AX1)	辽宁	人均13种矿产资源数量(AY1)	天津、上海、宁夏
单位国土面积活立木总蓄积量(AX2)	无	人均活立木总蓄积量(AY2)	上海
单位国土面积水资源总量(AX3)	无	人均水资源总量(AY3)	天津
单位国土面积耕地面积(AX4)	无	人均耕地面积(AY4)	上海
单位国土面积粮食作物播种面积(AX5)	无	人均粮食作物播种面积(AY5)	上海
单位国土面积工业废水排放总量(BX1)	西藏	人均工业废水排放量(BY1)	无
单位国土面积生活污水排放量(BX2)	西藏	人均生活污水排放量(BY2)	上海
单位国土面积工业与生活 SO_2 和烟尘以及工业粉尘排放量(BX3)	西藏	人均工业与生活 SO_2 和烟尘以及工业粉尘排放量(BY3)	无
单位国土面积工业固体废物产生量(BX4)	西藏	人均工业固体废物产生量(BY4)	无
单位国土面积生活垃圾清运量(BX5)	青海	人均生活垃圾清运量(BY5)	西藏
单位国土面积"三废"综合利用产品产值(BX6)	无	人均"三废"综合利用产品产值(BY6)	西藏
单位国土面积城市绿地面积(BX7)	北京、上海	人均城市绿地面积(BY7)	云南
单位国土面积工业污染治理完成投资额(BX8)	天津	人均工业污染治理完成投资额(BY8)	西藏
单位国土面积地区生产总值(CX1)	上海	人均地区生产总值(CY1)	无
第二、三产业比例(CX2)	无	第二、三产业比例(CY2)	海南
单位国土面积财政支出基本建设费(CX3)	上海	人均财政支出基本建设费(CY3)	无
单位国土面积交通运输里程数(含铁路营业、内河航道和公路里程)(CX4)	无	人均交通运输里程数(含铁路营业、内河航道和公路里程)(CY4)	上海
单位国土面积外资投资总额(CX5)	上海	人均外资投资总额(CY5)	贵州
单位国土面积教育经费合计总额(CX6)	上海	人均教育经费合计总额(CY6)	无
单位国土面积专利申请授权件数(CX7)	上海	人均专利申请授权件数(CY7)	青海

从表 4-6 可以看出,辽宁省单位国土面积上 13 种矿产资源的数量远远超过其他省区市;西藏在单位国土面积工业废水排放总量、单位国土面积生活污水排放量、单位国土面积工业与生活 SO_2 和烟尘以及工业粉尘排放量、单位国土面积工业固体废物产生量 4 个指标上的数值远远低于其他省区市,而在人均生活垃圾清运量上却远远高于其他省区市,同时在人均"三废"综合利用产品产值以及人均工业污染治理完成投资额两项指标上也远远低于其他省区市;北京、上海在单位国土面积城市绿地面积指标上远远高于其他城市;天津、宁夏、上海 3 个城市在人均 13 种矿产资源数量指标上要远远少于其他城市;同时上海在单位国土面积地区生产总值、单位国土面积财政支出基本建设费、单位国土面积外资投资总额、单位国土面积教育经费合计总额、单位国土面积专利申请授权件数、人均生活污水排放量这 6 项指标上远远高出其他省区市,而在人均活立木总蓄积量、人均耕地面积、人均粮食作物播种面积和人均交通运输里程数(含铁路营业、内河航道和公路里程)这 4 项指标上却要远远低于其他省区市;青海在单位国土面积生活垃圾清运量和人均专利申请授权件数这两项指标上远低于全国其他省区市;另外,天津的人均水资源总量在全国处于最小;云南的人均城市绿地面积在全国处于最小;海南的第二、三产业占总产值的比例在全国处于最小;贵州的人均外资投资总额在全国处于最小。将上述检测出的异常值结论列表归纳,如表 4-7 所示。

表 4-7 异常值结论表

异常值省区市	异常值指标所反映的问题
辽宁	单位国土面积 13 种矿产资源数量远高于其他省区市
北京	单位国土面积城市绿地面积远远高于其他省区市
天津	人均 13 种矿产资源数量远低于其他省区市;人均水资源总量全国最小;单位国土面积工业污染治理完成投资额全国最大
青海	单位国土面积生活垃圾清运量、人均专利申请授权件数远低于全国其他省区市
宁夏	人均 13 种矿产资源数量远远低于其他城市
云南	人均城市绿地面积在全国处于最小
海南	第二、三产业比例在全国处于最小
贵州	人均外资投资总额在全国处于最小
上海	单位国土面积城市绿地面积、单位国土面积地区生产总值、单位国土面积财政支出基本建设费、单位国土面积外资投资总额、单位国土面积教育经费合计总额、单位国土面积专利申请授权件数、人均生活污水排放量这 7 项指标远远高出其他省区市 在人均活立木总蓄积量、人均耕地面积、人均粮食作物播种面积、人均交通运输里程数(含铁路营业、内河航道和公路里程)、人均 13 种矿产资源数量这 5 项指标远远低于其他省区市

异常值省区市	异常值指标所反映的问题
西藏	单位国土面积工业废水排放总量、单位国土面积生活污水排放量、单位国土面积工业与生活 SO_2 和烟尘以及工业粉尘排放量、单位国土面积工业固体废物产生量、人均"三废"综合利用产品产值、人均工业污染治理完成投资额这 6 项指标远远低于其他省区市；在人均生活垃圾清运量上远远高于其他省区市

对于异常值，如果不进行处理，我们在试算过程中发现，会严重地影响到最终的无量纲化结果，进而影响到最终的评价结果。所以这里我们对异常值将进行剔除，并用出现异常值的指标次大值（或次小值）替代方法进行插补。

四、综合承载力指数计算的实现

（一）无量纲化与权重的确定

经过上述预处理后的三级指标数据，需要进行无量纲化处理，经过比较和试算，我们最终采用改进的功效系数法对数据进行无量纲化处理，计算公式如下：

$$z_{ij} = \frac{y_{ij} - y_{ij\min}}{y_{ij\max} - y_{ij\min}} \times 40 + 60 \quad (i=1,\cdots,n; j=1,\cdots,31)$$

其中 i 从 1 到 20，表示三级指标；j 从 1 到 31，表示各个省区市；z_{ij} 表示经过预处理后的第 i 个三级指标在第 j 个省区市取值的无量纲化后的指标值；$y_{ij\max}$、$y_{ij\min}$ 则分别为预处理后的第 i 个三级指标中 $y_{ij}(j=1,2,\cdots,31)$ 的最大值和最小值。

在数据进行无量纲化处理后，我们根据主客观结合的组合赋权法对三级指标进行加权，得到承载力的 3 个二级指标数值和承载压力的 3 个二级指标数值。其中客观赋权法为均方差法，即均方差较大，指标的离散程度较大的我们对应给予较大的权重。主观赋权则采用比较评分法，即将三级指标在各组内进行比较，并参照专家的意见，给出各三级指标的相对重要程度，最高分值记为 10 分，通过计算相对得分来确定主观权重，主观赋权的结果如表 4-8 所示。然后将客观权重乘主观权重，通过加权求和法归一化后即可得最终权数，结果如表 4-9 所示。二级指标权数的确定方法与三级指标权数的确定方法相似，具体结果如表 4-10 所示。

表 4-8 三级指标比较评分法赋权结果

三级指标	重要性分数	归一化权数	三级指标	重要性分数	归一化权数
AX1	6	0.166 7	AY1	6	0.166 7
AX2	8	0.222 3	AY2	8	0.222 3
AX3	10	0.277 8	AY3	10	0.277 8
AX4	10	0.277 8	AY4	10	0.277 8
AX5	2	0.055 6	AY5	2	0.055 6
BX1	7	0.137 4	BY1	7	0.137 4
BX2	6	0.117 6	BY2	6	0.117 6
BX3	10	0.196 1	BY3	10	0.196 1
BX4	8	0.156 9	BY4	8	0.156 9
BX5	6	0.117 6	BY5	6	0.117 6
BX6	4	0.078 4	BY6	4	0.078 4
BX7	6	0.117 6	BY7	6	0.117 6
BX8	4	0.078 4	BY8	4	0.078 4
CX1	10	0.156 3	CY1	10	0.156 3
CX2	10	0.156 3	CY2	10	0.156 3
CX3	8	0.125 0	CY3	8	0.125 0
CX4	8	0.125 0	CY4	8	0.125 0
CX5	8	0.1250	CY5	8	0.1250
CX6	10	0.156 3	CY6	10	0.156 3
CX7	10	0.156 3	CY7	10	0.156 3

注：① 重要性分数最高值为 10；② 各指标的重要性是与该指标所在组的其他指标的重要性相比较；③ 承载力和承载压力各相对应指标的重要性取为相同。

表 4-9 三级指标主客观赋权结合的最终赋权结果

指标	客观权重	主观权重	综合权重	指标	客观权重	主观权重	综合权重
AX1	0.212 1	0.166 7	0.173 9	AY1	0.239 6	0.166 7	0.196 5
AX2	0.205 5	0.222 3	0.224 8	AY2	0.179 0	0.222 3	0.195 7
AX3	0.203 3	0.277 8	0.277 9	AY3	0.234 2	0.277 8	0.320 0
AX4	0.200 9	0.277 8	0.274 6	AY4	0.176 5	0.277 8	0.241 1
AX5	0.178 3	0.055 6	0.048 8	AY5	0.170 7	0.055 6	0.046 7
BX1	0.123 8	0.137 4	0.137 5	BY1	0.133 6	0.137 4	0.148 0
BX2	0.120 5	0.117 6	0.114 6	BY2	0.122 3	0.117 6	0.116 0
BX3	0.116 0	0.196 1	0.183 9	BY3	0.114 9	0.196 1	0.181 7

续表

指标	客观权重	主观权重	综合权重	指标	客观权重	主观权重	综合权重
BX4	0.119 4	0.156 9	0.151 4	BY4	0.116 3	0.156 9	0.147 1
BX5	0.117 0	0.117 6	0.111 2	BY5	0.138 6	0.117 6	0.131 5
BX6	0.133 9	0.078 4	0.084 9	BY6	0.121 6	0.078 4	0.076 9
BX7	0.144 4	0.117 6	0.137 3	BY7	0.123 7	0.117 6	0.117 3
BX8	0.125 1	0.078 4	0.079 3	BY8	0.129 1	0.078 4	0.081 6
CX1	0.147 9	0.156 3	0.163 0	CY1	0.115 2	0.156 3	0.125 8
CX2	0.110 5	0.156 3	0.121 8	CY2	0.146 2	0.156 3	0.159 7
CX3	0.150 3	0.125 0	0.132 4	CY3	0.151 2	0.125 0	0.132 1
CX4	0.158 3	0.125 0	0.139 5	CY4	0.122 3	0.125 0	0.106 8
CX5	0.153 6	0.125 0	0.135 4	CY5	0.148 3	0.125 0	0.129 6
CX6	0.134 7	0.156 3	0.148 5	CY6	0.136 7	0.156 3	0.149 3
CX7	0.144 6	0.156 3	0.159 4	CY7	0.180 1	0.156 3	0.196 7

表 4-10 二级指标主客观赋权结合的最终赋权结果

二级指标	客观权重	主观权重	综合权重	二级指标	客观权重	主观权重	综合权重
AX	0.276 8	0.454 5	0.416 4	AY	0.495 2	0.454 5	0.695 1
BX	0.304 0	0.454 5	0.457 3	BY	0.145 2	0.454 5	0.203 9
CX	0.419 2	0.091 0	0.126 3	CY	0.359 6	0.091 0	0.101 0

(二) 主体功能区划分指数的计算

利用各组三级指标的最终权数,对各组指标无量纲化后的指标值进行加权,分别计算并得到各省区市的资源承载力、环境承载力和经济承载力以及资源承载压力、环境承载压力和经济承载压力。然后利用各组二级指标的最终权数,对各组二级指标的计算值进行加权,分别计算并得到各省的承载力和承载压力,进而得到一级指标的分值。最后构建主体功能区的划分指数——承压度,其定义公式为

$$承压度 = \frac{承载压力}{承载力}$$

若某个地区的承压度大于1,则表示该地区承载超负荷,应该进行优化开发,进而理论上应该将该地区列入优化开发区,承压度越大表明承载超负荷越严重;若某个地区承压度小于1,则表示该地区承载低负荷,应该进行重点开发,进而理论上应该将该地区列入重点开发区。

根据上述计算原理,计算各省区市的资源承载力(AX)、环境承载力(BX)、经济承载力(CX)、资源承载压力(AY)、环境承载压力(BY)、经济承载压力(CY)以及总的承载力(X)、总的承载压力(Y)和承压度,计算结果如表 4-11 所示。

表 4-11 各二级指标、一级指标及承压度的计算结果

省区市	AX	BX	CX	X	AY	BY	CY	Y	承压度
北京	67.47	70.11	96.95	72.40	94.46	73.31	64.27	87.10	1.2031
天津	70.82	71.78	89.39	73.61	93.68	71.76	66.89	86.51	1.1752
河北	70.88	62.69	67.35	66.69	74.76	73.54	81.69	75.21	1.1278
山西	70.22	62.60	67.69	66.42	68.79	79.38	77.80	71.86	1.0820
内蒙古	64.22	69.06	63.33	66.32	61.10	79.54	76.44	66.41	1.0013
辽宁	77.77	64.15	68.71	70.40	65.20	77.02	70.87	68.18	0.9685
吉林	77.92	62.53	65.09	69.26	62.01	73.31	75.45	65.67	0.9482
黑龙江	74.36	63.50	64.70	68.17	62.45	73.73	75.85	66.10	0.9697
上海	72.43	71.45	100.00	75.46	98.97	79.90	64.59	91.61	1.2139
江苏	76.34	70.12	78.76	73.80	69.79	73.04	69.08	70.38	0.9536
浙江	75.09	67.04	75.22	71.42	67.17	73.17	67.86	68.47	0.9586
安徽	81.08	63.11	68.04	71.21	64.49	70.69	85.46	67.87	0.9530
福建	83.27	62.80	68.40	72.03	66.02	73.88	72.76	68.30	0.9483
江西	79.73	62.23	66.26	70.02	63.49	72.63	85.21	67.55	0.9646
山东	77.68	66.35	72.55	71.85	73.42	69.23	76.20	72.85	1.0139
河南	79.95	62.88	70.13	70.90	68.53	71.27	83.74	70.63	0.9961
湖北	71.80	62.85	67.81	67.20	64.41	71.04	79.62	67.30	1.0014
湖南	76.32	62.42	66.68	68.75	64.20	71.47	81.12	67.39	0.9802
广东	85.23	66.69	75.70	75.55	67.81	72.64	68.07	68.82	0.9109
广西	78.20	62.78	63.90	69.34	62.66	72.90	89.27	67.43	0.9725
海南	76.12	65.49	63.12	69.62	63.06	69.79	84.21	66.57	0.9562
重庆	75.77	62.13	69.99	68.81	63.93	75.88	74.09	67.39	0.9794
四川	75.88	62.83	64.18	68.44	63.15	69.97	82.69	66.51	0.9719
贵州	76.33	62.98	65.30	68.83	62.40	70.35	92.82	67.09	0.9748

续表

省区市	AX	BX	CX	X	AY	BY	CY	Y	承压度
云南	76.63	64.26	64.36	69.42	61.61	70.80	85.31	65.88	0.9490
西藏	66.59	87.95	62.44	75.83	61.46	74.29	80.91	66.04	0.8709
陕西	70.49	62.19	66.21	66.15	63.91	73.34	76.56	67.11	1.0145
甘肃	64.09	65.78	63.72	64.82	63.60	71.68	87.39	67.65	1.0437
青海	60.68	86.58	63.48	72.88	62.07	77.71	79.28	66.99	0.9193
宁夏	66.04	62.44	65.65	64.34	80.71	78.09	75.60	79.66	1.2380
新疆	61.09	81.40	62.66	70.58	61.45	72.73	78.74	65.49	0.9279

为了便于解释与比较,下面我们将上述结果用线形图来加以表示。按表4-11中各省区市的排列顺序,记"北京=1,天津=2,…,新疆=31",将承压度简记为CYD,则承压度(CYD)与总的承载力(X)、总的承载压力(Y)的结果线形图如图4-3所示。从图4-3中可以看出,总体上全国各省区市总的承载压力在75以下,除了北京(87.10)、天津(86.51)、河北(75.21)、上海(91.61)、宁夏(79.66)5个省区市之外;而各省区市总的承载力基本上都在70左右,相差不大。总的承载压力的变动如果用全距来衡量,其值 d_1 为

$$d_1 = 91.61(上海) - 65.49(新疆) = 26.12$$

总的承载力的变动如果用全距来衡量,其值 d_2 为

$$d_2 = 75.83(西藏) - 64.34(宁夏) = 11.49$$

显然,总的承载压力的变动要比总的承载力的变动大得多。

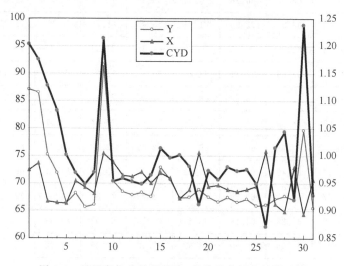

图4-3 承压度与总的承载力、总的承载压力的关系图

各省区市总的承载力(X)与其资源承载力(AX)、环境承载力(BX)、经济承载力(CX)的结果线形图如图4-4所示。从图4-4中可以看出：第一，资源、环境与经济三者承载力的整体比较结果是，大部分省区市资源承载力高于经济承载力，经济承载力高于环境承载力；第二，资源承载力大部分省区市的值都在70以上，除了北京(67.47)、内蒙古(64.22)、西藏(66.59)、甘肃(64.09)、青海(60.68)、宁夏(66.04)、新疆(61.09)7个省区市外；第三，环境承载力大部分省区市都在70以下，除了北京(70.11)、天津(71.78)、上海(71.45)、江苏(70.12)、西藏(87.95)、青海(86.58)、新疆(81.40)7个省区市外；第四，经济承载力大部分省区市在70以下，除了北京(96.95)、天津(89.39)、上海(100.00)、江苏(78.76)、浙江(75.22)、山东(72.55)、河南(70.13)、广东(75.70)8个省区市之外。

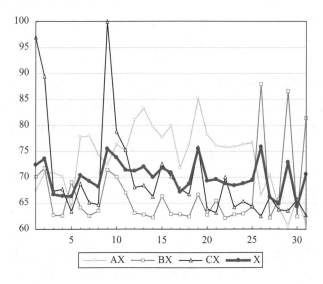

图4-4　总的承载力与资源承载力、环境承载力、经济承载力的关系图

各省区市总的承压力(Y)与其资源承载压力(AY)、环境承载压力(BY)、经济承载压力(CY)的结果线形图如图4-5所示。从图4-5中可以看出：第一，总的来看，大部分省区市经济的承载压力要大于环境的承载压力，而环境的承载压力又普遍高于资源的承载压力；第二，各省区市资源承载压力总的来看，基本上都在70以下，除了北京(94.46)、天津(93.68)、河北(74.76)、上海(98.97)、山东(73.42)、宁夏(80.71)6个省区市之外；第三，各省区市环境承载压力总的来看，基本上都在70以上，除了山东(69.23)、海南(69.79)、四川(69.97)3个省区市之外；第四，各省区市经济承载压力总的来看都比较高，甚至大部分都高于75，而绝大部分都高于70，低于70的省区市很少，除了北京(64.27)、天津(66.89)、上海(64.59)、江苏(69.08)、浙江(67.86)、广东(68.07)6个省区市之外。

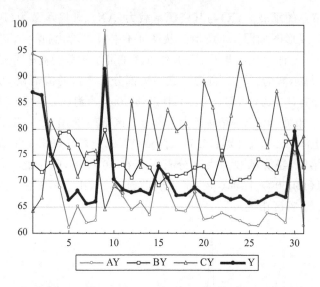

图 4-5　总的承载压力与资源承载压力、环境承载压力、经济承载压力的关系图

需要补充说明的是，本书中最终所采用的权重确定方法、无量纲化方法、综合评价方法均是在经过尝试不同替代方法后，进行比较试算，根据结果的最优选定而进行确定的。

五、结论与评价

第一，实证结果建议上海、北京、天津、河北、宁夏应该作为优化开发区。从上述结果可以看出，上海、北京、天津、河北这 4 个省区市承压度较高，显然应该作为优化开发区，这与国家发改委宏观经济研究院课题组 2007 年完成的报告《我国主体功能区划分及其分类政策研究》中的结论一致，而宁夏的承压度在所有省区市中是最高的，这可能出乎意料，但仔细分析一下我们不难发现，宁夏的面积较小，而人口相对较多（其土地面积只有青海省的三分之二强一点，但人口却比青海多出五十多万），其水、矿、活力木等资源从数据上看显得非常匮乏，而环境污染方面的指标值却相对较高，整体经济水平也不高，因此，相对而言其承载力较小，而压力却较高，特别是资源的承载压力高达 80.71，仅次于上海、北京、天津，所以从宁夏的整体承载力而言，我们认为宁夏的承载超负荷。

第二，实证结果建议广东、浙江、福建、江苏等省区市应该作为重点开发区。对于广东、浙江、福建、江苏这几个省，我们的测定结果显示其承压度小于 1，属于重点开发区，这与国家发改委宏观经济研究院课题组完成的报告中的结论不同。我们作出如下解释。

① 我们测定的结果以省级行政区域为主体功能区的划分单元，划分单元显得过大，计算结果只能从环境、资源与经济3个角度测定一个省级行政区域的整体状况，而对于省区市内的不同地区显然应该给予区别对待。

② 广东、福建、浙江等的经济承载压力相对承载力而言还较小，表明在经济发展上还有提升的空间；而在环境方面，这些省的环境承载压力却都明显高于环境承载力，其中浙江、广东高出近6个点，而福建竟高出11个点，可见这些地区的经济快速发展是以环境的承载超负荷为代价的；在资源方面，计算结果显示这些省的资源承载力都明显大于资源的承载压力，说明资源的利用还有继续发挥的空间。综合三方面的结果我们可以看出，这里承压度测定的仅是3个方面的综合表现。

第三，我国各地区在"后天"的发展过程中存在较为严重的不均衡现象。全国各省区市承载压力的变动（用全距衡量为26.12）相对于承载力的变动（用全距衡量为11.49）要大得多，前者几乎是后者的2.3倍。所以，如果从资源、环境与经济3个方面综合评价来看，我国各地区所拥有的"天然"承载力的分布是较为均衡的，而人为造成的"后天"承载压力的差别却在发展过程中被扩大。其政策启示意义也不言而喻，我们需要在今后的发展中充分考虑资源、环境、经济与社会发展的可持续性，注意各地区之间的均衡发展、地区内资源环境与经济的协调发展。特别是上海、宁夏、北京、天津、河北这5个地区，其承压度都在1.1以上，相对于其自有的承载能力而言，这些地区在发展过程中显得过快，发展中对资源环境的保护程度不够，资源、环境与经济的承载压力较大。

第四，我国的环境问题较为严峻，各省区市的环境承载力较弱，而环境承载压力却普遍较大。大部分省区市的环境承载能力都在70以下，明显超过70的只有西藏(87.95)、青海(86.58)、新疆(81.40)3个省区市，这说明在发展过程中，对于单位国土面积而言，我国大部分地区排放的污染物较多，对环境保护与环境治理工作的重视不够。此外，从人均的各项环境指标来说，结果显示我国的环境承载压力较大，几乎所有省区市的环境承载压力都超过70，小于70的3个省山东(69.23)、海南(69.79)、四川(69.97)的数值也接近70，考虑我国人口较多的因素，我国人均污染物的排放量就尤为显得较大，这足以说明我国在社会与经济发展过程中，模式过于粗放，环境恶化较为严重。即使对于环境承载力较高的西藏、青海、新疆3个地区，它们的环境承载压力分别达到了74.29、77.71和72.73，深入探寻一下数据背后的原因，不难发现，3个地区环境承载压力相对环境承载力要小的最主要原因不是环境破坏较小，而是3个地区的人口密度相对较小。

第五，我国的资源分布不均，资源承载力各省区市间的差异较大，但总的来说，我国资源承载力较大，而资源的承载压力相对较小。从13种矿产资源数量、活立木总蓄积量、水资源总量、耕地面积以及粮食作物播种面积5个方面综合评级的结果来看,北京、内蒙古、西藏、甘肃、青海、宁夏、新疆7个地区的单位国土面积的资源量较小,资源承载力相对较小(小于70),而其他省区市的资源承载力则都在70以上;大部分省区市的人均资源量相对较为丰富,资源承载压力较小(小于70),而北京、天津、河北、上海、山东、宁夏6个地区的人均资源量却相对较小,面临的资源承载压力较大,特别是天津、北京和上海3个城市,资源承载压力高达93以上,这在我国以后的城市规划发展中应该予以关注。

第六,从经济方面看,我国目前整体经济水平仍然比较落后,单位国土面积上的经济水平与人均经济水平存在"双低"的现象,经济发展存在显著的地区不均衡性。从生产总值、产业结构、财政支出基本建设费、交通运输里程数、外资投资总额、教育经费合计总额6个方面进行综合评价的结果显示,我国大部分地区的单位国土面积上的经济水平较低,经济承载力较小(小于70),而北京和上海两个城市的经济承载力非常大(大于96),天津、浙江、江苏、广东4个地区的经济承载力较大(大于75);此外,我国大部分地区的人均经济水平也较低,经济承载压力较大(大于75),只有北京、上海两个城市的经济承载压力相对较小(小于65),天津、江苏、浙江、广东4个地区的经济承载压力虽然小于70,但都在66以上。

需要说明的是,在具体划分主体功能区时,我们应该依据资源、环境、经济三方面对各地区各自的相对重要程度,同时结合其他因素进行综合考虑。这里的承压度仅为划分提供一个参考,不管结果与人们的经验判断符合还是不符合,我们都应该深入探寻其中的原因,为科学的决策提供坚实的基础。本书的最大价值在于为人们从承载力和承载压力两个方面,从环境、资源、经济3个角度,从13种矿产资源、工业废水排放量、地区生产总值等20个微观视角为这种原因的探寻提供可能。

归纳一下我们的研究,可以看出,我们基于承载力的视角,构建了我国主体功能区划分的指标体系,利用地区承载力和承载压力两个一级指标构建承压度并将其作为主体功能区的划分指数,选定省级单元为主体功能区的划分单元,对我国31个省区市进行了主体功能区的划分与评价。评价得出的结果与人们经验上的判断基本一致,并且通过对二级指标体系和三级指标体系的指标计算值的分析,我们对最终的评价结果可以给出更为深入、合理的解释。当然,通过认真分析可以知道,我们需要继续的研究工作还有以下几个方面:第一,将主体功能区的划分单元从省级单元细化到地市级或者县级,收集相关的数据,调整评价指标体系,对我国主体功能区的评价与划分进行细化、精准化;第二,收集相关指标的时间序列数据,从动态的角度对我国主体功能区进行评价与划分;第三,进一步征集各方专家的意见,对各级评价指标的主观赋权进行修正与调整。

第五章 人口承载力测算体系的构建及其实现

一、课题研究背景

改革开放以来,随着我国城镇化进程的不断加快,城市的数量和规模迅速膨胀。与此同时,许多城市都不同程度地出现了与承载能力相关的中心区人口过密、环境恶化、基础设施滞后等典型的城市发展瓶颈问题。北京市也不例外。"十一五"期间经济高速发展,北京市地区生产总值年均增长11.9%。但在经济高速增长的同时可以清楚地看到,粗放型经济增长方式与人口规模膨胀一起造成了资源过度消耗,环境日益恶化,城市基础设施的规模和结构不能满足公共服务的需求等一系列问题,这些都严重地制约着北京市经济社会的协调发展。

丰台区地处北京市西南部,面积为306 km^2,"十一五"期间,丰台区经济获得了快速发展,地区生产总值年均增长13.2%[①]。与此同时,丰台区同样面临着人口膨胀、资源短缺与产业结构调整升级的难题。截至2009年年底全区常住人口182.3万,人口密度达5 960人/米^2[②]。丰台区人均水资源不足150 m^3,是北京市人均水资源量的1/2,属于资源性缺水地区[③]。

一方面,2011年丰台区有火车站3个(含在建)、长途客运站6个(全市9个),是北京的主要陆路交通枢纽的集聚地;另一方面,丰台区汇集了新发地、岳各庄等大型集贸市场,是北京市农贸、服装、建材等商品的重要批发市场。除了上述两个因素之外,丰台区涵盖的农村人口相对较多,经济总体规模较小,高端产业较少,各种综合因素使得丰台区流动人口相对较多,人口总规模对于有限的经济、资源等要素的规模相对过大,人口承载压力过大。

---

① 数据来源于北京市丰台区人民政府《丰台区2010年暨"十一五"期间国民经济和社会发展统计公报》,http://www.bjft.gov.cn/ftq/ndgb/201103/119eaab5eed64a268e8af5fc95865419.shtml。

② 数据来源于北京市丰台区人民政府《丰台区2009年国民经济和社会发展统计公报》,http://www.bjft.gov.cn/ftq/ndgb/201004/7499b918f682439b9ba2e57b3966c7d5.shtml。

③ 引自刘权来,《丰台区水资源开发利用存在的问题和对策》,《北京水务》,2010年第6期,39-41页。

因此，研究丰台区的人口资源环境承载能力具有非常重要的现实意义。

二、承载力测算方法设计与构建

(一) 承载力测定视角分析

根据《北京市丰台区国民经济与社会发展第十二个五年规划纲要》（以下简称《丰台区十二五规划纲要》）的相关要求，同时考虑数据的可获得性，本书从产业结构、基础设施、房地产、公共服务、水资源、城市化6个角度对人口承载力进行测算。

考虑丰台人口增长中，流动人口占有较大的比重且增速较快，而流动人口集聚的一个重要诱因是就业，因此，在6个视角中，对人口起关键作用的因素是产业结构。除此外，商业用地和住宅用地的规划和开发是影响未来人口承载力的另一个基本因素，因此，房地产也是一个较为重要的视角。所以可以将产业结构视角和房地产视角归为一类，即较为重要的视角。

城市化视角主要考虑宅基地腾退所引起的人口变动情况；基础设施视角的基础设施主要考虑道路情况。因此，上述两个视角可以与水资源视角看成一类，即考虑的因素都相对单一。

公共服务视角由于包含教育、医疗卫生、社会保障、环境等众多因素，评价维度相对较多，因此可以单独归为一类。

(二) 承载力测定指标选择

鉴于可获得数据的各个基本特征，经过反复研究和试算，各视角承载力测定的指标最终选择如下。

- 产业结构视角：第三产业产值、第三产业就业人口数、金融产业产值、金融产业就业人口数、现代制造业产值、现代制造业就业人口数、高新技术产业产值、高新技术产业就业人口数、现代服务业产值、现代服务业就业人口数、文化创意产业产值、文化创意产业就业人口数。
- 房地产视角：建设用地面积、住宅建筑面积、住宅销售面积。
- 水资源视角：生活用水量、供水量。
- 基础设施视角：公路里程。
- 公共服务视角：病床数、每千人病床数、卫生技术人员数、每千人卫生技术人员数、中小学教师人数、中小学学生人数、养老保险人数、医疗保险人数、刑事案件立案数、公园绿地面积、生活垃圾清运量。
- 城市化视角:农村人口数、回迁楼面积。
- 其他辅助指标:丰台地区生产总值、丰台总人口数、丰台户籍人口数、北京市地区生产总值、北京市总人口数、北京市户籍人口数、北京市第三产业产值、北京市第三产业就业人口数、北京市金融产业产值、北京市金融产业就业人口数、北京市工业产值、北京市工业就业人口数、海淀区人口密度、朝阳区人口密度、北京市生活用水量、北京市供水量、北京市万元 GDP 耗水量、北京市公路里程数、北京市病床数、北京市每千人病床数、北京市卫生技术人员数、北京市每千人卫生技术人员数、北京市中小学教师人数、北京市中小学学生人数、北京市养老保险人数、北京市医疗保险人数、北京市刑事案件立案数、北京市公园绿地面积、北京市生活垃圾清运量。

(三) 承载力的测算方法及原理

承载力的测算方法一般有生态足迹法、面向复合层次结构指标法、指标体系法、系统性建模法、单指标法、因素分解法、相对承载力测算法。其中,生态足迹法、面向复合层次结构指标法、系统性建模法、指标体系法多用于生态承载力的测算。而对于人口承载力的测算方法通常根据可获得性数据的具体情况,可以选用指标体系法、单指标法、因素分解法、相对承载力测算法。

考虑本书研究可获得性数据的时间长度以及具体指标的可获得性,经过比较分析,本书选用因素分解法作为人口承载力测算的主要方法,同时借鉴了单指标法和指标体系法的一些分析思想。其中,本书所用的因素分解法主要借鉴 LMDI 分解法的思想。LMDI 分解法是指对数平均 Divisia 指数(Logarithmic Mean Divisia Index,LMDI)法,该方法具有一种理想指数的时间反演特性,而且能够进行完全分解,且允许数据中存在零值,这比改进的 Laspeyres 方法要好一些(Ang 和 Zhang,2000)。该方法一开始被用于研究工业能源分解和能源需求。后来人们慢慢地在很多领域的研究中都开始应用这个方法。

假定某个变量 WGE 可以通过 TC、FE、TE、Y、P 5 个变量(或更多)进行分解,最终分解为 E、C、F、I、G、P 6 个因素,则原变量和分解因素之间的关系如下:

$$\text{WGE}_i = \frac{\text{WGE}}{\text{TC}} \frac{\text{TC}}{\text{FE}} \frac{\text{FE}}{\text{TE}} \frac{\text{TE}}{Y} \frac{Y}{P} P = ECFIGP$$

$$\begin{aligned}\Delta \text{WGE}_{itT} &= \text{WGE}_{iT} - \text{WGE}_{it} \\ &= E_{iT} C_{iT} F_{iT} I_{iT} G_{iT} P_{iT} - E_{it} C_{it} F_{it} I_{it} G_{it} P_{it} \\ &= \sum_K \Delta \text{WGE}_{K\text{-effect}}, K \\ &= E, C, F, I, G, P\end{aligned}$$

证明:因为

$$\Delta \text{WGE}_{K\text{-effect}} = \frac{\text{WGE}_{iT} - \text{WGE}_{it}}{\ln(\text{WGE}_{iT}) - \ln(\text{WGE}_{it})} \ln(K_T/K_t)$$

所以

$$\sum_K \Delta \text{WGE}_{K\text{-effect}}, K = \frac{\text{WGE}_{iT} - \text{WGE}_{it}}{\ln(\text{WGE}_{iT}) - \ln(\text{WGE}_{it})} \left[\ln\left(\frac{E_{iT}}{E_{it}}\right) + \cdots + \ln\left(\frac{P_{iT}}{P_{it}}\right)\right]$$

$$= \frac{\text{WGE}_{iT} - \text{WGE}_{it}}{\ln(\text{WGE}_{iT}) - \ln(\text{WGE}_{it})} [\ln(E_{iT} C_{iT} F_{iT} I_{iT} G_{iT} P_{iT}) - \ln(E_{it} C_{it} F_{it} I_{it} G_{it} P_{it})]$$

$$= \text{WGE}_{iT} - \text{WGE}_{it}$$

根据上述因素分解的基本原理,各个视角人口承载力测算的因素分解公式可以分别表示如下(其中总人口数用 P 表示,地区生产总值用 GDP 表示):

第三产业产值＝P×(第三产业就业人口数/P)×
(第三产业产值/第三产业就业人口数)

其中:第三产业就业人口数/P＝(第三产业就业人口数/总就业人数)×(总就业人数/应该就业总人数)×(应该就业总人数/P)＝第三产业就业人口占总就业人口比重×就业率×人口抚养系数。

金融产业产值＝P×(金融产业就业人口数/P)×
(金融产业产值/金融产业就业人口数)

其中:金融产业就业人口数/P＝金融产业就业人口占总就业人口比重×就业率×人口抚养系数。

现代制造业产值＝P×(现代制造业就业人口数/P)×
(现代制造业产值/现代制造业就业人口数)

其中:现代制造业就业人口数/P＝现代制造业就业人口占总就业人口比重×就业率×人口抚养系数。

高新技术产业产值＝P×(高新技术产业就业人口数/P)×
(高新技术产业产值/高新技术产业就业人口数)

其中:高新技术产业就业人口数/P＝高新技术产业就业人口占总就业人口比重×就业率×人口抚养系数。

现代服务业产值＝P×(现代服务业就业人口数/P)×
(现代服务业产值/现代服务业就业人口数)

其中:现代服务业就业人口数/P＝现代服务业就业人口占总就业人口比重×就业率×人口抚养系数。

文化创意产业产值＝P×(文化创意产业就业人口数/P)×
(文化创意产业产值/文化创意产业就业人口数)

其中:文化创意产业就业人口数/P＝文化创意产业就业人口占总就业人口比重×就业率×人口抚养系数。

$$1/建设用地=(P/建设用地)×(1/P)=人口密度×(1/P)$$
$$1/建设用地=(GDP/建设用地)×(P/GDP)×(1/P)$$
$$住宅面积=P×(住宅面积/P)$$
$$生活用水量=P×(生活用水量/P)$$
$$供水总量=P×(供水总量/P)$$
$$供水总量=P×(GDP/P)×(供水总量/GDP)$$
$$公路里程数=P×(公路里程数/P)$$
$$公路里程数=P×(GDP/P)×(公路里程数/GDP)$$
$$卫生技术人员人数=P×(卫生技术人员人数/P)$$
$$病床数=P×(病床数/P)$$
$$中小学教师人数=总人数×(中小学学生人数/总人数)×$$
$$(中小学教师人数/中小学学生人数)$$
$$参加养老保险人数=P×(户籍人口/P)×(养老保险人数/户籍人口数)$$
$$参加医疗保险人数=P×(户籍人口/P)×(医疗保险人数/户籍人口数)$$
$$刑事案件立案数=P×(刑事案件立案数/P)$$
$$公园绿地面积=(公园绿地面积/P)×P$$
$$生活垃圾清运量=(生活垃圾清运量/P)×P$$
$$回迁面积=(回迁面积/上楼人数)×(上楼人数/农村人口数)×$$
$$(农村人口数/总人口数)×P$$

三、不同视角人口承载力的测算

(一) 基于产业结构的承载力测算

在对各个产业结构进行人口承载力测算之前,需要了解测算时丰台区产业结构的现状,通过与北京市及其他相关可比城市的产业结构进行对比,了解丰台区产业结构的优势和劣势,为后续的产业结构与对应人口承载力的测算分析提供基础。因此,首先进行丰台区产业结构的比较与分析。

1. 产业结构的比较与分析

丰台区2010年的人均产值为34 790元(折合为美元约为5 500美元),为北京市2009年人均产值(62 948元)的55%。为了对丰台区的产业结构进行深入分析,根据数据的可获得性,选择北京市 2009 年的产业结构①和香港人均产值在 6 500 美元左右时的产业结构②作为比较对象。考虑产业结构对人口的影响,这里对各个产业的就业人口分布也进行了比较。产业结构比较分析结果如表 5-1 所示。

表 5-1 产业结构比较分析结果

产业名称	丰台区 2010 年		北京市 2009 年		香港人均产值 6 500 美元左右时	
	产业结构/%	就业结构/%	产业结构/%	就业结构/%	产业结构/%	就业结构/%
第一产业	**0.14**	**6.28**	**0.97**	**6.23**	**0.33**	**1.65**
第二产业	**24.24**	**22.87**	**23.50**	**19.99**	**26.30**	**44.40**
工业	55.60	42.31	80.65	71.84	82.00	83.00
建筑业	44.40	57.69	19.35	28.16	18.00	17.00
第三产业	**75.62**	**70.85**	**75.53**	**73.78**	**73.40**	**54.00**
交通运输、仓储和邮政业	5.90	30.70	6.06	11.19	12.00	15.10
信息传输、计算机服务和软件业	5.95	2.19	11.62	8.22		
批发和零售业	16.99	9.31	16.61	11.12	31.10 (不含住宿)	41.70
住宿和餐饮业	3.77	3.25	2.86	6.02		
金融业	12.19	2.52	17.47	4.36	37.00	11.00
房地产业	9.25	4.49	11.58	6.42		
租赁与商务服务业	10.69	21.35	8.82	14.91		
科学研究、技术服务和地质勘查业	17.63	9.14	8.90	9.14		
水利、环境和公共设施管理业	1.90	2.81	0.73	1.98		
居民服务和其他服务业	2.09	1.91	0.81	1.67	19.00(社会服务业)	33.00
教育	4.17	4.32	4.84	8.68		
卫生、社会保障和社会福利业	2.46	2.97	2.32	4.37		
文化、体育和娱乐业	2.26	1.49	2.82	3.32		
公共管理和社会组织	4.75	3.54	4.56	8.60		

首先,在上述时段内丰台区的三大产业结构与北京市和香港的水平相近,但人均生产总值在三者中最低。根据表 5-1 的结果,可以看出,丰台区第二产业(以下简称"二产")占生产总值的比重为 24.24%,该值与北京市的 23.5% 和香港的

---

① 数据来源于《北京统计年鉴 2010》。
② 数据转引自郑林昌,《2020 年昌平适宜于可持续发展人口规模预测分析》,中国地质大学,2007 年,硕士论文。

26.3%相差不大;丰台区第三产业(以下简称"三产")占生产总值的比重为75.62%,该值与北京市的75.53%和香港的73.4%也相差不大。在三大产业结构相近的情况下,丰台区的经济发展水平如果用人均生产总值来衡量,则在3个比较的地区中是最低的。丰台区的人均产值只有北京市的55%,比产业结构相近时的香港人均产值要低近1000美元。所以,丰台区的产业结构构成与北京和香港(人均收入6500美元时)相差不大,但经济发展水平远落后二者,说明丰台区在未来的发展中需要在二产和三产内部进行结构优化。

其次,在第二产业内部,丰台区工业所占比重和工业就业人口所占比重都明显偏低,而建筑业所占比重和建筑业就业人口所占比重都明显偏高。2010年丰台区工业在二产中占比为55.6%,而北京2009年和香港人均收入6500美元时的水平分别为80.65%和82%,相差近30个百分点,可见丰台区工业在二产中占比明显偏低。2010年丰台区工业就业人口在二产就业人口中占比为42.31%,而北京和香港相应的水平分别为71.84%和83%,相差近一倍,可见丰台区工业就业人口在二产就业人口中的占比同样明显偏低,且就业人口占比的相对差距比工业产值占比的差距要大。由于在统计中,二产仅由工业和建筑业构成,因此,建筑业产值占比和就业人口占比的情况刚好与工业相反。从上述比较分析中可以看出,丰台区二产内部构成非常不合理,工业和建筑业二者间不管是产值分布还是就业人口分布都严重失衡,且就业人口的分布不合理程度要大于产值分布的不合理程度,建议大力发展现代制造业,增大工业比重,同时通过转移就业人口增加工业就业人口比重。

最后,丰台区同样存在三产内部各产业产值和相应就业人口分布不合理的现象,具体分析如下。

① 丰台区交通运输、仓储和邮政业在三产中,产值所占比重略微偏低,但就业人口所占比重明显偏高。2010年,丰台区交通运输、仓储和邮政业在三产中产值所占比重为5.9%,比北京市2009年的水平6.06%略低;但该行业就业人口在三产中所占比重30.7%是北京市2009年11.19%的近3倍,比重明显偏高。对于这种情况,可以通过提升该行业的发展质量,引入科学管理系统,以分流转移部分低素质就业人口。

② 丰台区信息传输、计算机服务和软件业在三产中不管是产值所占比重,还是就业人口所占比重都明显偏低。2010年丰台区信息传输、计算机服务和软件业产值占三产比重为5.95%,约为北京市2009年水平11.62%的一半;该行业就业人口占比为2.19%,约为北京市2009年相应水平8.22%的1/4,两项指标与北京相比明显偏低。对于这种情况,可以通过加强对高新技术产业的发展支持力度,增加产值,扩大高新技术产业就业人口数来加以解决。

③ 丰台区金融产业在三产中产值占比较低,就业人口所占比重相对更低。

2010年丰台区金融产业产值占三产比重为12.19%,低于北京2009年的水平17.47%约5个百分点;而金融产业就业人口在三产就业人口中所占比重为2.52%,约为北京市2009年水平4.36%的一半,两项指标与北京市的水平相比都相对较低。对于这种情况,可以通过加强对金融产业的发展支持力度,增加产值,扩大金融产业就业人口数来加以解决。

④ 丰台区房地产业在三产中产值占比和就业人口占比都相对较低。2010年,丰台区房地产业产值在三产中占比为9.25%,低于北京市2009年的水平11.58%;房地产业就业人口数占比为4.49%,也低于北京市2009年的水平6.42%,两项指标虽然都低于北京市的水平,但相差不大。对于这种情况,可以通过加强房地产业的发展质量,在注重质量增长的前提下,逐步提高房地产业的总产值和就业人口数来加以解决。

⑤ 丰台区科学研究、技术服务和地质勘查业在三产中产值所占比重较大,而就业人口占比相对较小,显现出知识密集型的特征。2010年,丰台区科学研究、技术服务和地质勘查业产值占三产比重高达17.63%,远高于北京市2009年的水平8.9%;而就业人口所占比重为9.14%,与北京市2009年的水平9.14%相当。丰台区科学研究、技术服务和地质勘查业在三产中就业人口占比与北京市相同的情况下,创造的产值占比却比北京市高出一倍,显然该产业具有知识密集型的特征。对于这种情况,可以进一步加强对该产业的引导作用,进而继续保持优质增长。

⑥ 丰台区教育,卫生、社会保障和社会福利业,文化、体育和娱乐业,以及公共管理和社会组织4类行业具有类似的特征,即产值占比较为合理,但就业人口占比明显偏低。2010年,丰台区教育产值占比为4.17%,与北京市2009年的水平4.84%相近;卫生、社会保障和社会福利业产值占比为2.46%,与北京市2009年的水平2.32%相近;文化、体育和娱乐业产值占比为2.26%,与北京市2009年的水平2.82%相近;公共管理和社会组织产值占比为4.75%,也与北京市2009年的水平4.56%相近。在就业人口占比方面,上述4个行业的就业人口占比均只有北京市2009年各自水平的一半左右,明显偏低。对于这种情况,可以通过加大对上述4类公共服务行业的支持力度,增加就业人口比重,增强公共服务能力来加以解决。

⑦ 丰台区租赁与商务服务业产值占比和就业人口占比都较高,且就业人口占比相对过大。2010年,丰台区租赁与商务服务业产值占比为10.69%,高于北京市2009年的水平8.82%;而就业人口占比为21.35%,高出北京市2009年的水平14.91%近7个百分点,差距较大。在第三产业中,租赁与商务服务业的就业人口占比仅次于交通运输、仓储和邮政业,该行业具有劳动密集型产业的特征。对于这种情况,可以通过加强对租赁与商务服务业的管理与引导,淘汰一批竞争力较弱的小企业,适当降低就业人口数量来加以解决。

总体来看,2010年丰台区经济发展相比北京还非常落后(2010年丰台的人均产值大约只有北京市 2009 年水平的一半),虽然三大产业结构分布与北京相近,但在二产和三产内部,各构成产业的结构分布不合理,相应就业人口的分布也不合理,有待优化。

2. 重点产业与"十二五"调整目标

基于产业结构的人口承载力测算,需要明确《丰台区十二五规划纲要》中各个重点产业规划目标。根据《丰台区十二五规划纲要》的相关资料,经过比较分析,选定第三产业、金融业、现代制造业、高新技术产业、现代服务业和文化创意产业作为人口承载力测算的重点产业。其中由于现代制造业的规划目标在《丰台区十二五规划纲要》中没有明确提出,因此本书在进行测算时,根据表 5-1 中产业结构比较分析的结果,选取工业来近似代替现代制造业,并取规划目标值为 18%。

6 个重点行业中虽然有相互交叠的成分,由于承载力测算是分别进行的,所以并不影响对人口承载力的测算结果。丰台区重点产业对应的"十二五"规划目标以及相应计算数据的说明见表 5-2。

表 5-2　丰台区重点产业对应的"十二五"规划目标以及相应计算数据的说明

重点产业	"十二五"目标 (占 GDP 的比重)	说　明
第三产业	80%	数据来自《北京统计年鉴 2010》第一部分(综合),有北京市的数据作为参照比较
金融业	20%	数据来自《北京统计年鉴 2010》第一部分(综合),有北京市的数据作为参照比较
工业(现代制造业)	18%	"十二五"没提目标,只提出高端装备制造业的目标为 15%,18% 是根据前一部分产业结构分析,参照北京标准提出的。数据来自《北京统计年鉴 2010》第一部分(综合),有北京市的数据作为参照比较
高新技术产业	25%	包含工业和服务业的内容。数据根据《北京统计年鉴 2010》进行调整并得到该产业增加值。没有北京市的数据作为参照比较
现代服务业	60%	包括文化创意的部分内容。数据根据《北京统计年鉴 2010》进行调整并得到该产业增加值。没有北京市的数据作为参照比较
文化创意产业	12%	数据根据《北京统计年鉴 2010》进行调整并得到该产业增加值。没有北京市的数据作为参照比较

3. 基于第三产业调整目标的承载力测算

丰台区 2015 年第三产业调整目标为三产总产值占地区生产总值的 80%,比

2010年的值75.62%高出约4个百分点。在三产就业人口占总人口的比重①变化不大的情况下,若三产人均产值能够在2010年的基础上增加80%②,则根据因素分解法,可测算出"十二五"末期与三产调整目标相匹配的可承载人口数为208.8万人;若三产人均产值能够达到北京市2009年的水平21.8864万元,则根据因素分解法可测算出相应的承载人口数为182万人。具体测算过程参见附录中的附表1。

总的来看,由于三产的调整目标增加不大,因此在假定丰台三产人均产值的增速不低于GDP增速,且三产就业人口所占总人口比重变化不大的情况下,意味着三产发展对人口的依赖程度降低,从而可承载的人口要低于211.2万人。所以,要实现三产调整目标,需要在现有的基础上减少人口,降低人口承载的压力。

4. 基于金融产业调整目标的承载力测算

丰台区2015年金融产业调整目标为金融产业总产值占地区生产总值的20%,比2010年的值9.22%高出一倍多。假定金融产业就业人口占总人口的比重在2010年的基础上(2010年的值为0.63%)增加约60%③,若金融产业人均产值达到北京市2009年的水平87.7747万元,则根据因素分解法可测算出相应的承载人口数为260.2万人;若金融产业人均产值能够实现在2010年的基础上增加80%,则根据因素分解法可测算相应的承载人口数为247.7万人;若金融产业人均产值能够实现在2010年的基础上增加100%,则根据因素分解法可测算相应的承载人口数为222.9万人。具体测算过程参见附录中的附表2。

总的来看,由于金融行业2015年的规划目标较高,所以尽管在金融行业就业人员数量增长较快,且人均产值增加也较快的情况下,仍难以实现20%的规划目标。因此要实现金融产业总产值的目标,从因素分解法的测算公式可以看出,需要增加总人口基数,进而提高人口的承载力。所以,除非金融业就业人员数量大幅增长,或者人均产值大幅增长,否则总体来看,金融业调整对人口承载的压力较大。

5. 基于现代制造业调整目标的承载力测算

基于数据的可获得性,同时也考虑工业在丰台二产中占比较低的特点,这里用工业来代替现代制造业进行近似计算。根据设定,丰台区2015年工业调整目标为工业总产值占地区生产总值的18%,比2010年的值13.48%高出约6个百分点。假定工业就业人口占总人口的比重在2010年的基础上(2010年的值为3.39%)增加1.3个百分点④,若工业人均产值达到北京市2009年的水平19.1272万元,则

---

① 三产就业人口占总人口比重的推算方法参见附录中附表1的说明。
② 《丰台区十二五规划纲要》提出,到2015年生产总值达到1 200亿元,比2010年生产总值增加约80%(2010年丰台区生产总值约为735亿元)。
③ 金融产业就业人口占总人口比重的推算方法参见附录中附表2的说明。
④ 工业就业人口占总人口比重的推算方法参见附录中附表3的说明。

根据因素分解法可测算出相应的承载人口数为240.7万人;若工业人均产值能够实现在2010年的基础上增加80%,则根据因素分解法可测算相应的承载人口数为185万人。具体测算过程参见附录中的附表3。

总的来看,根据产业结构的比较分析可知,丰台与北京相比,工业就业人口比重应该提升,所以在工业"十二五"规划调整目标提升不大的情况下,如果该产业的人均产值增速能够与GDP增速相当,则意味着工业发展对人口的依赖程度降低,可承载的人口数将小于211.2万人,对人口承载的压力将降低。

6. 基于高新技术产业调整目标的承载力测算

丰台区2015年高新技术产业调整目标为高新技术产业总产值占地区生产总值的25%,比2010年的值23.29%高出一倍多。在高新技术产业就业人口占总人口的比重略有上升的基础上,若高新技术产业人均产值能够实现在2010年的基础上增加80%,则根据因素分解法可测算相应的承载人口数为202.2万人;若高新技术产业人均产值能够实现在2010年的基础上增加100%,则根据因素分解法可测算相应的承载人口数为182万人。具体测算过程参见附录中的附表4。

总的来看,在高新技术产业调整目标增加不大的情况下,由于其就业人口比重基本保持不变,所以当高新基础产业人均产值能够与GDP增速相当时,意味着经济发展对人口的依赖程度降低,进而承载的人口数量降低,对人口承载的压力也将随之降低。

7. 基于现代服务业调整目标的承载力测算

丰台区2015年现代服务业调整目标为现代服务业总产值占地区生产总值的60%,比2010年的值48.71%高出近12个百分点。在现代服务业就业人口占总人口的比重略有上升的基础上,若现代服务业人均产值能够实现在2010年的基础上增加80%,则根据因素分解法可测算相应的承载人口数为219.9万人;若现代服务业人均产值能够实现在2010年的基础上增加100%,则根据因素分解法可测算相应的承载人口数为197万人。具体测算过程参见附录中的附表5。

总的来看,在现代服务业调整目标小幅增加的情况下(增加11.29%),当就业人口比重基本保持不变,该行业人均产值与GDP增速相当时,承载的人口数量略有上升,意味着经济发展对人口的依赖程度变化不大,对人口承载的压力略有增加。如果该行业人均产值增幅较大,则对人口的承载数量可低于现有水平。

8. 基于文化创意产业调整目标的承载力测算

丰台区2015年文化创意产业调整目标为文化创意产业总产值占地区生产总值的12%,比2010年的值8.94%高出近3个百分点。在文化创意产业就业人口占总人口的比重略有上升的基础上,若文化创意产业人均产值能够实现在2010年的基础上增加80%,则根据因素分解法可测算相应的承载人口数为210.5万人;若现代服务产业人均产值能够实现在2010年的基础上增加100%,则根据因素分解法可测算相应的承载人口数为189.5万人。具体测算过程参见附录中的附表6。

总的来看,在文化创意产业调整目标小幅增加的情况下(增加3.06%),当就业人口比重略有上升,该行业人均产值与GDP增速相当时,承载的人口数量与现有水平基本相同,对人口承载的压力略有下降。如果该行业人均产值增幅较大,则对人口的承载数量可低于现有水平。

9. 基于产业结构调整的综合承载力测算

将上述6个重点产业的测算结果进行加权平均计算,得到基于产业结构调整的综合人口承载力测算结果,如表5-3所示。其中对于只有两个测算结果的产业,预测值是取两个结果的简单平均得到的,因此对于每个重点产业,最终都得到高预测值、中预测值和低预测值3个结果。

表5-3 基于产业结构调整的综合人口承载力测算结果

产业结构调整人口承载力	第三产业	金融业	工业(现代制造业)	高新技术产业	现代服务业	文化创意产业	汇总结果
高预测值/万人	208.8	260.2	240.7	202.2	219.9	210.5	239.2
中预测值/万人	195.4	247.7	212.85	192.1	208.45	200	224.9
低预测值/万人	182	222.9	185	182	197	189.5	206.8
权数	0.05	0.3	0.15	0.25	0.1	0.2	

权重的选取考虑3个方面的因素:第一个是产业重叠问题;第二个是重点产业问题;第三个是产业结构的调整问题。具体权重的确定依据是:三产是重点,但包括金融和现代服务以及文化创意,因此权数较低,取为5%;金融业是重点,且离调整目标的差距较大,因此给予的权数较高,为30%;工业目前的产值所占比重和就业所占比重都较低,是调整的次重点,取权数为15%;高新技术产业是次于金融业的一个重点产业,考虑高新园区的存在,设定权数为25%;现代服务业与第三产业和金融业以及文化创意产业可能有重合,故设为10%;文化创意产业是仅次于金融、高新的重点产业,也符合目前的发展要求,故设定为20%。

从上述结果可以看出:①所有预测结果基本分布在180万~250万人的区间之内;②金融产业的测算结果使得总的测算结果上移,这与金融产业是重点产业,同时金融产业由于规划目标调整的增加幅度较大,使得承载人口数增多有关;③总的综合预测结果最高值约为239万人,中间值约为225万人,最低值约为207万人;④若上述6个产业的测算结果都以各产业人均产值增速与GDP增速相当(即80%)来计算,则利用上述权重计算的结果为227.14万人,与中间值225万人的结果相近。所以,在实现"十二五"GDP规划目标1200亿的基础上,进行产业结构调整,如果调整产业的人均产值增速能够与GDP增速相当(80%),则产业结构调整对人口的承载力在 225 万人左右。

(二) 基于房地产的承载力测算

1. 根据建设用地规划测算承载力

丰台区 2015 年规划建设用地为 219.5 km², 比 2010 年增加约 8 km²。假设丰台区人口密度保持 2010 年的水平(为 9 967.88 人/千米²),则根据因素分解法,测算出可承载的人口数为 218.8 万人;若人口密度在 2015 年达到朝阳区 2010 年的水平(为 10 175.51 人/千米²),则根据因素分解法,测算出可承载的人口数为 223.4 万人;若人口密度在 2015 年达到海淀区 2010 年的水平(为 13 263.49 人/千米²),则根据因素分解法,测算出可承载的人口数为 291 万人。具体测算过程参见附录中的附表 7。

总的来看,由于建设用地的规划增加值不大,所以当人口密度标准选取越大时,则可承载的人口数越多。

2. 基于建设用地测算承载力(考虑 GDP 影响)

丰台区 2015 年规划建设用地为 219.5 km², 比 2010 年增加约 8 km²。按照"十二五"规划 2015 年 GDP 总量达到 1 200 亿元来计算出相应的地均 GDP,为 54 669.7 万元/千米²。在此前提下,若人均 GDP 增幅达到 2010 年的 100%(即 69 582 元),则根据因素分解法,可测算出相应承载的人口数为 172.5 万人;若人均 GDP 增幅达到 2010 年的 80%(即 62 624 元),则根据因素分解法,可测算出相应承载的人口数为 191.6 万人;若人均 GDP 增幅达到 2010 年的 50%(即 52 186 元),则根据因素分解法,可测算出相应承载的人口数为 230 万人。具体测算过程参见附录中的附表 8。

总的来看,当建设用地的规划值和地均 GDP 一定时,人均 GDP 越高,则承载的人口数越少,经济对人口的依赖程度越低。

3. 基于建筑住宅面积测算的承载力

丰台区 2015 年规划建筑住宅面积总计为 $5\,168.11\times10^4$ m²[①],比 2010 年增加约 400×10^4 m²。若保持现有的人均住宅面积不变(为 22.71 米²/人),则根据因素分解法,可测算出相应承载的人口数为 227.6 万人;若以北京市 2007—2009 年的平均住宅水平(为 25.5 米²/人)为参照标准,则根据因素分解法,可测算出相应承载的人口数为 202.7 万人;若以北京市的规划标准(为 26.6 米²/人)为参照,则根据因素分解法,可测算出相应承载的人口数为 194.3 万人。具体测算过程参见附录中的附表 9。

---

① $5\,168.11\times10^4$ m² 是推算结果,具体推算方法参见附录中附表 9 的说明。

总的来看,在丰台区规划的住宅建筑面积增加不大的前提下,人均住宅面积越接近北京的规划标准,则可承载的人口数越少。

4. 基于房地产的综合承载力测算结果

将上述 3 个测算结果进行加权平均,得到基于房地产的综合承载力测算结果,如表 5-4 所示。最终得到高预测值、中预测值和低预测值 3 个结果。

表 5-4 基于房地产的综合承载力测算结果

基于房地产的综合承载力测算	建设用地规划	建设用地规划(考虑 GDP 影响)	住宅建筑面积	综合结果
高预测值/万人	291.0	230.0	227.6	241.0
中预测值/万人	223.4	191.6	202.7	203.5
低预测值/万人	218.8	172.5	194.3	192.7
权数	0.2	0.3	0.5	

权重的选取说明:规划建设用地和住宅建筑面积是进行房地产对人口承载力测算的两个方面,因此权重各取为 0.5。在进行规划建设用地的测算中,考虑地均 GDP 的影响,给予权重 0.3,另外一个没有考虑 GDP 因素影响的则给予权重 0.2。

从上述结果可以看出:①基于房地产视角的所有测算结果基本分布在 180 万~250 万人的区间内;②综合测算结果的最高值为 241.0 万人,中间值为 203.5 万人,最低值为 192.7 万人,其中最高值的测算是以海淀区的人口密度为参照标准的;③若假定丰台现有人口密度不变,人均住宅面积也不变,在人均收入增加 80% 的情况下,则测算的结果为 215 万人,这个结果与中间值的结果相差不大,接近现有的人口总数;④要满足产业结构调整带来的近 225 万人的承载力,则在用地上可以通过提高人口密度(达到朝阳的标准则可承载 223 万人),而保持现有人均住宅面积不变(可承载 227 万人)的策略,与产业结构调整相对应,这样两个视角承载的人口数量可基本保持一致。

(三)基于水资源的承载力测算

1. 根据生活用水规划测算的结果

根据丰台区水务局的"十二五"规划,2015 年丰台区生活用水量规划值为 $18\,489\times10^4\ m^3$,比 2011 年的规划值增加约 $2\,000\times10^4\ m^3$。在此前提下,若人均生活用水量保持 2011 年的水平(77[①])不变,则根据因素分解法,可测算出相应承载的人口数为 240 万人;若人均生活用水量达到北京市近五年的最低值(85.2),则

---

① 2011 年人均生活用水量的测算值 77 的详细计算参见附录中附表 10 中的说明。

根据因素分解法,可测算出相应承载的人口数为 217 万人;若人均生活用水量达到北京市近五年的平均值(87.2),则根据因素分解法,可测算出相应承载的人口数为 212 万人。具体测算过程参见附录中的附表 10。

总的来看,由于丰台区生活用水量规划值增加不大,所以人均生活用水量提高到北京市"十一五"的平均水平(87.2)时,则可承载人口数量与现有水平相比基本保持不变。

2. 根据供水总量规划测算结果

根据丰台区水务局的"十二五"规划,2015 年丰台区供水总量规划值为 33 210×10^4 m^3,比 2011 年的规划值增加约 6 500×10^4 m^3。在此前提下,若人均供水量保持 2011 年的水平(125.3[①])不变,则根据因素分解法,可测算出相应承载的人口数为 265 万人;若人均供水量达到北京市 2009 年水平的 80%,则根据因素分解法,可测算出相应承载的人口数为 205 万人;若人均供水量达到北京市 2009 年的水平(202.3),则根据因素分解法,可测算出相应承载的人口数为 164 万人。具体测算过程参见附录中的附表 11。

总的来看,在供水总量规划值增加不大的情况下,丰台区人均供水量要提高到北京市 2009 年的水平,则可承载的人口数会大幅下降。

3. 根据供水总量规划及万元 GDP 耗水量测算的结果

根据丰台区水务局的"十二五"规划,2015 年丰台区供水总量规划值为 33 210×10^4 m^3,比 2011 年的规划值增加约 6 500×10^4 m^3。在此前提下,若丰台区 2015 年的万元 GDP 耗水量降到北京市 2009 年的水平(29.92 米^3/万元),则当人均 GDP 增幅达到 2010 年的 100%(即 69 582 元)时,根据因素分解法,可测算出相应承载的人口数为 159.5 万;若人均 GDP 增幅达到 2010 年的 80%(即 62 624 元),则根据因素分解法,可测算出相应承载的人口数为 177.3 万;若人均 GDP 增幅达到 2010 年的 50%(即 52 186 元),则根据因素分解法,可测算出相应承载的人口数为 212.7 万。具体测算过程参见附录中的附表 12。

总的来看,若以北京市 2009 年的万元 GDP 耗水为标准,则在供水总量增加不大的情况下,若人均 GDP 增加越大,则可承载的人口数量会越少。

4. 基于水资源的综合承载力测量结果

将上述 3 个测算结果进行加权平均,得到基于水资源视角的综合人口承载力测算结果,如表 5-5 所示,最终得到高预测值、中预测值和低预测值 3 个结果。

权重的选取说明:生活用水和供水总量是衡量水资源的两个方面,因此权重各取 0.5。对于供水总量考虑和不考虑万元 GDP 耗水量的情况,为了简单起见,各取权重为 0.25。

[①] 2011 年人均供水量的测算值 125.3 的详细计算参见附录中附表 11 中的说明。

表 5-5　基于水资源视角的综合承载力测算结果

水资源人口 承载力预测	生活用水	供水总量	供水总量及万元 GDP 耗水量	汇总结果
高预测值/万人	240	265	212.7	239.4
中预测值/万人	217	205	177.3	204.0
低预测值/万人	212	164	159.5	186.9
权数	0.5	0.25	0.25	

从上述结果可以看出:①水资源测算的人口承载力数值基本上分布在 150 万～250 万人之间,区间要大于产业结构调整和房地产视角的区间 180 万～250 万人,分布区间存在下移趋势;②综合测算结果的最高值为 239.4 万人,中间值为 204 万人,最低值为 186.9 万人;③若不考虑 GDP 的影响,在保持丰台区人均供水量和人均生活用水量不变的情况下,可实现承载人口约 250 万人;④对比产业结构调整和房地产两个视角,二者若实现匹配,则可承载人口约为 225 万人,而水资源视角测算的人口承载力约为 204 万人,相差缺口在 20 万人左右。所以在产业结构调整和房地产建设过程中,需要注意水资源因素对经济发展的制约作用。

(四) 基于基础设施的承载力测算

1. 根据公路里程测算的结果

丰台区 2015 年规划建设公路里程总量达到 1 476.2 km,比 2010 年增加 173 km。若以近三年丰台区人均公路里程的平均值(6.92 千米/万人)来计算,则根据因素分解法,可测算出相应承载的人口数为 213.3 万人;若以北京市 2009 年的人均公路里程数的 80% 为参照标准,则根据因素分解法,可测算出相应承载的人口数为 156 万人;若以北京市 2009 年的人均公路里程数(11.83 千米/万人)为参照标准,则根据因素分解法,可测算出相应承载的人口数为 124.8 万人。具体测算过程参见附录中的附表 13。

总的来看,由于丰台区的公路里程数增量有限,人均公路里程数量水平较低,所以,要想通过提高人均公路里程数来改善交通,则人口的承载压力将大幅增大,可承载的人口数量大幅下降。

2. 根据公路里程同时考虑 GDP 因素的测算结果

丰台区 2015 年规划建设公路里程总量达到 1 476.2 km,比 2010 年增加了 173 km。若按照"十二五"规划的 GDP 目标来计算,则可以估算出 2015 年丰台区公路支持的 GDP 为 8 129 万元/千米。在此前提下,当人均 GDP 增幅达到 2010 年的 100%(即 69 582 元)时,根据因素分解法,可测算出相应承载的人口数为 172.5 万人;若人均 GDP 增幅达到 2010 年的 80%(即 62 624 元),则根据因素分解法,可测算出相应承载的人口数为191.6万人;若人均GDP增幅达到2010年的50%(即52 186元),则根据因素分解法,可测算出相应承载的人口数为230万人。具体测算过程参见附录中的附表14。

总的来看,由于丰台的公路里程总数在2015年增加不大,但目标GDP值增幅较大,进而使得每千米公路支撑的GDP也增加较大,即单位GDP支撑的公路里程数减少较多时,只有人均GDP的大幅增加才能降低人口的承载压力,减少人口承载的数量。

3. 基于基础设施的综合承载力测算结果

将上述两个测算结果进行加权平均,得到基于基础设施视角的综合承载力测算结果,如表5-6所示,最终得到高预测值、中预测值和低预测值3个结果。

表5-6 基于基础设施视角的综合承载力测算结果

基础设施人口承载力预测	公路里程数测算	公路里程(同时考虑GDP)测算	汇总结果
高预测值/万人	213.3	230.0	221.7
中预测值/万人	156.0	191.6	173.8
低预测值/万人	124.8	172.5	148.7
权数	0.5	0.5	

权重的选取说明:做简单加权处理,由于是同一个视角同一个方面的两种测算结果,简单起见,各取权重为0.5。

从上述结果可以看出:①所有测算结果的分布区间为150万~220万人,相比水资源的150万~250万人和产业结构调整与房地产的180万~250万人,基础设施测算结果的分布区间进一步下移;②综合测算结果的最高值为221.7万人,中间值为173.8万人,最低值为148.7万人;③在维持现有的人均公路里程数的情况下,2015年丰台可承载人口为213.3万人,若通过提高人均公路里程数来改善交通,则可承载的人口大幅下降,降至150万人左右,人口的大幅下降将在一定程度上损害经济的发展,因此,丰台的交通要得到明显改善需要着重从管理上下功夫;④对比产业结构调整和房地产两个视角可承载的人口数225万人,水资源视角测算的可承载人口数为206万人,基础设施视角测算的承载力(173.8万人)要远低于上述两个值,缺口分别在50万人和30万人左右。

所以,从"十二五"的规划发展来看,基础设施将与水资源一起成为制约经济发展的两个基本要素,其中基础设施的制约作用比水资源的制约作用要大。对于这种情况,可以从节水和高效用水上寻求水资源约束的破解;从科学管理上寻求基础设施约束的破解。

(五) 基于公共服务的承载力测算

1. 根据医疗卫生测算的结果

医疗卫生对人口承载力的测算选择从病床数和卫生技术人员两个方面进行。丰台区 2015 年规划的每千人病床数为 4.5，比 2010 年的 3.67 略有增加；丰台区 2015 年规划的每千人卫生技术人员数为 8.3，比 2010 年的 4.74 有较大的增幅。假设 2015 年丰台区病床总数在 2010 年的基础上，以北京市 2005—2009 年的几何平均增长率增长，则根据因素分解法，可测算出相应承载的人口数为 198.4 万人；若 2015 年丰台区病床总数在 2010 年的基础上，以丰台区 2005—2010 年的几何平均增长率增长，则根据因素分解法，可测算出相应承载的人口数为 215.5 万人。类似地，假设 2015 年丰台区卫生技术人员总数在其 2010 年的基础上，以北京市 2005—2009 年的几何平均增长率增长，则根据因素分解法，可测算出相应承载的人口数为 169.9 万人；若 2015 年丰台区卫生技术人员总数在 2010 年的基础上，以丰台区 2005—2010 年的几何平均增长率增长，则根据因素分解法，可测算出相应承载的人口数为 151.3 万人。具体测算过程参见附录中的附表 15、附表 16。

总的来看，2015 年总病床数的增加速度与每千人病床数的增加速度相差不大，因此承载的人口数与 2010 年的水平相差不大。而卫生技术人员的总数增加速度小于每千人卫生技术人员数量的增加速度，因此，使得承载的总人口数远小于 211.2 万人。相比较来看，卫生技术人员数比病床数对人口增长的制约作用更大，说明目前丰台区在卫生医疗服务方面，除了医疗设施的硬件提升之外，更重要的是增加医疗服务人员的数量。

2. 根据教育测算的结果

假设丰台区 2015 年中小学教师人数在 2010 年的基础上，按照北京市 2005—2009 年的几何平均增长率计算，为 7 089 人，比 2010 年稍有增加，再假设师生比从 2010 年的 0.073 9 增加到北京市 2009 年的水平 0.085 1 人，在此前提下，若保持中小学学生数占总人数的比重不变，则根据因素分解法，可测算出相应的承载人口数为 184.7 万人；若中小学学生数占总人数的比重在 2010 年的基础上增加 20%，则根据因素分解法，可测算出相应的承载人口数为 153.9 万人；若中小学学生数占总人数的比重达到北京市 2009 的水平，则根据因素分解法，可测算出相应的承载人口数为 125 万人。具体测算过程参见附录中的附表 17。

总的来看，由于丰台区在"十二五"末期中小学教师的总人数增加较少，而对应的师生比和中小学学生人数相应增长较多，所以可承载的总人口将大幅下降，否则教育资源将凸显紧张。

3. 根据社会保障测算的结果

根据数据的可获得性，社会保障对人口承载力的测算选择医疗保险人数和养老保险人数两个方面进行分析。在医疗保险方面,假设丰台区2015年医疗保险人数是在2010年的基础上,根据丰台区近五年医疗保险人数的几何平均增长率测算得到的,为83.8万人,再假设医疗保险占户籍人口比重由2010年的0.5427增加到北京市2008年的水平0.7[①],则当户籍人口占总人口的比重上升到0.7(北京市2009年的水平)时,根据因素分解法,可测算出相应承载的人口数为171万人;当户籍人口占总人口的比重上升到0.6(介于目前丰台的水平0.5到0.7之间)时,根据因素分解法,可测算出相应承载的人口数为199.5万人。具体测算过程参见附录中的附表18。

在养老保险方面,假设丰台区2015年养老保险人数是在2010年的基础上,根据北京市近五年养老保险人数的几何平均增长率测算得到的,为106.6万人[②],再假设养老保险占户籍人口比重由2010年的0.5605增加到北京市2009年的水平0.66,则当户籍人口占总人口的比重上升到0.7(北京市2009年的水平)时,根据因素分解法,可测算出相应承载的人口数为230.7万人;当户籍人口占总人口的比重上升到0.6(介于目前丰台的水平0.5到0.7之间)时,根据因素分解法,可测算出相应承载的人口数为269万人。具体测算过程参见附录中的附表19。

总的来看,由于养老保险人数增加相对于医疗保险人数较多,但养老保险人数占户籍人口比重增加却相对于医疗保险较少,所以总体来看,依据养老保险测算的承载人口总量要高于医疗保险测算的结果。一方面,比较医疗保险人数和养老保险人数,发现2015年养老保险人数的绝对量和增加量都要远高于医疗保险人数;另一方面,养老保险人数占户籍人口的比重现值要大于医疗保险,而增加值却小于医疗保险,说明目前丰台区医疗保险的覆盖率要低于养老保险,且增加医疗保险覆盖率任务较重,但未来养老保险的总压力要大于医疗保险。养老保险所带来的人口承载压力要大于医疗保险,从测算结果来看,主要原因是养老保险人数增速较快,但养老保险占户籍人口的比重增速较慢。

4. 根据社会安全方面测算的结果

假设丰台区2015年每万人刑事案件立案数比2010年的水平(87.17)有所下降,达到丰台区2008年奥运会期间的水平80.73,则刑事案件立案总数在2010年的基础上,以北京市近五年刑事案件数量的几何平均增长率来计算,为16 464,进而根据因素分解法,可测算出相应的承载人口数为204万人;若刑事案件立案总数以丰台区2008年的水平为标准,则根据因素分解法,可测算出相应的承载人口数

---

① 这里没有选择北京市2009年的水平0.75作为比较依据,而选择2008年的0.7作为比较依据,是基于增幅的考虑(因为增幅越大,则在医疗养老人数增加一定的条件下,可承载的人口数会越低)。

② 由于近五年丰台养老人数的几何平均增长率为13.75%,高于北京市近五年的水平12.32%,所以根据综合考虑,这里选择后者作为测算依据。

为175.9万人；若刑事案件立案总数以丰台区奥运前2007年的水平为标准，则根据因素分解法，可测算出相应的承载人口数为222.4万人。具体测算过程参见附录中的附表20。

总的来看，在社会安全状况持续改善的情况下（万人刑事案件数量下降），若总的刑事案件数量下降幅度较大，则要求承载的人口数量比2010年要少。

5. 根据环境测算的结果

根据数据的可获得性，环境对人口承载力的测算具体选择公园绿地面积和生活垃圾清运量两个方面进行分析。在公园绿地面积方面，由于2015年规划的人均公园绿地面积为15.31 m^2，比2010年的12.91 m^2有一定的增幅，所以，当公园绿地面积在2010年的基础上增加20%时，根据因素分解法，可测算出相应承载的人口数为213.7万人；当公园绿地面积在2010年的基础上，按丰台近四年[①]的几何平均增速计算时，根据因素分解法，可测算出相应承载的人口数为257.8万人；当公园绿地面积在2010年的基础上，按北京市近五年的几何平均增速计算时，根据因素分解法，可测算出相应承载的人口数为266万人。具体测算过程参见附录中的附表21。

在生活垃圾清运量方面，假设丰台区2015年生活垃圾清运量没有大的变化，在此前提下，若人均生活垃圾清运量降低到北京市2009年的水平，则根据因素分解法，可测算出相应承载的人口数为239.8万人；若人均生活垃圾清运量维持在丰台近三年[②]的平均水平，则根据因素分解法，可测算出相应承载的人口数为192.9万人。具体测算过程参见附录中的附表22。

总的来看，从环境方面讲，在保持公园绿地的增速和垃圾清运量没有大的变化，实现人均公园绿地的"十二五"标准，同时略微提升居民的环保意识的情况下，丰台区2015年可承载的人口约为215万人。若想承载更多的人口，则必须加快公园绿地的增速，同时降低居民的人均垃圾排放量。

6. 基于公共服务的综合测算结果

将上述公共服务的医疗卫生、教育、社会保障、社会安全和环境5个方面的共计8个测量指标的结果进行加权平均计算，得到基于公共服务视角的综合承载力测算结果，如表5-7所示。其中对于只有两个测算结果的产业，中预测值是通过取两个结果的简单平均得到的，因此最终得到高预测值、中预测值和低预测值3个结果。

权重的选取说明：做简单加权处理，公共服务的5个方面各取权重为0.2，对包含两个测量指标的每一个方面，其每个测量指标的权重为0.1。

[①] 由于丰台2006—2007年的公园绿地面积从10.48×10^4 m^2增加到12.9×10^4 m^2，增速较快，所以在计算几何平均增长率时只选取近四年的数据，而没有考虑2006年的数据。

[②] 近三年指剔除奥运前后2007年和2008这两年的高值水平后的近三年。

表 5-7 基于公共服务视角的综合承载力测算结果

公共服务人口承载力预测	病床数	卫生技术人员数	中小学教师人数	医疗保险人数	养老保险人数	社会安全	公园绿地面积	垃圾清运量	汇总结果
高预测值/万人	215.5	169.9	184.7	199.5	269.0	222.4	266.0	239.8	217.39
中预测值/万人	206.9	160.6	153.9	185.25	249.85	204	257.8	216.35	199.26
低预测值/万人	198.4	151.3	125.0	171.0	230.7	175.9	213.7	192.9	175.98
权数	0.1	0.1	0.2	0.1	0.1	0.2	0.1	0.1	

从上述结果可以看出：①所有测算结果基本分布在区间 150 万～250 万人，与水资源的测算结果分布区间相同，比产业结构调整和房地产的分布区间 180 万～250 万人要宽，比基础设施的分布区间 150 万～220 万人也要宽；②公共服务视角所综合测算的人口承载数量最高值为 217.39 万人，中间值为 199.26 万人，最低值为 175.98 万人；③与综合结果比较，各分项结果中的教育、卫生技术人员数量、医疗保险人数 3 个方面属于公共服务的短板因素，而养老保险人数和公园绿地属于长板因素，社会安全和病床数以及垃圾清运量属于中间因素；④对比产业结构调整和房地产两个视角测算的可承载人口为 225 万人，水资源视角测算的人口承载力为 206 万人，基础设施视角测算的人口承载力为 173.8 万人，公共服务视角测算的承载力(199.26 万人)与水资源承载力的结果相近，高于基础设施的测算结果，但远低于产业结构和房地产匹配时的结果。

所以，从"十二五"的规划发展来看，基础设施、水资源和公共服务三者将共同成为制约经济发展的基本要素，其中基础设施的制约作用比水资源和公共服务的制约作用要大。对于这种情况，可以从节水和高效用水上寻求水资源约束的破解；从科学管理上寻求基础设施约束的破解；从加大投入和科学规划上寻求基础设施约束的破解。

(六) 基于城市化的承载力预测

1. 基于农村人口比重的测算结果

根据丰台区对未上楼人数的规划，2015 年农村人口数是在 2010 年的基础上减去计划安排上楼的人数的测算结果，为 7.228 7 万人。在此前提下，若丰台区农村人口占比根据近六年的几何平均增长率来计算(3.85%)，则根据因素分解法，可测算出相应的承载人口数为 187.8 万人；若丰台区农村人口占比根据 2005—2009 年的几何平均增长率来计算(4.21%)[①]，则根据因素分解法，可测算出相应的承载人口数为 171.6 万人。具体测算过程参见附录中的附表 23。

---

① 测算具体选择说明参见附录中附表 23 的说明。

总的来看,在"十二五"末期,由于丰台区农村人口减少较多,而农村人口占比的下降相对较慢,因此承载的人口总数与现在相比,将会减少。

2. 基于回迁面积测算的结果

根据丰台区对回迁面积的规划,到2015年,回迁房建筑面积总计为838.031×10^4 m^2,而到2010年,回迁房面积是341.19×10^4 m^2。根据2010年已建回迁面积和已经上楼人数进行大致测算,人均回迁面积设定为两种,一种是80 m^2,另一种是100 m^2。若人均回迁面积为80 m^2,则当丰台区农村人口占比根据近六年的几何平均增长率来计算(3.85%)时,根据因素分解法,可测算出相应的承载人口数为256.7万人;当丰台区农村人口占比根据2005—2009年的几何平均增长率来计算(4.21%)时,根据因素分解法,可测算出相应的承载人口数为234.5万人。若人均回迁面积为100 m^2,则当丰台区农村人口占比根据近六年的几何平均增长率来计算(3.85%)时,根据因素分解法,可测算出相应的承载人口数为205.4万人;当丰台区农村人口占比根据2005—2009年的几何平均增长率来计算(4.21%)时,根据因素分解法,可测算出相应的承载人口数为187.6万人。具体测算过程参见附录中的附表24。

总的来看,显然,当回迁房总面积规划数量一定时,人均回迁面积越少,则承载的人口数量越多;而在其他条件相同时,当农村人口占比越低时,则相应的可承载的人口数越多。

3. 基于城市化的综合测算结果

将上述两个方面的结果进行加权平均计算,得到基于城市化视角的综合承载力测算结果,如表5-8所示。其中对于只有两个测算结果的产业,中预测值是通过取两个结果的简单平均得到的,因此最终得到高预测值、中预测值和低预测值3个结果。

表5-8 基于城市化视角的综合承载力测算结果

城市化人口承载力预测	按农村人口比重	按回迁面积(农村人口占比为3.85%)	按回迁面积(农村人口占比为4.21%)	汇总结果
高预测值/万人	187.8	256.7	234.5	216.7
中预测值/万人	179.7	231.05	211.05	200.38
低预测值/万人	171.6	205.4	187.6	184.05
权数	0.5	0.25	0.25	

权重的选取说明:做简单加权处理,其中按农村人口比重和回迁面积两个方面各取权重为0.5;而在按回迁面积的测算中,根据农村人口的两种不同占比,各取权重为0.25。

从上述结果可以看出:①所有测算结果基本分布在区间170万~250万人,与产业结构调整和房地产的分布区间180万~250万人相近,比公共服务和水资源的分布区间 150 万～250 万人要窄,与基础设施的分布区间 150 万～220 万人相比上移;②从上述综合结果看,城市化视角所测算的人口承载数量最高值为 216.7 万人,中间值为 200.38 万人,该结果与公共服务的综合测算结果相近;③对比产业结构调整和房地产相匹配时可承载的人口数 225 万人,水资源视角测算的人口承载力为 206 万人,基础设施视角测算的人口承载力为 173.8 万人,公共服务视角测算的人口承载力为 199.26 万人,城市化视角测算的人口承载力(200.38)与水资源和公共服务的测算结果相近,高于基础设施的测算结果,但远低于产业结构和房地产测算的结果。

根据上述分析,可以看出,在"十二五"期间,基础设施、水资源和公共服务三者将共同成为制约经济发展的基本要素,而城市化则可以看成经济制约因素和经济发展因素的综合作用结果。

(七) 基于数量方法的常住人口测算

为了根据丰台区 2000—2010 年户籍人口、常住人口的变化规律来推算丰台区"十二五"时期的人口规模,本书采用了数量预测的方法,对丰台区 2015 年的常住人口和户籍人口进行了预测分析。由于获得的常住人口和户籍人口数据为年度时间序列数据,长度从 2000 年到 2010 年,只有 11 个数据,而需要预测的时间长度有 5 年,因此在进行数量分析方法的选择上,考虑基础数据的长度和现实预测目标的可实现性,本书选用了几何平均增长率预测法、线性布朗二次指数平滑预测法、神经网络趋势预测法以及适用于小样本的灰色简单模型预测法。除了几何平均增长率预测法外,其他 3 种预测法在具体参数设定和模型选择上主要考虑两个因素,一是序列本身的特征因素,二是预测值的拟合误差大小。测算结果如表 5-9 所示。

表 5-9 基于不同数量方法预测的常住人口和户籍人口

"十二五"时期人口及增长率	以丰台人口近五年增长率的几何平均值预测	以北京市人口近四年增长率的几何平均值预测	线性布朗二次指数平滑预测	神经网络趋势预测	灰色简单模型预测
2015 年常住人口/万人①	270.54	248.84	224.25②	—	249.24
常住人口五年平均增长率	5.08%③	3.33%	1.21%	—	3.37%
2015 年户籍人口/万人	115.66	113.7	113.06④	115.29	—
户籍人口五年平均增长率	1.70%	1.35%	1.24%	1.63%	—

① 常住人口 2001 年和 2002 年的数据通过等比插补得到。
② 根据序列近期趋势,取平滑系数为 0.25。
③ 2010 年的增长率为 15.85%,远大于往年,故取了 6 个值的几何平均值。
④ 根据序列近期趋势,取平滑系数为 0.8。

将上述结果进行整理和比较,得到常住人口和户籍人口预测结果的高、中、低3种预测值方案,再根据常住人口和户籍人口的预测结果,计算得到流动人口的高、中、低3种预测结果。具体结果如表5-10所示。

表5-10 基于数量方法的人口测算结果

基于数量方法的人口预测结果	常住人口预测结果	户籍人口预测结果	流动人口计算结果
高预测值/万人	270.54	115.66	154.88
中预测值/万人	248.84	113.70	135.14
低预测值/万人	224.25	113.06	111.19

从上述结果可以看出:①到2015年,丰台区常住人口预测结果的最高值约为270万人,最低值约为224万人,中间结果约为250万人,而户籍人口预测的最高值约为115万人,最低值和中间值的预测结果相近,约为113万人,对应的流动人口预测值的最高值约为154万人,最低值约为111万人,中间值约为135万人;②从预测结果来看,常住人口和对应的流动人口的预测变动范围较大,而户籍人口预测结果的变动较小;③从控制人口的角度看,由于预测的2015年户籍人口变动范围较小,所以要控制总人口尽量别达到最大预测结果,则可以通过控制流动人口的总数增长来实现。

将上述各个视角以及数量预测方法测算的人口承载力结果进行汇总,如表5-11所示。

表5-11 人口承载力各种测算结果汇总表

测算结果	基于数量方法	基于产业结构	基于房地产	基于水资源	基于基础设施	基于公共服务	基于城市化
高预测值/万人	270.5	239.2	241.0	239.0	221.7	217.4	216.7
中预测值/万人	248.8	224.9	203.5	206.0	173.8	199.3	200.4
低预测值/万人	224.3	206.8	192.7	192.0	148.7	176.0	184.1

为了更加清晰地显示各个测算结果,将各种测算方法的高预测值、中预测值和低预测值用条形图展示,如图5-1所示。

从上述综合比较的结果容易看出:①用数量方法预测结果的最高值为270万人,而各个视角测算结果的最高值为241万人,最低值约为150万人,测算结果密集分布在区间190万~240万人;②在各个视角测算结果中,短板因素为基础设施,长板因素为产业结构调整;③对比各个视角的中间预测结果,产业结构调整和房地产两个视角可承载的人口为225万人,水资源视角测算的人口承载力为206

万人,基础设施视角测算的人口承载力为173.8万人,公共服务视角测算的人口承载力为199.26万人,城市化视角测算的人口承载力为200.38万人。

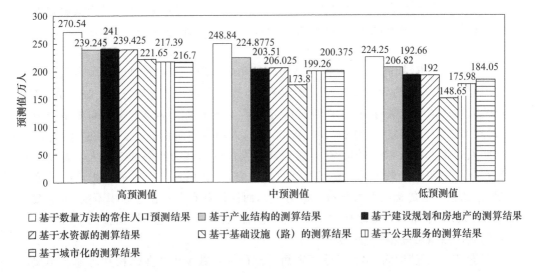

图 5-1　2015 年丰台区人口承载力预测结果

四、基本结论

根据上述研究结果,在考察的丰台区样本数据时段内,我们可以得到以下 10 个基本结论。

① 丰台区三大产业结构的构成比例较为合理,与北京市的水平相近,但人均生产总值过低,只有约北京市人均生产总值的一半。

② 在丰台区第二产业内部,产业结构和产业对应的就业结构都不合理。工业所占比重和工业就业人口所占比重明显偏低,而建筑业所占比重和建筑业就业人口所占比重都明显偏高,且就业人口的分布不合理程度要大于产值分布的不合理程度。

③ 在丰台区第三产业内部,也存在各产业产值和相应就业人口分布不合理的现象。其中,交通运输、仓储和邮政业在三产中,产值所占比重略微偏低,但就业人口所占比重明显偏高;信息传输、计算机服务和软件业在三产中不管是产值所占比重,还是就业人口所占比重都明显偏低;金融产业在三产中产值占比较低,就业人口所占比重相对更低;房地产业在三产中产值占比和就业人口占比,与北京市的水平相比,都相对较低,但相差不大;科学研究、技术服务和地质勘查业在三产中产值占比重较大,而就业人口占比相对较小,显现出知识密集型的特征;教育、卫生、社

会保障和社会福利业、文化、体育和娱乐业,以及公共管理和社会组织 4 类行业具有类似的特征,即产值占比较为合理,但就业人口占比明显偏低;租赁与商务服务业产值占比和就业人口占比都较高,且就业人口占比相对过大,在三产中其就业人口占比是仅次于交通运输、仓储和邮政业的第二大行业,具有劳动密集型产业的特征。

④ "十二五"期间,丰台区产业结构调整和房地产开发对人口的承载力可以实现匹配,承载人口约为 225 万人。要实现重点产业的结构调整目标,如果被调整产业的人均产值增速能够与 GDP 增速相当(80%),则产业结构调整对人口的承载力约为 225 万人。假定丰台现有人口密度不变,人均住宅面积也不变,则在"十二五"末期人均收入增加 80% 的情况下,房地产对人口的承载力约为 215 万人。若要满足产业结构调整带来的近 225 万人口的承载力,则在用地上可以通过提高人口密度(达到朝阳区的标准则可承载 223 万人),而保持现有人均住宅面积不变(可承载 227 万人)的策略与产业结构调整相对应,这样房地产和产业结构调整两个视角承载的人口数量可基本保持一致。

⑤ "十二五"期间,丰台区水资源可承载的人口数少于产业结构和房地产实现匹配时可承载的人口数,水资源将成为丰台区经济发展的制约因素之一。水资源视角测算的人口承载力的数值基本上分布在 150 万~250 万人之间,区间值要大于产业结构调整和房地产视角的区间 180 万~250 万人,分布区间存在下移趋势。水资源视角测算的人口承载力约为 204 万人,与实现匹配的产业结构调整和房地产两个视角测算的结果存在 20 万人左右的缺口。

⑥ "十二五"期间,丰台区基础设施可承载的人口数少于产业结构和房地产实现匹配时可承载的人口数,基础设施将成为丰台区经济发展的制约因素之一。基础设施视角的所有测算结果的分布区间在 150 万~220 万人。相比水资源的 150 万~250 万人和产业结构调整与房地产的 180 万~250 万人,基础设施的测算结果分布区间进一步下移。基础设施视角测算的承载力约为 175 万人,对比产业结构调整和房地产相匹配可承载的人口数,以及水资源视角测算的可承载的人口数,基础设施视角测算的承载力缺口分别在 50 万人和 30 万人左右。

⑦ "十二五"期间,丰台区公共服务可承载的人口数少于产业结构和房地产实现匹配时可承载的人口数,公共服务将成为丰台区经济发展的制约因素之一。而在公共服务内部,教育、卫生技术人员数量、医疗保险人数 3 个方面构成了公共服务的短板因素。公共服务视角的所有测算结果基本分布在区间 150 万~250 万人,与水资源的测算结果分布区间相同,比产业结构调整和房地产的分布区间 180 万~250 万人要宽,比基础设施的分布区间 150 万~220 万人也要宽。在公共服务内部,教育、卫生技术人员数量、医疗保险人数 3 个方面属于公共服务的短板因素,而养老保险人数和公园绿地属于长板因素,社会安全和病床数以及垃圾清运

量属于中间因素。公共服务视角测算的承载力约为200万人，与水资源承载力的结果相近，高于基础设施的测算结果，但远低于产业结构和房地产匹配时的结果。

⑧ "十二五"期间，丰台区城市化可承载的人口数与水资源和公共服务的测算结果相近，高于基础设施的测算结果，但远低于产业结构和房地产测算的结果。丰台区"十二五"城市化水平取决于丰台区经济发展因素与发展制约因素相互作用后的结果。城市化视角的所有测算结果基本分布在区间170万~250万人，与产业结构调整和房地产的分布区间180万~250万人相近，比公共服务和水资源的分布区间150万~250万人要窄，与基础设施的分布区间150万~220万人相比上移。城市化视角测算的人口承载力约为200万人，与水资源视角测算的人口承载力(206万人)和公共服务视角测算的人口承载力(199.26万人)相近，比基础设施视角测算的人口承载力(173.8万人)要高，而比产业结构调整和房地产相匹配时的可承载人口数(225万人)要低。

⑨ 在丰台区的人口承载力影响因素中，短板因素为基础设施，长板因素为产业结构调整。

⑩ "十二五"期间，丰台区的户籍人口预测结果大约在113万人，而流动人口的预测结果最高可达到154万人，最低值为111万人。因此，对总人口的控制关键在于对流动人口的控制。

第六章 节能减排综合指数的构建及其实现

一、引言与文献综述

改革开放几十年来,中国经济取得了快速发展。与此同时,环境污染与资源枯竭问题也日益突出。中国目前是世界上最大的能源消耗国和温室气体排放国之一。为应对全球气候变化和国内经济发展的需要,中国政府提出到2020年碳排放强度较2005年降低40%~45%,单位GDP能耗(能源强度)"十一五"期间降低20%,"十二五"期间降低16%的节能减排目标。这些目标的实现离不开翔实而准确的节能减排核算数据。因此,中国节能减排的核算有着非常重要的现实意义。与此同时,由于各地区、各行业间存在着发展不均衡的问题,所以中国的节能减排工作将会成为各地区和各行业的一项长期而重要的任务。节能减排效果的评估,不仅有助于各级政府和机构明确对节能减排工作的科学评估,而且也有助于在评估中及时发现节能减排工作存在的问题和今后努力的方向。因此,"节能减排"评估体系的构建与实现也有着十分重要的现实意义。

本书可能的创新与发现主要体现在:在充分比较分析3种视角的节能减排指标体系的基础上,提出了综合视角的节能减排指标体系。基于该指标体系,测算了全国1992—2013年节能减排综合指数和2012年分地区节能减排综合指数,结果表明我国节能减排综合指数的发展周期与中央政府的五年规划周期具有较高的一致性,各省节能减排综合指数呈现出右偏分布,且沿海地区经济发达省份的节能减排工作整体上要好于边远地区经济落后的省份。需要说明的是,本书对中国节能减排核算研究的创新主要体现在应用上。

节能减排核算不仅体现在节能减排量的核算上,还体现在节能减排指标体系的设计和应用上。开展节能减排工作,也需要完善的统计指标体系,去反映能源和环境现状,为分析节能减排潜力、制订节能减排目标和措施以及评价节能减排效果提供分析依据。

国际上从专门的能源与排放指标体系上对节能减排进行研究的代表性成果归纳起来有以下几个方面。2005年国际原子能机构(IAEA)提出了可持续发展能源指标体系(EISD),它涉及社会、经济和环境三大领域,包含30个核心指标。Patlitzianas(2008)提出了EU(欧盟)能源效率指标体系,该指标体系包括能源强度、单位能耗、能效指数、调整指标、扩散指标和目标指标等6类宏观性质的能源效率指标,用于反映和评价一个国家、一个行业的能源效率。Unander(2005)提出了世界能源理事会(WEC)能源效率指标体系,该指标体系包括测度能源效率的经济性指标和测度子行业、终端用能的能源效率技术经济性指标等共23个指标。Vera和Langlois(2007)提出了英国能源行业指标体系,主要指标中支持指标有28个;背景性指标有12个条目,每个条目下都有若干个指标。

我国能源与环境统计比较薄弱,目前还难以满足节能减排的需要。国内对于节能减排统计指标体系的研究归纳起来主要有如下几个方面。国务院(2007)会同有关部门制定了《单位GDP能耗统计指标体系实施方案》《单位GDP能耗监测体系实施方案》《主要污染物总量减排统计办法》《主要污染物总量减排监测办法》《主要污染物总量减排考核办法》等有关节能减排的统计实施办法和考评办法,但对于节能减排指标体系的设计缺乏系统性,指标的确定主要从统计报送的角度考虑,缺少综合性评价指标的设计。何斯征等(2007)以IAEA的EISD为基础,结合浙江省重点能源问题和统计口径,确定的浙江省可持续发展能源指标体系包括生产和消费中的能源消耗总量、结构、人均量、强度,能源生产和使用引起的人均及单位GDP的温室气体排放、城市的大气污染物浓度、森林覆盖率,共17个指标。宋马林等(2008)从投入产出两个方面提出节能减排指标体系。该指标体系主要从现有统计指标中构造而成,缺少核算基础。投入指标包括单位生产总值能耗、单位工业增加值废气排放量等,产出指标包括人均GDP、预期寿命等。吴国华(2009)从能源节约(包含能耗、能耗降低率、水耗与水耗降低率4个方面)、污染减排(包括主要污染物排放、三废处理与污染治理两个方面)和经济发展(包含经济规模、经济素质等5个方面)3个层面进行了节能减排指标体系的设计,并以山东省为例,采用因子分析法,根据所设计的指标体系进行了应用研究分析。朱启贵(2010)根据欧盟推荐的国家层面的物质流核算账户体系,建立了能源流账户体系,进而在能源流账户体系的基础上,从能源生产、能源消费、能源效率、能源安全、能源公平、能源健康、污染排放、节能减排机制8个方面设计了节能减排统计指标体系。其他国内多数研究(王铮等,

2006;李何,2003;刘征福等,2003;周少祥等,2006;周胜等,2004)从较为单一的角度(如能耗角度或能源效率角度等)对我国节能减排的指标进行了设计研究。陈锡康等(2010)通过投入产出技术,提出生产能耗综合指数,对我国能源效率的指标评价系统起到了补充作用。

总的来看,学术界围绕着节能减排评估的研究文献从最初的对节能减排评估体系构建的定性研究,转变为对节能减排的定量评估。定性研究主要集中在2006—2010年,主要讨论如何构建节能减排评价指标体系及确定指标体系的权重(宋马林,2007;杨华峰等,2008;王林等,2009;李志春等,2009;朱启贵,2010)。定量研究则出现在2010年之后,主要从具体产品、行业、地区等角度对节能减排进行定量研究(李霞,2013;杨娟,2014;袁海娣,2015)。此外,还有少量文献基于宏观层面对中国的节能减排进行定量评价研究(但智钢等,2010;何伟等,2010;王兵等,2015)。由此可见,现有的这些研究还存在着诸如所选评价指标数量相对较少、评价时间区段较短、构建指标体系的视角不够全面等问题。

具体到节能减排指标体系构建的研究,现有的文献主要基于3个视角:单一视角、可持续发展视角以及核算视角。所谓单一视角主要是指仅从节能和减排的角度来设计指标体系,这类研究又可以分为3类:第一类从能源效率层面展开深入讨论,来设计节能减排的指标体系(Unander,2005);第二类基于行业层面来设计某个行业的节能减排指标体系,如王铮(2006)从5个方面对煤炭企业构建节能减排指标体系,Vera和Langlois(2007)对英国能源行业构建了节能减排指标体系;第三类从节能降耗以及污染排放与环保两大方面来构建节能减排指标体系(赵队家,2015)。基于可持续发展视角的节能减排指标体系的研究主要从两个方面展开[①]。一个是基于国际原子能机构(IAEA)提出的EISD体系来构建的节能减排指标体系(国际原子能机构,2005;何斯征等,2007);另一个是基于从能源、经济、环境三方面所构建的3E复杂系统来构建的节能减排评价指标体系(邓玲玲,2012;陈黎明等,2015)。基于核算视角的节能减排指标体系研究基于环境、经济、能源核算账户的信息来构建指标体系。如程永正(2009)基于环境-经济实物和混合流量账户等4组账户来评价节能减排工作。吴开尧和朱启贵(2010)在SEEA-E(环境经济一体化核算-能源核算)存量和流量核算、实物量核算和价值量核算研究的基础上,构建了节能减排指标体系。显然,基于上述3个视角构建的节能减排指标体系各有优缺点。

---

① 还有从其他角度展开的文献,如张鹤丹等(2006)引入城市规模因素,耿丽娟(2014)引入区域管理因素,基于可持续发展视角来构建节能指标体系。

总体来说,一方面,我国节能减排指标体系的研究还处于设计应用的初步阶段,且节能减排指标体系的设计单一视角研究较多,综合视角研究较少,指标体系的设计缺乏系统性,核算基础不强;另一方面,限于数据获取困难等因素的影响,我国目前节能减排指标体系的设计应用研究工作还较为落后。

二、基于综合视角的节能减排指标体系构建

考虑节能减排工作目前深入我国的各个领域,不仅在宏观层面上国家有节能减排工作的评估问题,各个不同的地区、不同的行业、不同的企事业单位等都存在节能减排工作的评估这一现实问题,我们这里基于单一视角、可持续发展视角以及综合视角设计出3套节能减排指标体系,以供用户选择。需要说明的是,我们设计的这3套节能减排指标体系,在充分参考现有研究的基础上,兼顾了指标体系的简洁性、评价工作的全面性、指标数据获取的易得性以及定量工作的易实现性4个方面的特征。

表6-1是基于单一视角的节能减排指标体系。其中,一级指标仅分为能源与环境两个。能源方面的二级指标包括能源消耗总量与能源效率及结构2个指标;环境方面的二级指标包括污染物排放量、废物综合利用、环保治理3个指标。三级指标的选取则主要参考了王彦彭(2009)、陈一萍(2010)、米强等(2010)、绕清华等(2011和2013)、徐沛勋等(2014)的研究成果。

表6-1 基于单一视角的节能减排指标体系

一级指标	二级指标	三级指标	类型
能源	能源消耗总量	煤炭消费总量	−
		石油消费量	−
		天然气消费量	−
		水电、核电、风电消耗量	−
		工业用水总量	−
	能源效率及结构	万元地区生产总值能耗	−
		可再生能源消费量占比	+
		能源加工转换效率	+

续表

一级指标	二级指标	三级指标	类型
环境	污染物排放量	工业废水排放量	−
		工业粉尘排放量	−
		工业固体废物排放量	−
		工业废气排放总量	−
		SO_2排放量	−
		烟尘排放量	−
		COD(化学需氧量)排放量	−
		氨氮排放量	−
	废物综合利用	"三废"综合利用产品产值	＋
		工业重复用水率	＋
		工业固体废物综合利用率	＋
	环境治理	工业废水排放达标率	＋
		城市生活污水处理率	＋
		COD去除量	＋
		烟尘达标排放率	＋
		工业燃料燃烧SO_2排放达标率	＋
		工业粉尘达标排放率	＋
		工业生产SO_2排放达标率	＋
		节能财政支出总额	−
		环境污染治理投资总额	−
		工业污染治理投资额	−

说明:类型栏中"＋"表示正指标,"−"表示逆指标。

在参考国内外 EISD 指标体系以及 3E 复杂系统可持续发展评价指标体系的基础上,我们基于可持续的视角,设计了如表 6-2 所示的节能减排指标体系。其中一级指标分为能源、经济与环境 3 个方面。在二级指标以及各个三级指标设计方面,我们主要借鉴了 IAEA(2005)、何斯征等(2007)、邓玲玲(2012)、王俊岭等(2012)的研究成果。

表 6-2 基于可持续发展视角的节能减排指标体系

一级指标	二级指标	三级指标	类型
能源	能源生产	能源生产总量	+
		原煤产量	−
		发电量	+
		能源生产总量占能源储量之比	−
		火力发电量占总发电量之比	−
	能源消费	人均能源消费量	−
		能源消费总量中无碳能源消费占比	+
		煤炭消费占总能源消费比重	−
		原油消费占总能源消费比重	−
		天然气消费占总能源消费比重	+
		水电、风电、核电占总能源消费比重	+
		能源消费弹性系数	−
	能源利用效率	单位 GDP 能耗	−
		单位工业增加值能耗	−
		单位三产能耗	−
		单位一产能耗	−
	能源安全	能源净进口占能源消费比重	−
		石油储备量与消耗量之比	+
		天然气储备量与消费量之比	+
经济	经济结构	第三产业占 GDP 比重	+
		第三产业就业人口比率	+
	经济效益	人均 GDP	+
		人均社会消费品零售额	+
	经济增长	GDP 增长率	+
		社会消费品零售额增长率	+
	经济规模	GDP	+
		资本形成总额	+
		总货运量	+

续表

一级指标	二级指标	三级指标	类型
环境	环境污染	单位 GDP 废水排放量	−
		单位 GDP 废气排放量	−
		单位工业产值粉尘排放量	−
		单位工业产值固体废物排放量	−
		单位 GDP SO_2 排放量	−
		COD 排放量	−
		氨氮排放量	−
	环境治理	工业废水排放达标率	+
		工业 SO_2 去除量	+
		工业烟尘去除量	+
		工业粉尘去除量	+
		工业固体废物综合利用率	+
		"三废"综合利用产品产值	+

说明：类型栏中"+"表示正指标，"−"表示逆指标。

一般来说，基于单一视角构建节能减排指标体系，优点是涉及的评价指标相对较少，数据的可获得性较好，使得定量评估工作容易进行；缺点是考虑的维度不够全面，忽视了经济因素的存在，没有考虑经济、能源与环境作为一个整体存在，从而使得评价结果缺少完整性。基于可持续发展视角构建节能减排指标体系，优点在于综合考虑了人类社会发展中经济、环境与能源三者的复杂关系，使得构建的评级指标体系相对较为全面；缺点在于指标体系复杂，从而使得数据的可获得性和定量评价工作的实现性相对较为困难。基于核算视角构建的节能减排指标体系，优点在于基于各种核算账户来筛选指标，使得该指标体系的指标选取更为细致深入，数据也更为翔实丰富；但不足在于核算账户的数据时效性较差，数据提取和处理较为复杂，使得定量的评估工作实现难度较大。

考虑上述 3 个视角各有利弊，因此，本书将在综合考虑上述 3 个视角的基础上，同时考虑定量评价工作的可实现性等多种因素，构建一套节能减排指标体系，并根据该指标体系采用不同类型的数据对中国各省区市（除港、澳、台）的节能减排工作展开定量评估，我们将这种视角称为"综合视角"。具体来说，所谓综合视角，这里包含两层含义：一是综合考虑已有的 3 个视角，即单一视角、可持续发展视角和核算视角；二是在指标体系构建时综合考虑了经济、人口和地理 3 个因素，同时考虑了指标可量化、数据可获得等实际因素。

参照朱启贵等（2010）基于核算视角所设计的节能减排指标体系，同时借鉴基于单一视角和可持续发展视角的节能减排指标体系的现有研究,我们构建了能源生产、能源使用、经济发展、污染排放、环境治理和水资源利用6个一级指标。考虑人口因素、经济体量因素、数据可获得性因素等,我们构建了15个二级指标以及40个三级指标,对我国的节能减排效果进行评估。基于综合视角的节能减排指标体系如表6-3所示。表6-3对每个三级指标的来源以及每个三级指标的正负类型进行了标注说明。

表6-3 基于综合视角的节能减排指标体系构建

一级指标	二级指标	三级指标	类型
能源生产(A)	能源生产成本(A1)	单位能源生产成本(A11)[a]	—
		生产和消费一定能源能量所需的等值土地面积(能源生态足迹)(A12)[a]	—
	能源技术效率(A2)	能源加工转换效率(A21)[b,c,d,e,f,g]	+
能源使用(B)	各类能源使用效率(B1)	单位GDP煤炭消费总量(B11)[d,h,i]	—
		单位GDP石油消费总量(B12)[d,h,i]	—
		单位GDP天然气消费总量(B13)[d,h,i]	—
		单位GDP水电、风电、核电消费总量(B14)[i]	—
	各产业能源使用效率(B2)	单位一产能源消费量(B21)[a]	—
		单位二产能源消费量(B22)[a]	—
		单位三产能源消费量(B23)[a]	—
	能源消费结构(B3)	煤炭占总能源消费比重(B31)[a,b,c]	—
		石油占总能源消费比重(B32)[a,b,c]	—
		天然气占总能源消费比重(B33)[a,b,c]	+
		水电、风电、核电占总能源消费比重(B34)[a,b,c]	+
	总的能源使用效率(B4)	单位GDP能耗(B41)[a,b,c,d,e,h]	—
经济发展(C)	教育(C1)	人均教育经费投入(C11)[j]	+
		普通高等学校毕业人数(C12)[j]	+
	经济结构(C2)	第三产业占GDP比重(C21)[a,b,h]	+
		第三产业就业人口比率(C22)[a,b,h]	+
	技术(C3)	人均研发(R&D)经费支出(C31)[j]	+
		专利数(C32)[j]	+

续表

一级指标	二级指标	三级指标	类型
污染排放(D)	污染物排放量(D1)	工业烟尘排放量(D11)[a,d,e,i]	−
		工业粉尘排放量(D12)[a,d,e,i]	−
		工业废水排放量(D13)[b,c,d,e,i]	−
		工业固体废物排放量(D14)[b,c,d,e,i]	−
		废水中氨氮排放量(D15)[d,e,i]	−
		工业二氧化硫排放量(D16)[d,e,i]	−
		废水中COD排放量(D17)[d,e,i]	−
环境治理(E)	循环利用(E1)	工业固体废物综合利用率(E11)[d,e,i]	+
		工业用水重复利用率(E12)[d,e,i]	+
	污染治理(E2)	工业废水排放达标率(E21)[b,d,i]	+
		工业粉尘排放达标率(E22)[d]	+
		工业烟尘排放达标率(E23)[d]	+
		工业 SO_2 去除量(E24)[d]	+
		工业废水中COD去除量(E25)[d]	+
		工业废水中氨氮去除量(E26)[d]	+
	环境治理投入(E3)	环境污染治理投资总额(E31)[b,d]	+
		环境污染治理投资总额占GDP比重(E32)[h]	+
水资源利用(F)	生产用水(F1)	单位GDP生产用水量(F11)[j]	−
	非生产用水(F2)	单位GDP非生产用水量(F21)[j]	−

说明：①类型栏中"+"表示正指标，"−"表示逆指标。②小括号里的符号用来作为该指标的简化表达形式。③由于后面的评估计算是基于该指标体系的，因此这里用上角标的形式给出设计的各个指标的详细来源，其中各个小写字母代表的文献如下：a. 朱启贵(2010)；b. 王俊岭等(2012)；c. 邓玲玲(2012)；d. 饶清华等(2011和2013)；e. 王彦彭(2009)；f. 何斯征等(2007)；g. IAEA(2005)；h. 米强等(2010)；i. 陈一萍(2010)；j. 作者提出。

三、基于时间序列数据的中国节能减排评估

基于表6-3中综合视角的节能减排指标体系，选择1992—2013年的时间序列数据，我们对中国(除港、澳、台)的节能减排效果情况进行评估。所有三级指标的基础数据来源于国家统计局网站、《中国能源统计年鉴》、《中国环境统计年鉴》。对于部分指标如工业废水排放达标率等，由于其缺失2011—2013年的数据，我们根据历史数据的特征选用ARIMA模型对缺失数据进行了外推预测插补。在补齐各

个三级指标的数据之后,通过取倒数的方法将逆指标转为正指标,并利用三倍标准差的方法对数据进行异常值检验,检验结果表明,只有1998年工业固体废物排放量出现异常,对此采用相应指标的次大值法进行异常值替换。

对指标数据进行预处理之后,借鉴石刚(2010)的做法,采用改进的功效系数法对三级指标进行无量纲化,并采用主客观结合的方法对经过无量纲化处理的三级指标数据进行加权,最后得到节能减排评估的综合指数。需要说明的是,这里主观赋权采用专家打分法,重要分数最大值为10分,分数越大权重越大。客观赋权采用均方差法,即均方差越大、离散程度越高的指标,赋予的权重越大。将指标的主客观权重相乘,再进行归一化处理,得到相应指标的综合权重。对二级指标和一级指标也采用同样的方法进行赋权。各级指标所对应的主观权重、客观权重和综合权重如表 6-4、表 6-5、表 6-6 所示。最终计算得到的节能减排综合指数结果如表 6-7 所示。

表 6-4 三级指标权重

三级指标	重要分数	主观权重	客观权重	综合权重	三级指标	重要分数	主观权重	客观权重	综合权重
A11	7	0.411 8	0.524 5	0.435 7	C32	10	0.588 2	0.485 2	0.573 8
A12	10	0.588 2	0.475 5	0.564 3	D11	5	0.111 1	0.132 0	0.102 9
B11	6	0.193 5	0.250 2	0.196 5	D12	5	0.111 1	0.153 8	0.119 9
B12	5	0.161 3	0.272 0	0.178 0	D13	10	0.222 2	0.150 3	0.234 3
B13	10	0.322 6	0.234 2	0.306 6	D14	10	0.222 2	0.132 6	0.206 7
B14	10	0.322 6	0.243 6	0.318 9	D15	5	0.111 1	0.115 8	0.090 3
B21	6	0.285 7	0.345 1	0.294 0	D16	5	0.111 1	0.171 7	0.133 8
B22	5	0.238 1	0.315 4	0.223 9	D17	5	0.111 1	0.143 7	0.112 0
B23	10	0.476 2	0.339 5	0.482 1	E11	10	0.588 2	0.530 1	0.617 1
B31	6	0.193 5	0.256 4	0.204 4	E12	7	0.411 8	0.469 9	0.382 9
B32	5	0.161 3	0.289 4	0.192 3	E21	5	0.238 1	0.189 5	0.272 1
B33	10	0.322 6	0.231 5	0.307 6	E22	8	0.190 5	0.178 8	0.205 4
B34	10	0.322 6	0.222 6	0.295 8	E23	8	0.190 5	0.183 3	0.210 6
C11	7	0.411 8	0.484 2	0.396 5	E24	6	0.142 9	0.155 6	0.134 1
C12	10	0.588 2	0.515 8	0.603 5	E25	5	0.119 0	0.142 7	0.102 4
C21	10	0.555 6	0.561 4	0.615 4	E26	5	0.119 0	0.105 1	0.075 5
C22	8	0.444 4	0.438 6	0.384 6	E31	7	0.411 8	0.517 4	0.428 7
C31	7	0.411 8	0.514 8	0.426 2	E32	10	0.588 2	0.482 6	0.571 3

表 6-5　二级指标权重

二级指标	重要分数	主观权重	客观权重	综合权重	二级指标	重要分数	主观权重	客观权重	综合权重
A1	8	0.444 4	0.488 6	0.433 2	C2	10	0.370 4	0.346 0	0.384 1
A2	10	0.555 6	0.511 4	0.566 8	C3	9	0.333 3	0.316 4	0.316 1
B1	7	0.218 8	0.173 6	0.153 2	E1	9	0.346 2	0.331 4	0.342 4
B2	7	0.218 8	0.310 8	0.274 2	E2	10	0.384 6	0.349 1	0.400 8
B3	10	0.312 5	0.210 1	0.264 8	E3	7	0.269 2	0.319 6	0.256 8
B4	8	0.250 0	0.305 4	0.307 9	F1	10	0.625 0	0.180 1	0.378 1
C1	8	0.296 3	0.337 5	0.299 8	F2	6	0.375 0	0.493 8	0.621 9

表 6-6　一级指标权重

一级指标	重要分数	主观权重	客观权重	综合权重	一级指标	重要分数	主观权重	客观权重	综合权重
A	7	0.148 9	0.094 6	0.087 5	D	10	0.212 8	0.088 5	0.116 9
B	10	0.212 8	0.172 9	0.228 3	E	10	0.212 8	0.216 7	0.286 2
C	6	0.172 2	0.210 6	0.166 8	F	4	0.085 1	0.216 5	0.114 3

表 6-7　中国节能减排综合指数

年　份	综合指数	增长率	年　份	综合指数	增长率
1992	64.89		2003	74.54	0.49%
1993	65.17	0.42%	2004	75.40	1.16%
1994	65.06	−0.16%	2005	76.51	1.46%
1995	67.46	3.68%	2006	77.74	1.61%
1996	67.80	0.51%	2007	79.91	2.79%
1997	68.29	0.71%	2008	82.66	3.44%
1998	68.61	0.48%	2009	84.80	2.60%
1999	69.91	1.90%	2010	88.08	3.86%
2000	70.85	1.34%	2011	88.92	0.96%
2001	72.70	2.61%	2012	91.94	3.39%
2002	74.18	2.04%	2013	93.55	1.76%

将表 6-7 的结果以时间序列图展示，如图 6-1 所示，按照节能减排综合指数的增长率水平，可以将我国 1992—2013 年这 22 年样本时段内的节能减排工作大致分为 3 个阶段：第一阶段为节能减排工作起步阶段（1992—2000 年）；第二阶段为节能减排工作发展阶段（2001—2006 年）；第三阶段为节能减排工作快速发展阶段（2007—2013 年）。结合我国的五年规划来看，"九五"期间（1996—2000 年）我国节

能减排综合指数年平均增长率为0.99%;而"十五"期间(2001—2005年)我国节能减排综合指数年平均增长率为1.55%;"十一五"期间(2006—2010年)我国节能减排综合指数年平均增长率为2.86%。我们梳理了1992—2013年中央政府节能减排方面的重大工作措施时间列表,如表6-8所示。其中,1993年的《国务院关于开展加强环境保护执法检查严厉打击违法活动的通知》、1996年的《国务院关于环境保护若干问题的决定》、1997年全国人大通过的《中华人民共和国节约能源法》、2000年全国人大修订通过的《中华人民共和国大气污染防治法》[①]以及财政部、国家环境保护总局发布的《关于加强排污费征收使用管理的通知》等,均是中央政府在我国节能减排工作起步阶段所颁布的系列相关法律法规。"十五"期间,中央政府先后颁布了《中华人民共和国清洁生产促进法》《中华人民共和国环境影响评价法》、《排污费征收使用管理条例》等法律法规,使得节能减排工作取得了进一步的发展,节能减排综合指数的年均增长率是"九五"时期的1.57倍。"十一五"期间,中央政府明确提出了我国"节能减排"的目标,即"单位国内生产总值能耗降低20%左右",节能减排工作得到了快速发展,节能减排综合指数在这一时期的年均增长率高达2.86%,是"十五"时期的1.84倍,是"九五"时期的近3倍。显然,我国节能减排综合指数的发展周期与中央政府的五年规划周期具有较高的一致性。

表6-8 中央政府在节能减排方面的重大工作措施时间列表

时 间	节能减排重大政策措施
1993年3月	《国务院关于开展加强环境保护执法检查严厉打击违法活动的通知》
1994年6月	国家经济贸易委员会、国家计划委员会、广播电影电视部、中华全国总工会、共青团中央委员会、中国科学技术协会联合印发了《"1994年全国节能宣传周"活动安排意见》
1995年	国务院批准了国家有关部门提出的《关于新能源和可再生能源发展报告》和《1996—2010年新能源和可再生能源发展纲要》
1996年8月3日	《国务院关于环境保护若干问题的决定》
1998年1月18日	我国开始实施《中华人民共和国节约能源法》(中华人民共和国主席令第90号)
1998年11月19日	国务院发布了《建设项目环境保护管理条例》(中华人民共和国国务院令第253号)
1999年3月10日	国家经济贸易委员会颁布《重点用能单位节能管理办法》(中华人民共和国国家经济贸易委员会令第7号)
2000年3月20日	国务院发布并施行《中华人民共和国水污染防治法实施细则》(中华人民共和国国务院令第284号)
2000年4月29日	《中华人民共和国大气污染防治法》(中华人民共和国主席令第32号)

---

① 该法案于1987年9月第六届全国人民代表大会常务委员会第二十二次会议通过,1988年6月1日生效;1995年8月进行第一次修订;2015年8月进行第三次修订并被称为"史上最严"的大气污染防治法。

续表

时　间	节能减排重大政策措施
2000年10月20日	《财政部、国家环境保护总局关于加强排污费征收使用管理的通知》
2000年10月25日	《国家经济贸易委员会、水利部、建设部、科学技术部、国家环境保护总局、国家税务总局印发〈关于加强工业节水工作的意见〉的通知》
2002年6月29日	《中华人民共和国清洁生产促进法》(中华人民共和国主席令第72号),本法自2003年1月1日起施行
2002年10月28日	《中华人民共和国环境影响评价法》(中华人民共和国主席令第77号),自2003年9月1日起施行
2003年1月2日	国务院正式公布《排污费征收使用管理条例》(中华人民共和国国务院令第369号),自2003年7月1日起施行
2004年4月1日	《国务院办公厅关于开展资源节约活动的通知》(国办发〔2004〕30号)
2004年8月16日	国家发展改革委、国家环境保护总局发布《清洁生产审核暂行办法》
2004年11月25日	国家发展改革委发布了我国首个《节能中长期专项规划》
2005年12月9日	《发展改革委、财政部、商务部、国土资源部、海关总署、国家税务总局、环保总局关于控制部分高耗能、高污染、资源性产品出口有关措施的通知》
2005年3月28日	《国务院关于做好建设节约型社会近期重点工作的通知》
2006年4月7日	《国家发展改革委、国家能源办、国家统计局、国家质检总局、国务院国资委关于印发千家企业节能行动实施方案的通知》
2006年8月5日	《国务院关于"十一五"期间全国主要污染物排放总量控制计划的批复》
2007年3月1日	国家环境保护总局发布《关于发布〈加强国家污染物排放标准制修订工作的指导意见〉的公告》
2007年4月10日	国家发展改革委发布《能源发展"十一五"规划》
2007年5月11日	《国家环境保护总局、财政部关于印发〈中央财政主要污染物减排专项资金项目管理暂行办法〉的通知》
2007年5月23日	《国务院关于印发节能减排综合性工作方案的通知》
2008年2月2日	国家环境保护总局办公厅发布《关于贯彻落实〈电子废物污染环境防治管理办法〉的通知》
2008年8月25日	《国家发展改革委、科技部、工业和信息化部、财政部、住房城乡建设部、交通运输部、商务部、税务总局、质检总局、国管局、国务院法制办关于贯彻实施〈中华人民共和国节约能源法〉的通知》
2009年4月17日	国家发展改革委等14部委发布《关于2009年全国节能宣传周活动安排意见的通知》
2009年5月18日	《财政部、国家发展改革委关于开展"节能产品惠民工程"的通知》

续表

时间	节能减排重大政策措施
2010年4月2日	发展改革委、财政部、人民银行、国税总局联合发布《关于加快推行合同能源管理促进节能服务产业发展的意见》
2010年4月14日	工信部发布《关于进一步加强中小企业节能减排工作的指导意见》
2011年3月17日	国务院发布《我国国民经济与社会发展十二五规划纲要》

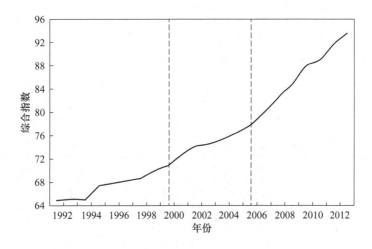

图6-1 我国节能减排综合指数时间序列图

四、基于省级截面数据的中国各地区节能减排效果评估

类似地,基于表6-3中综合视角的节能减排指标体系,考虑省级数据的可获得性,我们选择2012年的省级截面数据为样本数据,对除西藏之外的不含港澳台的30个省区市进行节能减排评估。同时考虑各省区市指标数据的齐性,我们对表6-3中的指标体系进行了部分删减。所有基础数据都来源于《中国统计年鉴2013》《中国能源统计年鉴2013》《中国环境统计年鉴2013》《中国科技统计年鉴2013》《中国人口与就业统计年鉴2013》以及2013年中国各省区市的统计年鉴。类似前面的数据预处理,我们对所有逆指标取倒,然后对所有三级指标(包括转为正指标的逆指标)采用加减三倍标准差的方法进行异常值检验,检验结果表明省级截面数据不存在异常值。

对指标数据进行预处理之后,同样借鉴石刚(2010)的做法,采用改进的功效系数法对三级指标进行无量纲化,并采用主客观结合的方法对经过无量纲化处理的三级指标数据进行加权,最后得到各省2012年节能减排评估的综合指数。类似地，各级指标的权重分别如表 6-9、表 6-10、表 6-11 所示。2012 年节能减排评估的综合指数如表 6-12 所示。

表 6-9　省级数据的三级指标权重

三级指标	重要分数	主观权重	客观权重	综合权重	三级指标	重要分数	主观权重	客观权重	综合权重
A11	6	0.193 5	0.227 8	0.174 9	B32	10	0.588 2	0.432 5	0.521 3
A12	5	0.161 3	0.254 4	0.162 7	C11	10	0.222 2	0.150 6	0.201 1
A13	10	0.322 6	0.231 6	0.296 2	C12	10	0.222 2	0.193 5	0.258 3
A14	10	0.322 6	0.286 2	0.366 2	C13	10	0.222 2	0.154 0	0.205 6
A21	6	0.285 7	0.330 3	0.286 7	C14	5	0.111 1	0.169 8	0.113 3
A22	5	0.238 1	0.353 1	0.255 4	C15	5	0.111 1	0.153 1	0.102 2
A23	10	0.476 2	0.316 5	0.457 9	C16	5	0.111 1	0.179 0	0.119 5
A31	6	0.193 5	0.233 7	0.181 3	D11	10	0.588 2	0.476 3	0.565 0
A32	5	0.161 3	0.266 4	0.172 2	D12	7	0.411 8	0.523 7	0.435 0
A33	10	0.322 6	0.203 7	0.263 5	D21	10	0.312 5	0.242 2	0.304 0
A34	10	0.322 6	0.296 2	0.383 0	D22	7	0.218 8	0.262 6	0.230 8
B11	7	0.411 8	0.546 2	0.457 3	D23	7	0.218 8	0.257 1	0.225 9
B12	10	0.588 2	0.453 8	0.542 7	D24	8	0.250 0	0.238 2	0.239 2
B21	10	0.555 6	0.511 7	0.567 1	D31	7	0.411 8	0.473 4	0.387 1
B22	8	0.444 4	0.488 3	0.432 9	D32	10	0.588 2	0.526 6	0.612 9
B31	7	0.411 8	0.567 5	0.478 7					

表 6-10　省级数据的二级指标权重

二级指标	重要分数	主观权重	客观权重	综合权重	二级指标	重要分数	主观权重	客观权重	综合权重
A1	7	0.218 8	0.182 9	0.160 4	B3	9	0.333 3	0.415 0	0.414 9
A2	7	0.218 8	0.248 4	0.217 8	D1	9	0.346 2	0.351 1	0.368 0
A3	10	0.312 5	0.208 2	0.260 8	D2	10	0.384 6	0.294 9	0.343 4
A4	8	0.250 0	0.360 4	0.361 1	D3	7	0.269 2	0.354 0	0.288 6
B1	8	0.296 3	0.291 3	0.258 9	E1	10	0.625 0	0.468 6	0.595 1
B2	10	0.370 4	0.293 6	0.326 2	E2	6	0.375 0	0.531 4	0.404 9

表 6-11　省级数据的一级指标权重

一级指标	重要分数	主观权重	客观权重	综合权重	一级指标	重要分数	主观权重	客观权重	综合权重
A	10	0.2381	0.1689	0.2059	D	10	0.2381	0.1746	0.2128
B	6	0.1429	0.2089	0.1528	E	4	0.1429	0.2400	0.1755
C	10	0.2381	0.2076	0.2531					

表 6-12　我国各省区市 2012 年节能减排评估的综合指数

省区市	北京	天津	河北	山西	内蒙古	辽宁	吉林	黑龙江	上海	江苏
节能减排综合指数	79.25	71.08	68.97	70.39	71.08	72.50	72.10	68.25	73.47	74.58
省区市	浙江	安徽	福建	江西	山东	河南	湖北	湖南	广东	广西
节能减排综合指数	71.62	73.87	71.06	75.36	73.92	70.79	70.74	71.76	72.23	74.08
省区市	海南	重庆	四川	贵州	云南	陕西	甘肃	青海	宁夏	新疆
节能减排综合指数	78.06	72.10	69.56	68.61	69.97	68.72	70.77	69.66	71.25	71.25

这里根据 Sturges 提出的经验分组公式，将各省区市的节能减排综合指数分为 5 组。分组统计结果表明有 8 个省区市，如河北、山西等落在节能减排综合指数分数值最低的组；有 14 个省区市如天津、内蒙古等落在分数值次低的一组。总计约有 73.3% 的省区市落在了节能减排综合指数分数值最低的两组，表明我国 2012 年大部分省区市的节能减排工作进展具有相似性，节能减排综合指数整体偏低，呈现出右偏分布，大部分省区市密集分布在低分数值区间 [68.25, 72.65] 内。平均值统计的结果也表明，2012 年我国 30 个省区市节能减排综合指数的平均值为 71.90，有 60% 的省区市处于该平均值以下。为了进一步分析 30 个省区市节能减排评估结果的相似性，我们采用 K-means 聚类法，以二级指标作为欧式距离的计算指标，对表 6-12 中的 30 个省区市进行聚类分析，通过比较分析，最终将 30 个省区市分为 3 类，其中，黑龙江、海南、贵州、云南、甘肃、青海、宁夏、新疆 8 个省区市聚为一类；北京、天津、上海、江苏、浙江、广东 6 个省区市聚为第二类，其他剩余的 16 个省区市聚为第三类。显然第一类的 8 个省区市具有两个共同的特征：一是基本上都属于边远地区；二是人均 GDP 相对都较低。第二类的 6 个省区市也具有两个共同特征：一是基本上都属于沿海地区；二是人均 GDP 都相对较高。二级指标的聚类结果表明，经济较为发达的沿海地区节能减排工作相对进行得较好，而经济落后的边远地区节能减排工作相对进行得较差。

将二级指标的聚类结果与一级指标的分组结果进行比较分析，可以发现，海南、天津和浙江这3个省区市二级指标聚类结果与一级指标分组结果出现较大差别。这里分别给出解释。对于海南省，二级指标的聚类分析显示，海南省属于节能减排工作进行相对较差的省份，但一级指标分组统计的结果表明海南省2012年的节能减排综合指数分值高达78.06，仅次于北京。出现这种相反结果的原因在于海南省二级指标的数值分化明显，一类二级指标如能源使用效率、经济结构、污染物排放量以及非生产用水等表现良好，数值较高；而另一类二级指标如教育、技术水平、循环利用、污染治理以及生产用水等表现较差，数值较低。由于对二级指标进行加权计算时能源使用效率以及污染排放等指标权重较高，所以使得一级指标的分组统计结果与二级指标的聚类结果差别较大。显然，这里从节能减排评估的角度讲，海南省的节能减排综合指数处于全国前列，这与海南省的产业结构、独特的地理位置和气候有密切关系。对于天津和浙江两个省市，虽然二级指标的聚类分析显示其属于节能减排工作进行得相对较好的经济发达沿海地区，但一级指标的统计分组结果显示其节能减排综合指数略低于全国的平均水平，造成这种差别的原因在于，天津市的各类能源使用效率、生产用水以及非生产用水，浙江的各类能源使用效率、污染物排放以及生产用水这些二级指标数值过低。

五、结论与建议

本章提出了节能减排指标体系设计的综合视角，基于此视角构建了一套节能减排的指标体系，并基于此指标体系进行了实证分析，得到如下3个结论。第一，我国节能减排工作（用节能减排综合指数来衡量）的发展周期与中央政府的五年规划周期具有较高的一致性，即我国的节能减排工作具有明显的政治周期性。第二，我国各省区市的节能减排工作整体呈现右偏分布，大部分省区市2012年的节能减排综合指数密集分布在低分数值区间内。第三，各省区市的节能减排工作呈现出地域特征，沿海地区经济发达的省区市节能减排工作相对进行得较好，而边远落后地区节能减排工作进行得相对较差。

节能减排工作与国家的经济发展、民众的日常生活密切相关。根据我们基于综合视角设计的节能减排指标体系，以及对我国1992—2013年、各省区市2012年的节能减排实证分析结果，这里提出如下4点建议。第一，完善我国的政治体制建设，规范各级政府政策规划的出台与落实，确保政策的连续性和一致性。由于我国的节能减排工作与政府的五年规划周期具有较高的一致性，因此，政府换届与政策规划的延续性对节能减排工作的稳定、持续开展具有重大的影响。节能减排作为我国社会当前和今后的一项基本任务，需要在各级政府的规划和引导下有序进行。对于类似节能减排这一类对全社会全民族发展具有正向作用、需要长期连续认真开展的工作,如何保证不因各级政府的换届而使得该工作受到不良影响,有必要从政治制度层面探讨、摸索并总结出可行的方案。第二,调整优化产业结构,在确保粮食安全的基础上,提高第三产业占比。从我们的分地区节能减排综合指数合成计算来看,第三产业占比越高的地区,其节能减排综合指数相应也比较高些。显然,相对第一、二产业而言,第三产业的能耗比较低,污染排放也比较少。因此扩大第三产业占比,有利于降低能耗,减少污染排放。第三,加快技术进步,提高技术创新能力。一方面,从能源生产和使用的角度,只有提高能源的生产技术,改善能源的使用效率,才能降低能源的生产成本,降低能耗;另一方面,技术进步有助于提高能源的加工转换总效率,也有助于改进各项生产工艺,降低污染物排放,促进循环经济的快速发展。第四,重视教育,提高居民的节能环保意识。重视教育不仅可以提高国家的人力资本,也可以提高国民素质。一方面,人力资本的提高有利于技术进步,经济增长,提高能源生产效率,降低能耗;另一方面,国民素质的提高有利于节能环保工作的进行。

第七章　首都功能提升指数的构建及其实现

一、引　　言

2014年2月26日,习近平同志在视察北京时强调,北京市要坚持和强化全国政治中心、文化中心、国际交往中心、科技创新中心的首都功能,建设成为国际一流的和谐宜居之都。这是北京市在进入深度调整期以来,党中央审时度势,对北京功能定位提出的更高要求。

2015年8月,经中共中央政治局审议通过,《京津冀协同发展规划纲要》印发实施,规划在重申首都北京"四个中心"定位的基础上,分近期、中期和远期3个阶段,提出京津冀协同发展的目标。

近期到2017年,有序疏解北京非首都功能取得明显进展,在交通一体化、生态环境保护、产业升级转移等重点领域率先取得突破,深化改革、创新驱动、试点示范有序推进,协同发展取得显著成效。

中期到2020年,北京市常住人口控制在2 300万人以内,北京"大城市病"等突出问题得到缓解;区域一体化交通网络基本形成,生态环境质量得到有效改善,产业联动发展取得重大进展。公共服务共建共享取得积极成效,协同发展机制有效运转,区域内发展差距趋于缩小,初步形成京津冀协同发展、互利共赢新局面。

远期到2030年,首都核心功能更加优化,京津冀区域一体化格局基本形成,区域经济结构更加合理,生态环境质量总体良好,公共服务水平趋于均衡,成为具有较强国际竞争力和影响力的重要区域,在引领和支撑全国经济社会发展中发挥更大作用。

北京市西城区是首都功能核心区,区"十三五"规划明确把优化提升首都功能,有序疏解非首都功能作为未来五年区域发展的主要任务。紧紧围绕首都功能定位和首都功能核心区发展目标,科学评价区域首都功能提升及产业结构优化情况,认真查找存在的突出问题,有针对性地提出今后工作重点,具有重要战略意义。

北京市委市政府在《北京市国民经济和社会发展第十三个五年规划纲要》(以

下简称《北京市"十三五"规划》)中明确提出,要深入落实首都城市战略定位,坚持把落实首都城市战略定位作为衡量发展的根本标尺,着力优化提升首都核心功能,在服务国家大局中提高发展水平,使产业布局和发展与城市战略定位相适应、相一致、相协调。《北京市"十三五"规划》明确要求,"十三五"时期,要有序疏解非首都功能,大力推进城市内部功能重组,促进人口合理分布,推动城乡区域协调发展,优化提升首都核心功能,以首善标准做好"四个服务",努力实现更高质量的可持续发展。特别是要做好一些重点工作,四环路以内区域性的物流基地和专业市场调整退出,部分教育、医疗等公共服务机构、行政企事业单位有序疏解迁出,"大城市病"等突出问题得到有效缓解,首都核心功能显著增强。围绕"十三五"时期的战略目标和主要任务,北京市规划并确定了未来五年全市经济社会发展的主要指标,如表7-1所示。

表7-1 北京市"十三五"时期经济社会发展的主要指标及目标值

类别	序号	指标		目标	属性
红线约束	1	常住人口规模/万人		<2 300	约束性
	2	城乡建设用地规模/km²		<2 800	约束性
	3	用水总量/(10^9 m³)		<43	约束性
	4	能源消费总量/万吨标准煤		达到国家要求	约束性
绿色宜居	5	细颗粒物($MP_{2.5}$)浓度下降/%		达到国家要求	约束性
	6	森林覆盖率/%		44	约束性
	7	重要水功能区水质达标率/%		77	约束性
	8	生活垃圾无害化处理率/%		>99.8	约束性
	9	全市污水处理率/%		>95	约束性
	10	中心城绿色出行比例/%		75	预期性
民生福祉	11	城乡居民可支配收入年均增速/%		与经济增长同步	预期性
	12	新增劳动力平均受教育年限/年		>15	预期性
	13	城镇登记失业率/%		<4	预期性
	14	人均期望寿命/岁		>82.4	预期性
	15	食品药品安全监测抽检合格率/%	重点食品安全监测抽检合格率/%	>98	约束性
			药品抽检合格率/%	>99	
	16	单位地区生产总值生产安全事故死亡率降低/%		15	约束性
	17	"一刻钟社区服务图"覆盖率		基本实现全覆盖	预期性
	18	公共文化设施覆盖率		基本实现全覆盖	约束性

续表

类别	序号	指标	目标	属性
提质增效	19	地区生产总值年均增速/%	6.5	预期性
	20	社会劳动生产率/(万元·人$^{-1}$)	23	预期性
	21	服务业增加值占地区生产总值比重/%	>80	预期性
	22	全社会研究与试验发展经费支出占地区生产总值的比重/%	6左右	预期性
	23	一般公共预算收入年均增速/%	>6.5	预期性
	24	服务贸易总额/亿美元	2000左右	预期性
	25	单位地区生产总值能耗降低/%	达到国家要求	约束性
	26	单位地区生产总值水耗降低/%	15	约束性
	27	单位地区生产总值二氧化碳排放降低/%	达到国家要求	约束性

为了深入贯彻落实中央、北京市关于提升首都功能的战略要求，我们在吸收借鉴国内外关于城市功能评价研究成果的基础上，参考国际宜居城市评价指标体系和联合国 2016 年《新城市议程》要点，充分考虑西城区实际情况，构建了首都功能提升指数。该指数主要从非首都功能疏解及人口疏解情况、公共服务、社会治理、环境建设、经济发展、基础设施、科技创新能力、人民生活水平、居民满意度 9 个方面进行评价。其中居民满意度的相关数据通过抽样调查获取。

二、指标体系构建与计算方法

（一）指标体系说明

这里记"西城区首都功能提升指数"为 I，9 个二级指标分别表示为 A1（非首都功能疏解及人口疏解情况）、A2（公共服务）、A3（社会治理）、A4（环境建设）、A5（经济发展）、A6（基础设施）、A7（科技创新能力）、A8（人民生活水平）、A9（居民满意度），即 9 个二级指标符号记为 $A_i(i=1,2,\cdots,9)$。

对于第一个二级指标 A1 所包含的 7 个三级指标，用符号表示为 $A_{1j}(j=1,2,\cdots,8)$。对于第二个二级指标 A2 所包含的 21 个三级指标，用符号表示为 $A_{2j}(j=1,2,\cdots,21)$。对于第三个二级指标 A3 所包含的 12 个三级指标，用符号表示为 $A_{3j}(j=1,2,\cdots,12)$。对于第四个二级指标 A4 所包含的 15 个三级指标，用符号表示为 $A_{4j}(j=1,2,\cdots,15)$。对于第五个二级指标 A5 所包含的 22 个三级指标，用符号表示为 $A_{5j}(j=1,2,\cdots,22)$。对于第六个二级指标 A6 所包含的 12 个三级指标，用符号表示为 $A_{6j}(j=1,2,\cdots,12)$。对于第七个二级指标 A7 所包含的 7 个三级指标，用符号表示为 $A_{7j}(j=1,2,\cdots,7)$。对于第八个二级指标 A8 所包含的 7 个三级指标,用符号表示为 $A_{8j}(j=1,2,\cdots,7)$。对于第九个二级指标 A_9 所包含的 6 个三级指标,用符号表示为 $A_{9j}(j=1,2,\cdots,6)$。具体指标体系如表 7-2 所示。

表 7-2 首都功能提升指数指标体系

一级指标	二级指标	三级指标
首都功能提升指数	1. 非首都功能疏解及人口疏解情况(A1)	常住人口规模/万人(A11)
		总和生育率(A12)
		区属职业教育资源整合与疏解数(A13)
		医疗卫生资源疏解数(A14)
		区属单位管理使用的存在严重安全隐患、居民居住的不可移动文物腾退工作完成量(A15)
		限制新增不符合首都核心功能的企业数(A16)
		区域性批发市场疏解数(A17)
	2. 公共服务(A2)	义务教育公平度(A21)
		高中阶段入学率(A22)
		学前三年毛入园率(A23)
		甲乙类传染病发病率(A24)
		社区卫生服务机构基础设施达标率/%(A25)
		家庭医生签约率(A26)
		国家级、市级、区级非物质文化遗产保护项目数(A27)
		非物质文化遗产保护投入(A28)
		基层公共文化设施达标率/%(A29)
		公民科学素养达标率(A210)
		全民健身工程社区覆盖率(A211)
		机构养老床位数/张(A212)
		养老照料中心和老年餐桌覆盖率/%(A213)
		医疗、慈善、临时等各类社会救助发放金额占财政支出比例增长率(A214)
		重度智障人员和其他需要托管的复合型重度残障人员托管床位/张(A215)
		政府购买社会组织服务专项资金/(万元·年$^{-1}$)(A216)
		新增停车位数(A217)
		500 m 到达 6 种及以上便民服务设施的居住区比例(A218)
		取消行政审批项目数(A219)
		区政府本级及各部门行政权力数(A220)
		五项社会保险征缴率/%(A221)

续表

一级指标	二级指标	三级指标
首都功能提升指数	3. 社会治理(A3)	城镇登记失业率(A31)
		监控范围内企业劳动合同签订率(A32)
		社区办公和服务用房面积达标率/%(A33)
		万名常住人口拥有登记或备案社会组织数/个(A34)
		特困人员当年安置率(A35)
		交通事故发生数降低率/%(A36)
		单位地区生产总值生产安全事故死亡率降低/%(A37)
		综合减灾示范社区达标率/%(A38)
		10万人口年火灾死亡率(A39)
		刑事案件数降低率/%(A310)
		大规模群体性事件数降低率/%(A311)
		信访案件办结率提高/%(A312)
	4. 环境建设(A4)	细颗粒物浓度降低/%(A41)
		二氧化硫浓度(A42)
		二氧化氮浓度(A43)
		区域环境噪声平均值(A44)
		危废与生活垃圾无害化处理率(A45)
		城市供水水质达标率(A46)
		污水处理率/%(A47)
		公园绿地500 m服务半径覆盖率(A48)
		清洁能源占总能耗比例(A49)
		城市绿化覆盖率(A410)
		已完成居民冬季采暖小煤炉清洁能源改造的户数(A411)
		文保区整治胡同数(A412)
		老旧小区、老旧平房区和简易楼综合整治比例(A413)
		累计修缮平房数(A414)
		拆除违法建设数(A415)

续 表

一级指标	二级指标	三级指标
首都功能提升指数	5. 经济发展(A5)	单位地区生产总值能耗降幅/%(A51)
		单位地区生产总值水耗降幅/%(A52)
		单位地区生产总值二氧化碳排放降幅/%(A53)
		地区生产总值增速/%(A54)
		一般公共预算收入年均增速(A55)
		第二、三产业增加值比例(A56)
		金融业增加值占全区GDP比重/%(A57)
		金融街地均生产率/(亿元·千米$^{-2}$)(A58)
		金融街劳均生产率/(万元·人$^{-1}$)(A59)
		金融街产业集中率/%(A510)
		西城园地均生产率/(亿元·千米$^{-2}$)(A511)
		西城园劳均生产率/(万元·人$^{-1}$)(A512)
		西城园产业集中率/%(A513)
		文化创意产业增加值年均增速/%(A514)
		高新技术产业增加值占全区GDP比重(A515)
		高新技术企业总收入增速(A16)
		固定资产投资年增长率(A517)
		社会消费品零售额增速(A518)
		累计合同外资金额(A519)
		外贸进出口总额增速/%(A520)
		全区金融机构资产规模占全国金融机构资产规模比重(A521)
		旅游及相关产业收入增速(A522)
	6. 基础设施(A6)	道路实现规划率(A61)
		完成电力、通信、路灯架空线入地道路条数(A62)
		居民天然气气化率(A63)
		无障碍设施普及率(A64)
		绿色交通(步行、自行车、公交、轨道交通出行)出行分担率(A65)
		绿色施工达标率(A66)
		建成220 kV变电站数(A67)
		光纤到户入企覆盖率(A68)
		高清双向网占全区总户数比重(A69)
		社会单位消防设施标识化、消防安全管理标准化实现比例(A610)
		二类以上公厕比例(A611)
		老旧小区进行"海绵城市"改造数(A612)

续表

一级指标	二级指标	三级指标
首都功能提升指数	7. 科技创新能力(A7)	万人发明专利拥有量/件(A71)
		PCT 国际专利申请量(A72)
		中关村西城园增加值占 GDP 比重(A73)
		技术交易总额(A74)
		区级科技经费支出占财政支出比重(A75)
		全区 R&D 经费投入增速(A76)
		园区高新技术企业承担国家和市级重大科研项目及参与制订国家和行业标准数(A77)
	8. 人民生活水平(A8)	食品安全监测抽检合格率/%(A81)
		药品安全监测抽检合格率/%(A82)
		城镇居民可支配收入增速/%(A83)
		国民体质监测合格率/%(A84)
		人均预期寿命/岁(A85)
		生活性服务业品质提升指数(社区商业)/%(A86)
		每百户拥有家用汽车/辆(A87)
	9. 居民满意度(A9)	居民对社区卫生服务的综合满意度(A91)
		居民公共教育的综合满意度(A92)
		居民对区域环境的满意度(A93)
		居民对社会治安的满意度(A94)
		居民对城市管理的满意度(A95)
		居民对政府服务的满意度(A96)

(二) 主要指标目标值的确定

西城区深入落实中央和北京市的战略目标要求,在区"十三五"规划中明确提出,要全面实现区域发展转型和管理转型,率先全面建成小康社会,在北京建设国际一流的和谐宜居之都进程中走在前列,在更高水平上共同创造城市美好生活。区"十三五"规划要求,要坚持首都意识、首善标准、首创精神,继续实施"服务立区、金融强区、文化兴区"发展战略,加快疏功能、转方式、治环境、补短板、促协同,努力推动核心功能显著增强,城市环境更加宜居,文明程度显著提升,经济发展更加优质,人民生活显著改善,治理体系更加健全。

在强化首都功能方面,区"十三五"规划充分体现出对市"十三五"规划的深入落实,提出严格控制增量,有序疏解存量,加强人口规模调控,健全疏解促进机制,统筹利用好腾退空间等重点任务。要求非首都功能疏解工作取得明显成效,区域性专业市场调整退出,部分教育、医疗等公共服务机构,行政企事业单位有序迁出。全区常住人口总量控制在110.7万人以内,"大城市病"问题得到有效缓解。区域功能定位更加凸显,"四个服务"能力进一步增强,城市管理和服务品质全面提升。为了落实市"十三五"规划目标任务,围绕区域发展战略目标,区"十三五"规划确定了未来五年全市经济社会发展的主要指标及其目标,如表7-3所示。

表7-3 西城区"十三五"时期经济社会发展主要指标及目标值

序号	指标		目标	属性
1	常住人口规模/万人		<110.7	约束性
2	用水总量/(10^9 m^3)		达到市级要求	约束性
3	能源消费总量/万吨标准煤		达到市级要求	约束性
4	单位地区生产总值能耗降幅/%		达到市级要求	约束性
5	单位地区生产总值水耗降幅/%		>15	约束性
6	单位地区生产总值二氧化碳排放降幅/%		达到市级要求	约束性
7	细颗粒物浓度降低/%		达到市级要求	约束性
8	生活垃圾无害化处理率/%		100	约束性
9	污水处理率/%		100	约束性
10	食品药品安全监测抽检合格率/%	食品安全监测抽检合格率/%	99	约束性
		药品安全监测抽检合格率/%		
11	单位地区生产总值生产安全事故死亡率降低/%		达到市级要求	约束性
12	公园绿地500 m服务半径覆盖率/%		95	约束性
13	绿色出行比例/%		75	预期性
14	城镇居民可支配收入年均增速/%		与经济增长同步	预期性
15	国民体质监测合格率/%		95	预期性
16	人均预期寿命/岁		84.5	预期性
17	城镇登记失业率/%		<2	预期性
18	基层公共文化设施达标率/%		85	预期性
19	生活性服务业品质提升指数(社区商业)/%		70	预期性
20	养老照料中心和老年餐桌覆盖率/%		100	预期性
21	机构养老床位数/张		4 500	预期性
22	地区生产总值年均增速/%		7	预期性
23	一般公共预算收入年均增速/%		6.5	预期性
24	万人发明专利拥有量/件		100	预期性
25	金融业增加值占全区比重/%		45	预期性

(三) 计算方法

1. 数据预处理

在正式进行测算之前,根据需要,可能对采集的基础数据进行如下预处理。

第一,对个别缺失数据进行插补。插补方法是根据指标的具体情况来进行相应选择。可选用的方法有回归插补、等比插补、等差插补等。这里以三级指标 A11 为例来简单说明上述 3 种常用插补方法。回归插补一般是指找出与 A11 相关的指标(记为 X),一般指标 X 的数据不存在缺失,利用现有的数据对 A11 与 X 做回归分析,得到回归方程 $E(A11)=a+bX$(这里的参数 a 和 b 是已经估计出来的回归方程参数),进而实现对 A11 缺失数据的插补。等比插补一般是利用 A11 的时间序列数据,计算相邻两期的增长率,从而利用相邻两期增长率变化较小的假定对缺失数据进行插补。等差插补则是利用 A11 的上下期数据差额相近的假定对缺失数据进行插补。

第二,异常值的检测与处理。根据整体数据的情况,尽可能采用定量的方法客观地来判断异常值,并进行相应插补。常用的量化判断方法为 3σ 法,即在假定总体数据是正态分布的情况下,计算某个三级指标(如 A11)的标准差 σ,则置信区间 $[\overline{A}_{11}-3\sigma, \overline{A}_{11}+3\sigma]$ 以 99% 的概率覆盖 A11 的指标值,如果该指标某个值不在该区间内,则可以认定为异常值。在数据欠缺的情况下,可以采用主观判断的方法来确定数据指标是否存在异常值。具体来说,可以根据专家意见,也可以根据相应业务部门经验丰富工作者的经验,来对指标是否存在异常值进行判断。

第三,逆指标的正向化处理。逆指标的正向化处理通常有两种方法,对于负值指标,则可以通过改变符号来进行正向化处理,而对于正值的逆指标,则可以采用取倒数的方法来进行正向化处理。

2. 指标的无量纲化

一般来说,指标的无量纲化方法有很多种,常用的有概率单位法、线性插值法、指数法、秩次法等。

这里在线性插值法的基础上,采用改进的功效系数法来进行指标的无量纲化,该方法的优点在于:第一,能够较好地展示无量纲化后指标数值的差异(通常控制在 60~100 之间);第二,能够较为灵活地根据用户需求,来调整无量纲化指标的最小值(通常设定为 60,也能够修改为 50)。改进的功效系数法计算公式如下(以三级指标 A11 为例):

$$A'_{11t}=\frac{A_{11t}-A_{11\min}}{A_{11\max}-A_{11\min}}\times 40+60 \ (t=1,2,\cdots,T)$$

3. 评价指标的归并

对三级指标进行归并计算,可得到二级指标的数值;再对二级指标进行归并计算,便可得到"西城区首都功能提升指数"。常用的归并运算方法有加权求和法、连乘积法、动态加权求和法3种,配合改进的功效系数法,这里选用加权求和法来进行评价指标的归并。

对于第一个二级指标"非首都功能疏解及人口疏解情况"(A1),其第 t 期的归并计算公式可以表示为

$$A_{1t} = \sum_{i=1}^{7} w_{A_{1i}} A'_{1it}$$

其中 A'_{1it} 为二级指标 A1 的第 i 个三级指标无量纲化后的第 t 期数据,$w_{A_{1i}}$ 为二级指标 A1 的第 i 个三级指标最终计算得到的组合权重。类似地,其他8个二级指标的归并计算公式可以分别表示为

$$A_{2t} = \sum_{i=1}^{21} w_{A_{2i}} A'_{2it}$$

$$A_{3t} = \sum_{i=1}^{12} w_{A_{3i}} A'_{3it}$$

$$A_{4t} = \sum_{i=1}^{15} w_{A_{4i}} A'_{4it}$$

$$A_{5t} = \sum_{i=1}^{22} w_{A_{5i}} A'_{5it}$$

$$A_{6t} = \sum_{i=1}^{12} w_{A_{6i}} A'_{6it}$$

$$A_{7t} = \sum_{i=1}^{7} w_{A_{7i}} A'_{7it}$$

$$A_{8t} = \sum_{i=1}^{7} w_{A_{8i}} A'_{8it}$$

$$A_{9t} = \sum_{i=1}^{6} w_{A_{9i}} A'_{9it}$$

当计算完各个二级指标的数值之后,可以采用类似的方法来计算最终的"西城区首都功能提升指数"(I),第 t 期 I 值的具体计算公式如下:

$$I_t = \sum_{j=1}^{9} w_{A_j} A_{jt}$$

其中 A_{jt} 为第 j 个二级指标第 t 期的计算值,w_{A_j} 为二级指标 Aj 的最终计算得到的组合权重。

需要说明的是,这种计算方法简单直观,计算结果反映了空间单元评价因素的总体特征,是大多数空间单元影响因素综合作用的结果。该方法的不足之处在于当各影响因素量化值的变异较大时,用它们的加权和作为反映空间单元的综合指

标,会弱化和掩盖限制性因素的作用,使限制性因素的强限制性无法在空间单元的划分中得到体现,因而使得该方法的应用受到一定的限制。但采用改进的功效系数法能够较好地把各个因素的数值控制在 60～100 之间,从而减少了影响因素量化值变异较大所带来的不足。

三、数据的获取方法

(一) 数据来源与预处理

数据来源主要包括 3 个方面:一是有关各领域工作情况和实际成效的客观指标数据,来自统计部门的数据及区政府各职能部门的数据;二是有关居民对功能提升情况的主观感受数据,来自对居民进行抽样调查的数据;三是对于部分用指标数据难以衡量的工作,例如"全响应"相关工作等,相关信息来自政府工作报告、各部门工作总结,以及与各部门座谈所得信息。

补数主要采用:一是几何平均增长率插补,如指标 $A15$、41 等;二是等差插补,如 $A29$、$A215$ 等;三是经验插补,如 $A16$、$A514$ 等。

满意度指标数据的选取与处理:根据调查结果,$A91$ 的指标值采用问卷第 11 题的选项分组统计结果中 A 选项、B 选项、C 选项 3 个选项所占百分比的加总值;类似地,$A92$ 采用问卷第 12 题中的 A、B、C 3 个选项所占百分比的加总值;$A93$ 采用第 15 题中的 A、B、C 3 个选项所占百分比的加总值;$A94$ 采用第 13 题中的 A、B、C 3 个选项所占百分比的加总值;$A95$ 则采用第 6 题、第 7 题、第 15 题、第 16 题 4 个题目各题 A、B、C 3 个选项所占百分比加总值的简单平均值;$A96$ 则采用第 8 题、第 9 题和第 10 题 3 个题目各题 A、B、C 3 个选项所占百分比加总值的简单平均值。

逆指标说明:对于所有逆指标,都采用取倒数的方法来进行正向化。具体的逆指标有 $A11$、$A12$、$A25$、$A31$、$A39$、$A310$、$A41$、$A42$、$A43$、$A44$。

这里对参考值具体做以下几点补充说明。第一,参考值的理解(定义):这里的参考值是指在构建首都功能提升指数时,各级指数所能达到的理想值(或目标值)。第二,各级指标参考值的选取原则:各个三级指标的参考值多取自西城区的各种规划方案所设定的目标值,少部分没有规划目标值的则根据主观经验来进行选取;二级指标的参考值是根据三级指标的参考值加权计算得到的(如果三级指标的参考值有低于 100 分的情况,则相应的二级指标进行加权计算时,二级指标的参考值一般也会低于100分);一级指标的参考值是根据二级指标的参考值加权计算得到的(如果二级指标的参考值有低于100分的情况,则对应的首都功能提升指数的参考值也会低于100分)。第三,对于三级指标的参考值取最低分60分、最高分100分、介于60分和100分之间的某个分值3种情况,我们以逆指标为例进行说明(对于正向指标的情况,很容易类似地进行理解)。①如果该指标的参考值是其所有时间序列(2011—2016年)的最小值,则将逆指标转换为正指标后,其参考值相应地就变为最大值(即满分100分)。②如果该逆指标的参考值是其所有数据中的最大值,则将其转换为正指标后,其参考值相应地就变为最小值(即最低分60分)。比如指标A31(城镇登记失业率),劳动和社会保障规划中设定的参考值是小于等于2%,而从2011—2016年该指标都小于2%,该参考值就变为该指标数据中的最大值,因此,转换为正指标后,该参考值的分数就变为最低分60。当对二级指标A3中的所有三级指标的参考值进行加权时,显然由于A31的参考值为60分,而使得A3的参考值要低于100分。③如果该逆指标的参考值在该指标的所有数值中既不是最大值,也不是最小值,则将其转换为正指标后,其参考值相应地就介于最低分60分与最高分100分之间。

(二) 调查数据获取方法

1. 抽样方法

考虑是对西城区的居民满意度进行抽样调查,因此采用三阶段抽样法进行抽样调查。其中,一级单元是街道,用PPS(人口比例概率抽样方法)抽取;二级单元是社区,采用简单随机抽样法进行抽取;三级单元是居民,采用简单随机抽样法进行抽取。

2. 样本量的确定

已知条件:①西城区共计15个街道、261个社区(截至2016年的统计结果);②有效回答率预设为95%;③显著性水平设定为10%,置信度设为90%(或者设为5%、95%);④相对误差限设定为10%(或者设为5%);⑤设计效应设定为2(或者2.5)。

由于是对总体比例进行推断,因此简单随机抽样的样本量计算公式为

$$n_0 = \frac{\mu_{a/2}^2 Q}{r^2 P}$$

$$\Rightarrow n_1 = \frac{n_0}{\text{有效回答率}}$$

$$\Rightarrow n_2 = n_1 \times \text{deff}$$

各种情况下总样本量估算结果如表7-4所示。

表 7-4　各种情况下总样本量估算结果

		\multicolumn{4}{c}{r}
		\multicolumn{2}{c}{10%}	\multicolumn{2}{c}{5%}
		$\alpha=10\%$	$\alpha=5\%$	$\alpha=10\%$	$\alpha=5\%$
n_0		272	384	1089	1537
n_1(回答率=96%)		283	400	1134	1601
n_2	deff=2	**567**	**800**	**2269**	**3202**
	deff=2.5	**708**	**1000**	**2836**	**4003**

采用三阶段抽样，第一阶段为街道（根据 PPS 抽取，从 15 个街道中抽取 n 个）；第二阶段为社区〔抽取的街道中用 SRS（简单随机抽样），每个街道 M 个社区抽取 m 个〕，第三阶段为居民（采用 SRS 法抽取，每个社区 K 人抽取 k 人）。尽可能使 n、m 较多。

线性费用函数：

$$C_T = c_0 + c_1 n + c_2 nm + c_3 nmk$$

估计量的方差为

$$V(\bar{\bar{y}}) = \frac{1-f_1}{n}S_1^2 + \frac{f_1(1-f_2)}{nm}S_2^2 + \frac{f_1 f_2(1-f_3)}{nmk}S_3^2$$

在总费用 C_T 固定的前提下极小化 $V(\bar{\bar{y}})$，或者在 $V(\bar{\bar{y}})$ 固定的前提下极小化 C_T，可以证明 k 与 m 的最优取值分别为

$$m_{\text{opt}} = \frac{\sqrt{S_2^2 - S_3^2/K}}{\sqrt{S_1^2 - S_2^2/M}}\sqrt{\frac{c_1}{c_2}}, \quad k_{\text{opt}} = \frac{S_3}{\sqrt{S_2^2 - S_3^2/K}}\sqrt{\frac{c_2}{c_3}}$$

$N=15$, K 取平均数（$K=159.4$ 万人/261=0.61 万人），M 取平均数（$M=261/15=17$ 个社区），取 $C_3=4$, $C_2=100$, $C_1=1600$。对于 S_1、S_2、S_3，它们的公式表达如下：

$$S_1^2 = \frac{1}{N-1}\sum_{i=1}^{N}(P_i - P)^2$$

$$S_2^2 = \frac{1}{N(M-1)}\sum_{i=1}^{N}\sum_{j=1}^{M}(P_{ij} - P_i)^2$$

$$S_3^2 = \frac{K}{NM(K-1)}\sum_{i=1}^{N}\sum_{j=1}^{M}P_{ij}Q_{ij}$$

将上述第三个方差的 PQ 项取到最大值 0.25，则可近似计算出 $S_3=0.5$，$S_3^2=0.25$。由于是对满意度的推算，因此这里预估 $P=0.9$，并假定其最大离差为 0.25（即 0.65−0.9），则可以推算 $S_1^2=0.0669$。类似地，预估 $P_i=0.9$，假定其最大离差为 0.3，则可以推算 $S_2^2=0.0956$。据此推算

$$k_{\text{opt}} = \frac{S_3}{\sqrt{S_2^2 - S_3^2/K}}\sqrt{\frac{c_2}{c_3}} = \frac{0.5}{\sqrt{0.0956 - 0.25/6100}}\sqrt{\frac{c_2}{c_3}} = 1.6175\sqrt{\frac{100}{3}} = 9.339$$

$$m_{\text{opt}} = \frac{\sqrt{S_2^2 - S_3^2/K}}{\sqrt{S_1^2 - S_2^2/M}}\sqrt{\frac{c_1}{c_2}} = \frac{\sqrt{0.0956 - 0.25/6100}}{\sqrt{0.0669 - 0.0956/17}}\sqrt{\frac{c_1}{c_2}} = 1.2487\sqrt{\frac{2000}{100}} = 5.58$$

综合考虑三阶段抽样的基本原理以及总样本量 $n=567$,这里选取 $k=12, m=6, n=8$,则最终取的样本量为 $nmk=576$ 人。具体街道的抽取如下:用 PPS 在 15 个街道中抽取 8 个街道。在 [1,15 940] 内产生 8 个随机数,即 9 004、11 110、11 864、15 639、1 678、2 743、10 545、14 006,分别对应 10 号、12 号、13 号、15 号、2 号、3 号、11 号、14 号街道。代码法抽取西城区街道的基础表如表 7-5 所示。

表 7-5 代码法抽取西城区街道的基础表

号码	街道名称	含小区数量	人口规模/万人	累加人口	取整数
1	德胜街道	24	12	12	1 200
2	什刹海街道	25	12	24	2 400
3	西长安街道	13	11.4	35.4	3 540
4	大栅栏街道	9	5.64	41.04	4104
5	天桥街道	8	5.2	46.24	4 624
6	新街口街道	21	10	56.24	5 624
7	金融街街道	19	12.2	68.44	6 844
8	椿树街道	7	3.7	72.14	7 214
9	陶然亭街道	10	5.6	77.74	7 774
10	展览路街道	22	13.9	91.64	9 164
11	月坛街道	27	14.5	106.14	10 614
12	广内街道	18	8.56	114.7	11 470
13	牛街街道	10	5.4	120.1	12 010
14	白纸坊街道	18	21.3	141.4	14 140
15	广外街道	30	18	159.4	15 940

四、指数的计算

(一) 最终指标的选取

根据指标的数据可获得情况,同时考虑指标是否中性,对个别指标进行了剔除。最终选择的计算指标如表 7-6 所示。

表 7-6 最终选择的计算指标

二级指标	三级指标名称（表示符号）
A1	常住人口规模/万人（A11）
	总和生育率（A12）
	区属职业教育资源整合与疏解数（A13）
	区属单位管理使用的存在严重安全隐患、居民居住的不可移动文物腾退工作完成量（A14）
	限制新增不符合首都核心功能的企业数（A15）
	区域性批发市场疏解数（A16）
A2	小学就近入学率（A21）
	初中就近入学率（A22）
	高中阶段入学率（A23）
	户籍常住人口适龄幼儿接受学前教育率/%（A24）
	甲乙类传染病发病率（A25）
	社区卫生服务机构基础设施达标率/%（A26）
	重点人群家庭医生签约率（A27）
	非物质文化遗产保护投入/万元（A28）
	基层公共文化设施建有率/%（A29）
	机构养老床位数/张（A210）
	养老照料中心和老年餐桌覆盖率/%（A211）
	医疗、慈善、临时等各类社会救助发放金额占财政支出比例年增长率（A212）
	重度智障人员和其他需要托管的复合型重度残障人员托管床位/张（A213）
	政府购买社会组织服务专项资金/（万元·年$^{-1}$）（A214）
	居住区新增停车位数（A215）
	五项社会保险征缴率/%（A216）
A3	城镇登记失业率（A31）
	监控范围内企业劳动合同签订率（A32）
	社区办公和服务用房面积达标率/%（A33）
	万名常住人口拥有登记或备案社会组织数/个（A34）
	特困人员当年安置率（A35）
	交通事故发生数降低/%（A36）
	单位地区生产总值生产安全事故死亡率降低/%（A37）
	综合减灾示范社区达标率/%（A38）
	10 万人口年火灾亡人率（A39）
	案件万人发案率/%（A310）

续表

二级指标	三级指标名称（表示符号）
A4	细颗粒物浓度降低/%(A41)
	二氧化硫浓度(A42)
	二氧化氮浓度(A43)
	区域环境噪声平均值(A44)
	危废无害化处理率(A45)
	生活垃圾无害化处理率(A46)
	城市供水水质达标率(A47)
	工业污水处理率/%(A48)
	生活污水处理率/%(A49)
	公园绿地500 m服务半径覆盖率(A410)
	城市绿化覆盖率(A411)
	胡同整治数(A412)
	年度翻建平房数(A413)
	拆除违法建设数/m²(A414)
A5	单位地区生产总值能耗降幅/%(A51)
	单位地区生产总值水耗降幅/%(A52)
	地区生产总值增速/%(A53)
	一般公共预算收入年均增速(A54)
	第二、三产业增加值比例(A55)
	金融业增加值占全区GDP比重/%(A56)
	金融街地均生产率/(亿元·千米$^{-2}$)(A57)
	金融街劳均生产率/(万元·人$^{-1}$)(A58)
	金融街产业集中率/%(A59)
	西城园地均生产率/(亿元·千米$^{-2}$)(A510)
	西城园劳均生产率/(万元·人$^{-1}$)(A511)
	西城园产业集中率/%(A512)
	文化创意产业收入年均增速/%(A513)
	高新技术企业总收入增速/%(A514)
	固定资产投资年增长率(A515)
	社会消费品零售额增速(A516)
	累计合同外资金额(A517)
	外贸进出口总额增速/%(A518)

续表

二级指标	三级指标名称(表示符号)
A6	道路实现规划率(A61)
	无障碍设施改造道路条数累计数(A62)
	自行出行示范区建设铺设里程/km(A63)
	绿色施工达标率(A64)
	住户光纤覆盖率(A65)
	高清交互双向网占全区总户数比重(A66)
	社会单位消防设施标识化实现比例(A67)
	公厕品质提升数(A68)
	老旧小区进行"海绵城市"改造数(A69)
A7	万人发明专利拥有量/件(A71)
	PCT国际专利申请量(A72)
	技术交易总额(A73)
	全区R&D经费投入(A74)
	园区高新技术企业参与制订国家和行业标准数(A75)
A8	食品安全监测抽检合格率/％(A81)
	药品安全监测抽检合格率/％(A82)
	城镇居民可支配收入增速/％(A83)
	国民体质监测合格率/％(A84)
	人均预期寿命/岁(A85)
	生活性服务业品质提升指数(社区商业)/％(A86)
A9	居民对社区卫生服务的综合满意度(A91)
	居民公共教育的综合满意度(A92)
	居民对区域环境的满意度(A93)
	居民对社会治安的满意度(A94)
	居民对城市管理的满意度(A95)
	居民对政府服务的满意度(A96)

(二)计算结果

二级指标A1及其三级指标的计算与权重如表7-7所示。

表 7-7　二级指标 A1 及其三级指标的计算与权重

指标	2011年	2012年	2013年	2014年	2015年	2016年	参考值	客观权重	主观权重	最终权重
A11	71.48	62.81	60.00	60.17	60.87	67.90	100.00	0.1503	0.1923	0.1734
A12	60.00	60.00	90.66	64.98	100.00	71.71	87.18	0.1696	0.1346	0.1369
A13	60.00	76.00	68.00	60.00	100.00	84.00	100.00	0.1795	0.1923	0.2070
A14	60.00	60.00	60.00	60.00	60.67	60.67	100.00	0.1578	0.1538	0.1456
A15	60.00	61.37	63.83	73.49	100.00	76.99	100.00	0.1805	0.1731	0.1874
A16	60.00	60.00	60.00	60.00	80.00	63.33	100.00	0.1624	0.1538	0.1499
A1	62.01	64.07	66.59	63.26	84.52	71.74	98.27			

二级指标 A2 及其三级指标的计算与权重如表 7-8 所示。

表 7-8　二级指标 A2 及其三级指标的计算与权重

指标	2011年	2012年	2013年	2014年	2015年	2016年	参考值	客观权重	主观权重	最终权重
A21	60.00	60.83	60.50	100.00	100.00	100.00	100.00	0.1003	0.0606	0.0961
A22	60.00	60.00	60.21	92.47	91.67	99.45	100.00	0.0921	0.0606	0.0882
A23	100.00	100.00	100.00	100.00	100.00	100.00	100.00	0.0051	0.0606	0.0049
A24	100.00	100.00	100.00	100.00	100.00	100.00	60.00	0.0717	0.0606	0.0687
A25	60.00	74.64	84.96	87.54	94.17	100.00	90.22	0.0635	0.0758	0.0760
A26	60.00	73.16	94.32	86.32	86.32	89.16	100.00	0.0640	0.0758	0.0767
A27	60.00	60.00	60.00	60.00	60.00	60.00	100.00	0.0717	0.0758	0.0859
A28	60.00	67.12	61.57	71.28	76.72	79.56	100.00	0.0648	0.0758	0.0776
A29	88.41	90.72	93.04	95.36	97.68	100.00	60.00	0.0641	0.0606	0.0614
A210	60.00	64.47	66.72	74.79	83.20	89.01	100.00	0.0690	0.0606	0.0661
A211	100.00	100.00	100.00	100.00	100.00	100.00	100.00	0.0051	0.0530	0.0043
A212	70.77	78.46	86.15	100.00	60.00	92.31	86.15	0.0639	0.0530	0.0535
A213	60.00	60.00	60.00	60.00	60.00	72.00	100.00	0.0714	0.0758	0.0854
A214	60.00	68.00	68.00	84.00	84.00	84.00	100.00	0.0647	0.0530	0.0542
A215	74.27	74.27	75.23	77.03	71.10	60.00	100.00	0.0569	0.0455	0.0409
A216	100.00	100.00	100.00	100.00	100.00	100.00	60.00	0.0717	0.0530	0.0601
A2	68.43	72.46	75.17	84.50	83.67	88.07	90.91			

二级指标 A3 及其三级指标的计算与权重如表 7-9 所示。

表 7-9 二级指标 A3 及其三级指标的计算与权重

指标	2011年	2012年	2013年	2014年	2015年	2016年	参考值	客观权重	主观权重	最终权重
A31	82.54	85.93	100.00	97.51	90.48	91.75	60.00	0.103 2	0.090 9	0.092 8
A32	100.00	100.00	100.00	100.00	100.00	100.00	60.00	0.117 1	0.090 9	0.105 3
A33	60.00	73.97	84.10	85.12	89.00	100.00	100.00	0.110 1	0.079 5	0.086 7
A34	60.00	61.79	64.18	64.18	66.57	67.16	100.00	0.107 2	0.090 9	0.096 4
A35	100.00	100.00	100.00	100.00	100.00	100.00	100.00	0.008 4	0.090 9	0.007 5
A36	68.99	69.81	66.36	63.85	60.00	63.96	100.00	0.104 3	0.102 3	0.105 5
A37	60.20	60.12	60.10	60.18	60.00	60.01	100.00	0.116 8	0.113 6	0.131 3
A38	60.00	66.52	73.57	81.79	90.60	93.54	100.00	0.114 8	0.113 6	0.129 0
A39	100.00	60.96	64.49	60.52	64.49	64.49	60.00	0.110 9	0.113 6	0.124 7
A310	63.25	60.00	63.70	66.06	62.69	69.73	100.00	0.107 3	0.113 6	0.120 6
A3	72.96	70.32	74.16	74.61	75.32	78.10	87.09			

二级指标 A4 及其三级指标的计算与权重如表 7-10 所示。

表 7-10 二级指标 A4 及其三级指标的计算与权重

指标	2011年	2012年	2013年	2014年	2015年	2016年	参考值	客观权重	主观权重	最终权重
A41	60.00	64.97	70.21	73.92	80.63	87.66	100.00	0.090 4	0.074 1	0.095 0
A42	61.60	60.00	62.05	68.49	88.37	99.41	100.00	0.118 9	0.074 1	0.125 0
A43	60.00	67.30	66.54	61.31	75.46	77.32	100.00	0.089 9	0.074 1	0.094 5
A44	93.21	93.21	100.00	86.47	93.21	93.21	60.00	0.086 0	0.074 1	0.090 4
A45	100	100	100	100	100	100	100	0.007 1	0.074 1	0.007 4
A46	100	100	100	100	100	100	100	0.007 1	0.074 1	0.007 4
A47	100	100	100	100	100	100	100	0.007 1	0.074 1	0.007 4
A48	100	100	100	100	100	100	100	0.007 1	0.074 1	0.007 4
A49	60.00	64.44	68.89	73.33	77.78	82.22	100.00	0.087 0	0.074 1	0.091 5
A410	60.00	66.07	71.85	77.78	83.70	91.11	100.00	0.092 1	0.074 1	0.096 8
A411	60.00	64.75	66.44	89.49	89.66	91.36	100.00	0.104 4	0.074 1	0.109 8
A412	72.14	62.86	60.00	73.33	73.57	75.24	100.00	0.084 5	0.059 3	0.071 1
A413	60.00	64.34	68.67	100.00	90.50	70.47	100.00	0.112 4	0.074 1	0.118 1
A414	60.00	67.12	74.24	65.82	75.40	100.00	100.00	0.106 1	0.051 9	0.078 1
A4	65.25	68.14	71.45	78.40	84.11	87.31	96.38			

二级指标 A5 及其三级指标的计算与权重表 7-11 所示。

表 7-11　二级指标 A5 及其三级指标的计算与权重

指标	2011年	2012年	2013年	2014年	2015年	2016年	参考值	客观权重	主观权重	最终权重
A51	60.00	78.18	92.73	98.35	63.97	66.94	100.00	0.0642	0.0794	0.0920
A52	60.00	63.08	66.15	69.23	72.31	78.77	100.00	0.0510	0.0794	0.0730
A53	100.00	77.22	74.18	65.57	63.04	60.00	62.53	0.0528	0.0556	0.0530
A54	100.00	79.11	79.28	77.64	89.94	60.00	75.09	0.0471	0.0556	0.0472
A55	60.00	62.22	71.11	68.89	88.89	100.00	64.44	0.0569	0.0556	0.0570
A56	60.00	74.03	75.06	83.90	94.81	100.00	87.01	0.0515	0.0635	0.0590
A57	60.00	68.84	78.37	83.26	100.00	95.43	99.57	0.0591	0.0476	0.0508
A58	60.00	69.47	79.24	85.49	100.00	65.84	94.86	0.0569	0.0476	0.0489
A59	60.00	69.80	79.59	91.84	100.00	100.00	97.55	0.0605	0.0476	0.0520
A510	60.00	61.48	63.58	70.95	76.07	76.62	100.00	0.0522	0.0476	0.0449
A511	60.00	64.40	70.58	84.49	91.55	84.49	100.00	0.0557	0.0476	0.0479
A512	60.00	63.17	66.35	80.95	87.30	89.52	100.00	0.0576	0.0476	0.0495
A513	100.00	75.14	68.74	60.00	65.54	67.88	72.18	0.0489	0.0635	0.0560
A514	100.00	93.68	68.66	82.58	68.18	68.18	60.00	0.0567	0.0556	0.0569
A515	82.30	74.16	78.97	100.00	60.00	62.48	71.33	0.0500	0.0556	0.0511
A516	100.00	72.93	66.87	60.00	61.21	62.83	64.04	0.0531	0.0556	0.0532
A517	65.73	65.05	64.43	65.50	100.00	60.00	83.46	0.0545	0.0476	0.0468
A518	60.48	62.44	64.11	62.37	60.00	100.00	100.00	0.0705	0.0476	0.0606
A5	72.09	71.08	73.29	77.76	78.91	77.81	85.66			

二级指标 A6 及其三级指标的计算与权重如表 7-12 所示。

表 7-12　二级指标 A6 及其三级指标的计算与权重

指标	2011年	2012年	2013年	2014年	2015年	2016年	参考值	客观权重	主观权重	最终权重
A61	60.00	60.23	61.87	62.34	63.27	64.91	100.00	0.1202	0.1266	0.1395
A62	60.00	68.47	75.25	85.59	94.58	100.00	100.00	0.1326	0.1266	0.1539
A63	60.00	60.00	60.00	60.00	80.50	70.75	100.00	0.1278	0.1266	0.1484
A64	100.00	100.00	100.00	100.00	100.00	100.00	100.00	0.0090	0.1266	0.0105
A65	60.00	82.51	97.60	97.60	100.00	100.00	100.00	0.1256	0.0886	0.1021
A66	60.00	64.14	68.28	72.41	76.55	76.55	100.00	0.1086	0.0886	0.0882
A67	60.00	68.89	77.78	86.67	95.56	100.00	100.00	0.1316	0.0886	0.1069
A68	65.92	100.00	86.86	60.00	61.73	75.45	100.00	0.1438	0.1013	0.1335
A69	60.00	71.32	71.32	75.85	76.60	74.34	100.00	0.1008	0.1266	0.1170
A6	61.21	72.03	74.41	74.32	80.76	82.42	100.00			

二级指标 A7 及其三级指标的计算与权重如表 7-13 所示。

表 7-13　二级指标 A7 及其三级指标的计算与权重

指标	2011 年	2012 年	2013 年	2014 年	2015 年	2016 年	参考值	客观权重	主观权重	最终权重
A71	60.00	64.48	68.72	76.65	94.29	96.00	100.00	0.231 2	0.222 2	0.255 9
A72	60.00	66.56	73.13	79.69	77.33	65.13	100.00	0.184 9	0.222 2	0.204 6
A73	60.00	61.58	62.50	63.83	66.60	75.49	100.00	0.198 4	0.177 8	0.175 6
A74	60.00	72.88	66.35	65.46	70.21	74.48	100.00	0.181 4	0.177 8	0.160 6
A75	60.00	60.00	70.37	80.25	81.73	86.67	100.00	0.204 1	0.200 0	0.203 3
A7	60.00	64.83	68.49	73.95	79.54	80.73	100.00			

二级指标 A8 及其三级指标的计算与权重如表 7-14 所示。

表 7-14　二级指标 A8 及其三级指标的计算与权重

指标	2011 年	2012 年	2013 年	2014 年	2015 年	2016 年	参考值	客观权重	主观权重	最终权重
A81	80.31	60.00	68.91	100.00	93.58	70.98	100.00	0.174 5	0.181 8	0.190 6
A82	88.39	100.00	60.00	91.83	96.13	96.13	70.32	0.163 0	0.181 8	0.178 0
A83	100.00	89.54	77.23	75.38	69.85	63.08	100.00	0.154 3	0.127 3	0.117 9
A84	95.58	100.00	99.96	81.22	60.00	84.94	95.95	0.155 9	0.181 8	0.170 3
A85	61.52	60.00	71.52	94.78	95.22	95.65	100.00	0.190 4	0.145 5	0.166 3
A86	60.00	61.88	65.00	70.00	78.13	88.75	100.00	0.162 0	0.181 8	0.176 9
A8	79.95	77.75	73.34	86.27	83.05	83.79	89.67			

二级指标 A9 及其三级指标的计算与权重如表 7-15 所示。

表 7-15　二级指标 A9 及其三级指标的计算与权重

指标	2011 年	2012 年	2013 年	2014 年	2015 年	2016 年	参考值	客观权重	主观权重	最终权重
A91	60.00	62.67	65.33	68.00	70.67	73.33	100.00	0.166 3	0.166 7	0.166 3
A92	60.00	65.00	70.00	75.00	80.00	85.00	100.00	0.167 0	0.166 7	0.167 0
A93	60.00	61.54	63.08	64.62	66.15	67.69	100.00	0.172 8	0.166 7	0.172 8
A94	60.00	63.64	67.27	70.91	74.55	78.18	100.00	0.164 3	0.166 7	0.164 3
A95	60.00	63.03	66.04	69.06	72.08	75.09	100.00	0.165 2	0.166 7	0.165 2
A96	60.00	63.53	67.06	70.59	74.12	77.65	100.00	0.164 3	0.166 7	0.164 3
A9	60.00	63.22	66.44	69.66	72.88	76.10	100.00			

一级指标 A 及其二级指标的计算与权重如表 7-16 所示。

表 7-16　一级指标 A 及其二级指标的计算与权重

指标	2011年	2012年	2013年	2014年	2015年	2016年	参考值	客观权重	主观权重	最终权重
A1	62.01	64.07	66.59	63.26	84.52	71.74	98.27	0.155 2	0.122 0	0.172 0
A2	68.43	72.46	75.17	84.50	83.67	88.07	90.91	0.096 6	0.122 0	0.107 2
A3	72.96	70.32	74.16	74.61	75.32	78.10	87.09	0.061 5	0.122 0	0.068 2
A4	65.25	68.14	71.45	78.40	84.11	87.31	96.38	0.128 5	0.122 0	0.142 5
A5	72.09	71.08	73.29	77.76	78.91	77.81	85.66	0.057 4	0.109 8	0.027 3
A6	61.21	72.03	74.41	74.32	80.76	82.42	100.00	0.136 2	0.085 4	0.105 7
A7	60.00	64.83	68.49	73.95	79.54	80.73	100.00	0.150 9	0.097 6	0.133 9
A8	79.95	77.75	73.34	86.27	83.05	83.79	89.67	0.062 3	0.109 8	0.062 1
A9	60.00	63.22	66.44	69.64	72.88	76.10	100.00	0.151 4	0.109 8	0.151 1
A	64.94	68.04	70.58	74.30	80.51	80.23	95.87			

从图 7-1 中可以看出，2011—2016 年的五年间，西城区首都功能提升指数（A）年均递增 3.058，2016 年达到 79.23。公共服务（A2）、社会治理（A3）、环境建设（A4）、基础设施（A6）、科技创新（A7）等领域分项指数逐年提高。但是，受国内外复杂的经济环境影响，加之，西城区正处于功能调整期，经济增速放缓压力加大，经济发展分项指数（A5）2016 年的数值低于 2015 年。受工作周期性因素影响，疏解区域性批发市场、限制新增不符合首都功能企业等部分工作，前几年取得的成效在 2015 年集中显现，疏解非首都功能分项指数（A1）2016 年的数值低于 2015 年。受此两项因素的影响，2016 年首都功能提升指数略低于 2015 年，为 79.23。

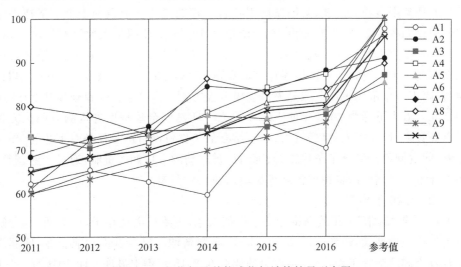

图 7-1　一级指标及其构成指标计算结果列序图

五、结论与相关建议

(一) 首都功能提升各领域情况评估

1. 疏解非首都功能和疏解人口情况

2011—2016年疏解非首都功能和疏解人口分项指数(A1)变化情况如图7-2所示,从图7-1中可以看出,2016年该指数为71.74,低于2015年的84.52,高于2014年的63.26。

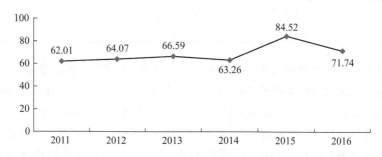

图7-2　2011—2016年疏解非首都功能和疏解人口分项指数(A1)变化情况

(1) 取得成效

一是增量控制方面。2016年,严格执行《西城区新增产业禁止和限制目录》,累计办理禁限事项521项,限制新增不符合首都功能的企业数901个。坚持中等职业学校调减专业,招生专业由40个调整到16个,实际招生人数降至547人,比年初计划招生人数685人减少138人。二是存量疏解方面。2016年,疏解区域性批发市场1个。"动批"各市场累计完成撤市16.3×10^4 m²,升级8×10^4 m²。累计撤市、闭市9个市场主体。三是人口规模调控方面。全区常住人口规模从2015年的129.8万人下降为2016年的125.9万人。四是健全疏解促进机制方面。完善了以证管人、以业控人、以房管人、疏管结合的工作机制,按照"任务双下达、工作双考核"问责问效。健全了条块结合、部门街道联动的人口调控机制,通过产业调整、功能疏解、社会管理、群租房治理等手段加强人口调控。

(2) 存在问题

2016年"疏非"工作数据指标并不尽如人意,主要原因还在于,一方面,部分疏解工作存在周期性,疏解区域性批发市场、限制新增不符合首都功能企业、区属职业教育资源疏解等工作,前几年取得的成效在2015年集中显现。而2016年是"十三五"开端之年,这些工作进入新的周期,进入新一轮工作的"打基础"阶段,工作成效在数据上难以充分体现;另一方面,各项工作通常按照先易后难的顺序推进,不少容易推动的工作先行完成,一些"硬骨头"往往放在后面解决。

另外,还有两方面工作有待进一步加强:一方面,"疏非"工作体制机制仍需进一步创新,目前,在人口控制方面,体制机制创新较多,但其他方面的"疏非"工作仍需进一步创新工作体制机制,提高工作效率;另一方面,统筹利用腾退空间的思路仍需进一步厘清,腾退空间与使用空间的联动机制仍需完善。

2. 公共服务水平提升情况

从图7-3中可以看出,2011—2016年区域公共服务分项指数(A2)逐年提高,从2011年的68.43,提高到2016年的88.07。

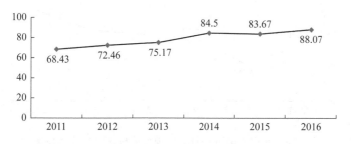

图7-3　2011—2016年区域公共服务分项指数(A2)变化情况

(1) 取得成效

一是教育均衡发展水平持续提升。小学就近入学率、高中阶段入学率2014—2016年持续保持100%,初中就近入学率2014—2016年保持90%以上。2016年,进一步完善招生入学办法,新增小学学位5 017个,实现义务教育学校100%全覆盖。全区2016年高考成绩继续位列全市第一。二是医疗服务质量稳步提高。持续建设整合型医疗服务体系,医联体运行体制机制进一步完善,西城区被确定为北京市医联体有关推进政策试点区,首都医科大学附属复兴医院医联体为推进政策试点单位。甲乙类传染病发病率逐年下降,重点人群家庭医生签约率达到80.5%,社区卫生服务机构基础设施达标率达到90.8%。三是科普工作积极有效开展。组织开展"走进科普场馆,体验科技魅力"的科普专项活动,惠及民众500人次。教育综合改革稳步推进,启动学区制管理运行机制,实现了学区制由招生机制向属地教育资源统筹调配、有序运行。四是公共文化服务品质逐渐提高。有序推进首都公共文化服务示范区创建工作,基层公共文化设施建有率达到96.9%。广泛实施文化惠民365工程,举办各级、各类文化活动3 326场,惠及群众179.4万人次。成功举办"第二届中国原创话剧邀请展",共计演出179场,惠及观众9万余人次。

(2) 存在问题

公共服务资源分配不均衡问题仍然存在,服务内容还不能充分满足群众的多样化需求,看病、入学、养老、居住、文体娱乐、生活便利等方面仍有很大提升空间。

在社会调查中有居民反映,社区医院药品太少,希望进一步加强社区医院建设。还有居民反映,虽然中心城区在疏解人口,但是未来某些行业仍有"打工族"等外来人员存在,在教育、医疗等方面是否也应考虑"打工族"的需求。还有居民反映,一些医院虽然由二级升为三级,但是医疗设备都并未改进,医生也未增加,而医事服务费却提高不少。还有居民反映,专业化为老服务机构数量依然较少。

3. 社会治理水平提升情况

如图7-4所示,区域社会治理分项指数(A3)逐年提高,从2011年的72.96,提高到2016年的78.10。

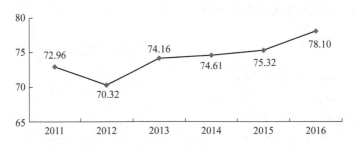

图7-4　2011—2016年社会治理分项指数(A3)变化情况

(1) 取得成效

一是社会安全稳定水平逐年提高。交通事故发生数逐年降低,2016年降低2.6%。单位GDP生产安全事故死亡率逐年降低,2016年降低0.34%。综合减灾示范区达标率逐年提高,2016年达到59%。10万人口火灾死亡率2016年为7.7%,控制在市考核指标范围内。案件万人发案率2016年为1.05%,为近五年来最低。二是全响应网格化社会治理体系不断完善。构建"网格问事、协商议事、为民办事、自治管事"的工作机制,推进网格由"管理型"向"自主型"转换。收集社情民意(含民情日志)94.3万件,解决93.7万件,解决率为99.3%。需要说明的是,"全响应"网格化社会治理体系建设等个别比较重要的社会治理工作,在指标体系中难以有效反映,但"全响应"体系早在2011年即全面建成并有效使用,因此指标体系中是不是体现"全响应"体系建设情况,对于2011年后的社会治理分项指标(A3)并无太大影响。三是社区建设不断加强。社区办公和服务设施达标率逐年提高,2016年已达到100%。社区工作者队伍逐渐专业化、职业化,社会组织活力、社区自我服务管理功能和社会工作者队伍建设进一步增强。试点推进社区居民公约建设,持续深化参与式协商民主,引导广大居民自治解决停车、老旧小区管理、胡同整治等热点难点问题。

(2) 存在问题

总体来看,有3个问题必须引起高度关注。一是社会治理精细化水平仍须进一步提升。特别是围绕重点社会问题的处理,各部门协调联动机制仍不完善。"全响应"体系的功能虽然得到有效发挥,但整个体系仍须不断创新、不断完善,操作系统的实用性、数据精确度都有待进一步提升。二是处理社会问题的规范化水平仍须进一步提高。特别是处理社会问题的标准、程序等,都需要进一步制定完善,切实提高制度化、规范化水平。三是区域社会诚信体系和公共责任体系仍未有效构建。城市管理、工商、治安等各领域网络数据还未有效整合,覆盖全部市场主体、所有信用信息类别的信用信息征集共享、查询应用的体系和制度还未形成。

4. 环境建设水平提升情况

从图7-5中可以看出,区域环境建设分项指数(A4)逐年提高,从2011年的65.25,提高到2016年的87.31。

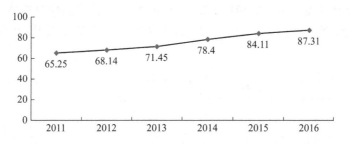

图7-5　2011—2016年环境建设分项指数(A4)变化情况

(1) 取得成效

一是区域环境质量持续提升。空气质量持续改善,细颗粒物浓度(PM2.5)连续多年持续降低,2016年降至78%,较2013年[①]降低13.7%。二氧化硫、二氧化氮、可吸入颗粒物累计平均浓度分别为11 μg/m³、49 μg/m³、92 μg/m³,同比分别下降21.4%、5.8%、8.0%。水体质量逐渐提升,城市供水水质达标率、工业污水处理率均为100%,生活污水处理率达到98%。区域噪声平均值为54,控制在市考核指标范围内。二是城市环境更加绿色宜居。2016年,新增城市绿地5.08 hm²(其中小微绿地1.47×10⁴ m²),改造绿地10.24 hm²,新建屋顶绿化1.66 hm²。公园绿地500 m服务半径覆盖率由89.5%提升到92%。城市绿化覆盖率达到30.49%。三是环境整治取得成效。2016年,持续推进"七小"业态整治,梳理全区有证有照不规范"七小"门店5 399户,消减1 620户,销账率30%,超额既定20%的工作目标。拆除违法建设11万余平方米,确保新生违建"零增长"。综合整治胡同104条,修缮老旧小区29个,改造旱厕34座,均超额完成年度任务。

(2) 存在问题

与"大城市病"相关的一些环境问题仍是当前环境建设的重点问题。一方面,首都中心城区对环境建设要求越来越高,但区内绿色公共空间和市民休闲空间却

---

① 细颗粒物浓度从2013年开始统计。

仍显不足。特别是西城区面积较小,空间不足,区域环境受周边因素影响较大,很难脱离周边环境影响而单独存在。加之,近年来大气和水环境治理、绿化美化工作力度较大,质量明显提升。在此较高的基础上,绿色环保、大气、水环境提升面临的压力越来越大。另一方面,环境建设长效机制仍需完善,城市精细化管理水平有待进一步提高。一些痼疾顽症整治后存在反弹现象,有的区域后续管理还跟不上,成果难以巩固。老旧小区、平房院落、胡同街巷中环境秩序乱象仍然存在,与首都城市风貌及核心区管理要求不相适应。

5. 文化建设水平提升情况

虽然由于指标较少,文化发展方面并未在指标体系中单独列为二级指标,但这些指标都已在其他相关领域指标中得到体现,并对首都功能提升指数测算结果产生了应有的影响。从图7-6中可以看出,文化建设水平逐步提升,2016年取得了新的进展。

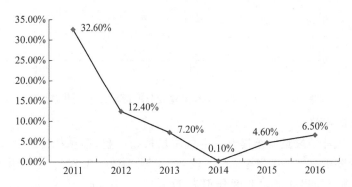

图7-6 2011—2016年文化创意产业收入增速变化情况

(1) 取得成效

一是历史文化保护和传承取得成效。梳理文物资源状况,编制区"十三五"不可移动文物保护计划。完成沈家本故居修缮方案的前期专家论证,完成不可移动文物腾退1处,实施文物腾退16项。开展文物保护工作,再版《文物古迹览胜——西城区各级文物保护单位名录》。加强非物质文化遗产保护,2016年,非物质文化遗产保护投入916万元,较2015年增加123万元。二是区域特色文化宣传得到加强。深入推进文物"解危、解放、解读"工程,结合新媒体形势深入解读文物古迹。围绕"四节一日"开展非遗宣传展示活动。持续开展"百岁老人口述史"和"胡同文化"公益项目。三是文化基础设施建设有序推进。基层文化设施建有率达到96.9%。北京天桥艺术中心、北京天桥艺术大厦、天桥市民广场竣工并投入使用,形成首都文化新地标,不断彰显区域文化魅力。红楼电影院、宣南文化博物馆改造提升项目取得重要进展。四是文化创意产业平稳较快发展。文化创意产业收入增速自2014年触底以来,连续两年增速提升,2016年增长6.5%。基本形成以文化艺术、新闻出版、艺术品交易、设计服务等多个产业为重点,以新华1949文化金融创新产业、天桥演艺区、中国北京出版创意产业基地等多个园区为支撑的文化创意产业发展体系。

(2) 存在问题

有两个方面的问题必须引起高度重视。一方面,历史文化名城保护任务依然非常艰巨。旧城地区产权复杂,人口稠密,私搭乱建现象严重,基础设施薄弱。不同人群利益诉求多元,各种矛盾交织,困难重重。加之,保护与更新资金需求大,政策体制制约因素多,人口调控、民生改善与功能疏解任重道远。另一方面,区域历史文化资源优势还发挥不充分,需要进一步激发活力。如何利用区域文化资源优势,打造中国特色的首都形象,提升首都城市文明水平,提高市民文明素质,仍有待深入研究。特别是,区域文化资源整合利用还不充分,文化与科技、金融等元素的融合水平还不够高,文化服务方式有待进一步创新,社会力量参与的程度不够,文化品牌影响力不强。

6. 科技创新能力提升情况

从数据测算情况看(图 7-7),虽然科技创新能力分项指数(A7)逐年提高,从2011年的60.00到2016年的80.73,年均提高4.146个指数单位。但是2016年比2015年(79.54)仅提高1.19,远低于平均增速。总体来看,2016年科技创新能力提升情况不容乐观。

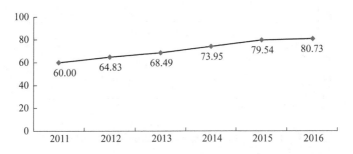

图 7-7 2011—2016年科技创新能力分项指数(A7)变化情况

(1) 取得成效

一是西城园高新技术企业总收入2016年前11个月[①]为2 154亿元,同比增长6.1%。实缴税费总额为96亿元,同比增长16.9%,对区域发展的贡献增强。二是互联网、高铁研发制造等一批优质高技术企业表现出强劲发展势头,收入增长达到两位数以上。三是企业创新能力持续提升,万人发明专利拥有量由2015年的90.02件,增加到2016年的138件。四是区内机构上市步伐不断加快,西城园科

---

① 截至目前(2017年5月20日)只有2016年前11个月的数据,全年数据仍为估计数。

技企业上市公司总数达12家,65家新三板挂牌。五是西城区国家知识产权试点城区建设加快推进,以做好世界知识产权组织中国办事处的服务工作。

(2) 存在问题

以西城园为核心,虽然高新技术企业总收入同比有所增长,但与前几年相比,情况并不乐观。2011—2015年高新技术企业总收入年均增速达到76.92%,远高于2016年的6.1%。虽然高新企业税收增长16.9%,但实现利润却为184.6亿元,同比降低7.5%。主要原因在于:一是受国内外经济大环境影响,企业发展增速明显降低,区域创新能力提升速度也有所放缓,2016年,PCT(专利合作条约)国际专利申请量为260件,而2013—2015年[①]平均值为每年373件;二是企业人工成本大幅提高,特别是人才密集的高新技术企业为留住高水平人才,付出的工资成本越来越高;三是"营改增"以来,不少"研发+生产"型企业税收成本短期内有所增加,原因在于,税赋征收仍不规范,一些企业在购买原材料时,不少上游企业无法开具增值税发票,致使增值税无法抵扣进项,缴纳税收增加。可以预期的是,未来随着增值税征缴制度逐渐规范,这种情况会逐渐减少,企业税收将逐渐下降。

7. 基础设施建设水平提升情况

从图7-8可以看出,基础设施建设分项指数(A6)逐年提高,从2011年的61.21,提高到2016年的82.42。

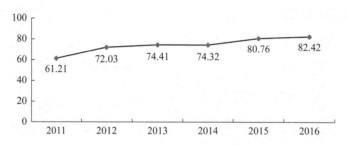

图7-8 2011—2016年基础设施建设分项指数(A6)变化情况

(1) 取得成效

一是道路建设扎实推进。道路实现规划率从2011年的62.9%提高到2016年的65%。2016年,如期实现达智桥胡同、北纬路、马连道东三号路等28项道路建设项目开工,其中10条道路顺利实现竣工。二是轨道交通建设有序开展。地铁8号线三期2个站点和16号线5个站点正处于结构施工阶段,19号线一期新街口和平安里2个站点已开始土方施工。三是市政基础设施不断完善。完成32条道路大中修、52条市政排水管线改造、7处交通疏堵工程和38条慢行系统建设。完

---

① 该数据自2013年开始统计。

成 2 条道路电力、通信架空线入地,14 条架空线入地的管道铺设任务已完成 90%。完成 129 个院落雨污水管线改造和 33 万户住宅小区铜缆网络光纤化改造,住户光纤覆盖率达到 100%,高清交互双向网占全区总户数比重达到 83%。117 座公厕品质得到提升。32 条道路进行了无障碍设施改造。四是绿色出行条件不断改善。自行出行示范区建设铺设里程数 43 km。五是工程施工质量不断提高,绿色施工达标率达到 92%。

(2) 存在问题

西城区人口资源环境矛盾非常突出,人口过度集中、"大城市病"给城市建设与管理带来严峻挑战。虽然近年来,西城区城市功能、城市环境有了较大改善,但与国际一流的标准相比,还存在着较大差距,区域基础设施和环境建设亟待加强,群众居住条件亟待改善。西城区城市建设与管理面临很大压力。一方面,市政基础设施落后,公共卫生条件差,私搭乱建严重等老问题困扰居民,又面临流动人口社会管理难度大、停车难等新问题,棚户区新老问题交织,改造压力持续加大;另一方面,区域文保任务重、要求高,一些搬迁、腾退工作受到文保政策限制,难度较大。加之,棚户区改造成本不断攀升,资金需求不断加大,进一步加大了棚户区改造的难度。

8. 首都功能提升情况评估基本结论

近年来,西城区委区政府深入贯彻习近平总书记"226 讲话"精神,按照市委市政府的决策部署,紧紧围绕首都功能核心区功能定位,大力实施"服务立区、金融强区、文化兴区"的发展战略,加快建设"活力、魅力、和谐"新西城,在提升首都功能方面做了大量工作,取得良好成效。区域首都功能逐渐提升,2011—2016 年的五年间,西城区首都功能提升指数(A)年均递增 3.058,2016 年达到 79.23。但是,受经济发展、疏解非首都功能等个别因素的影响,2016 年首都功能提升指数略低于 2015 年的 80.51。

2016 年,对首都功能提升贡献较大的"加分项"因素是公共服务、社会治理、环境建设、创新发展、人民生活等方面。公共服务(A_2)、社会治理(A_3)、环境建设(A_4)、基础设施(A_6)、科技创新(A_7)、人民生活(A_8)等领域分项指数逐年提高。

对首都功能提升指数向下拉分的"减分项"因素是经济发展、疏解非首都功能两项。经济发展分项指数(A_5)、疏解非首都功能分项指数(A_1)2016 年的数值均低于 2015 年。特别是在经济发展分项中,财政收入、高新技术企业总收入增速、累计合同外资金额、金融街地均和劳均生产率、西城园劳均生产率等指标,成为向下拉分的主要项目。同时,受工作周期性因素影响,疏解非首都功能分项指数(A_1)2016 年的数值也低于 2015 年。

2016 年,西城区供给侧结构性改革深入推进,金融、高技术等支柱产业保持平稳增长,经济结构进一步优化,经济发展质量逐步提高,产业园区支撑作用强劲有力。政府职能转变加快推进,区域发展环境更加优化。但地区生产总值增速明显放缓,2016年经济发展分项指数(A5)数值低于2015年,经济增长趋势有所减弱。特别是在经济发展分项中,财政收入、高新技术企业总收入增速、累计合同外资金额、金融街地均和劳均生产率、西城园劳均生产率等指标,成为向下拉分的主要项目。

经济增速放缓,主要原因在于:从外部环境看,国际经济环境比较复杂,国内经济正处于转型期、调整期,改革处于深水区、攻坚期,对西城区经济产生较大影响。从西城区自身看,一方面,西城区作为首都功能核心区,正处于功能调整期。中央对首都北京的"四个中心"定位,已经不包含"经济中心",部分经济功能正在向周边扩散,一些不符合首都功能定位的企业也正在搬离,对区域经济总量产生较大影响;另一方面,区域经济本身也存在一些问题,经济发展后劲有待增强。科技、文化资源优势发挥不够,创新引领作用有待增强,新的经济增长点成长较慢,区域经济结构还需进一步优化。同时,企业运行成本仍然较高,特别是高新技术企业,人工成本出现升高趋势,税收成本在一定时期内也居高不下,也是影响经济增长的重要因素之一。

(二) 提升首都功能的对策建议

2014年2月26日,习近平同志在视察北京时强调,北京市要坚持和强化全国政治中心、文化中心、国际交往中心、科技创新中心的首都功能,建设成为国际一流的和谐宜居之都。这是我国经济进入新常态、北京发展进入深度调整期以来,党中央审时度势,对北京发展提出的更高要求。西城区作为首都功能核心区,未来必须全力打造成为全球治理背景下,和平崛起的大国首都功能核心区,打造成为京津冀协同发展下,引领区域发展的强势经济核心区;打造成为现代治理框架下,首都治理现代化的展示核心区。

第一,加快提升首都功能。

按照中央对北京市提出的"四个中心"新要求,不断强化首都功能,增强首都功能承载能力,努力建设政府服务高标准、高水平,在全国具有示范作用的政府服务示范区。一是全力提高服务和治理水平。创造一流的政务环境、政策环境、法治环境、服务环境,针对中央国家机关、驻区单位、广大市民的需求做好服务,高标准、高水平地保障首都各类政治、经济、文化活动及国际交往活动。完善城市治理体制机制,培育高素质的城市治理主体,完善"全响应"网格化社会管理体系,构建多元社会动员体系,提高城市治理现代化水平。二是加强基础设施保障。健全综合交通体系、能源供应体系、水资源保障体系,加强环境污染防治和生态保护建设工作,进一步改善区域环境。进一步加强安全保卫工作,切实提高城市综合防灾减灾和应急管理能力。三是强化城市环境保障。处理好古都风貌保护与城市现代化建设的关系,提升区域人文环境。大力推进生态文明制度建设,构建城市绿色体系、绿色发展机制,加强环境保护、生态建设,加大力度治理水污染和雾霾等大气污染,创造绿色的人居环境、休闲空间,打造人与自然和谐发展的典范。四是坚决疏解非首都功能。创新功能疏解的体制机制,舍弃不符合西城发展方向的低端产业,疏解低端、冗余的服务机构,缓解交通枢纽中心压力,优化人口结构,控制人口规模。

第二,推进金融科技强区。

加快推进金融街、西城园建设,发展高端楼宇经济,辐射带动周边发展,强化金融业作为发展引擎的核心地位,发展具有强大潜力与活力的科技产业,加快金融、科技、文化、商贸产业的融合,增强金融、科技服务首都功能的能力。一是提升金融、科技产业能级。规划升级金融街、中关村西城园,积极发挥两个功能区特别是金融街的辐射效应,吸引国内外知名金融机构总部和跨国金融、科技创新企业总部及其相关机构地区性总部入驻,加大对金融、科技中介服务机构的支持力度,积极推进金融、科技市场的发展,提升金融、科技专业服务水平。二是辐射带动高端产业发展。制定"西城发展高端产业指标体系",严格控制产业准入,符合标准的允许入驻,不符合要求的坚决疏散。加强对科技金融、文化金融等服务业发展的政策支持,促进产业融合,创造高附加值和市场空间。三是加快构建高端产业结构。依托功能区产业定位,以结构调整为主线,以产业升级为重点,构建与首都经济相配套、与区域功能相吻合、与城市发展相衔接的高端产业体系,促进发展方式转型升级。四是大力发展高端楼宇经济。提高空间利用效率,强化高端招商、高端服务功能,聚集高端产业发展,扩大经济总量规模,有效化解经济资源聚集与土地资源稀缺的矛盾,着力用高端化的楼宇经济建设推动区域经济的高端化、集约化和国际化进程。五是增强对首都功能的支撑作用。以高端服务业的发展,增强产业服务首都、服务全国和服务国际的能力。以经济实力的增强为基础,加大对首都功能的财政投入,保障首都功能的完善提升。

第三,增强历史文化魅力。

深入挖掘历史文化资源,弘扬和保护特色文化,推动传统文化与现代文明深度融合,打造西城文化融合的典范形象,增强文化软实力支撑,努力将文化资源优势转化为地区发展的持久动力。一是切实保护好古都风貌。坚持民生改善、人口疏解、风貌传承与产业发展的有机统一,按照旧城古风貌整体保护、文保核心区域旧城肌理保护和历史文物单位重点保护的不同要求,认真做好古都风貌保护工作。积极探索文保区改造的运作模式,健全政府统筹协调体制,强化政府主导,完善基础设施,有效疏解人口,促进风貌保护。二是用现代方式提升传统文化品牌。坚持以社会主义核心价值观为衡量标准,弘扬传统文化精髓,去除传统文化中的糟粕,丰富传统文化的内涵,实现传统文化的价值升华。通过文化创意、文化旅游,借助市场力量,用足、用活传统文化资源的品牌价值。融入现代信息、通信等技术手段,运用现代管理、服务方式,凸显传统文化的特殊魅力。三是用文化内涵提升城市形象。用京韵文化与生俱来的独特魅力,用传统文化与现代文明的深度融合,提升城市内在气质,塑造城市形象,宣传城市文化,促进文商旅融合发展,让城市文化景观与建筑风格既具有中国传统文化特色,又具有鲜明的时代特点,打造富于中国特色的首都核心区。四是打造京韵文化深度体验中心。依托天安门、前门、什刹海、大栅栏、琉璃厂、天桥周边的文化融合展示带,突出街区特色,体现原生态文化魅力,打造连接成片的精品旅游线路,展示北京历史风貌,提升商家文化价值,打造集文化、商业、旅游于一体的特色文化产品集散地、古都风貌游览区。

第四,推进区域协同升级。

充分用好京津冀区域资源同享、生态共建、产业互补、社会交融的一体化发展平台,强化西城高端元素聚集,金融、科技、文化、服务优势带来吸引力、辐射力,积极吸引高端、集约、生态元素驻区发展,加快非首都功能向周边疏解,整体提升区域首都功能、发展水平。一是推动金融协同发展。发挥西城区特别是金融街的金融管理控制中心、金融业支付结算中心、金融信息中心、金融待业标准制定中心优势,推动与天津市金融业的错位和融合发展,将一般性的金融批发业务、金融中介服务等向天津转移。二是促进科技协同进步。充分利用中关村科技创新政策优势,围绕西城优势科研领域,强化京津冀、环渤海地区科技合作,吸引高端、高效、高附加值的创新企业入驻,增强西城园科技创新产业优势,向周边疏解一般性的制造业。三是加强文化协同提升。发挥西城文化资源优势,加强与天津、河北在公共文化服务、文化演艺、非遗保护、文化金融等领域的合作,完善市场机制,拓宽交流渠道,促进活态传承,促进跨区域文化交流,在推动区域文化一体化发展的同时,整体提升西城文化品质。四是推动生态协同改善。开展生态环境建设合作,支持北京市通过生态补偿方式,与天津、河北加强水源保护与水环境治理、风沙源治理、雾霾治理等领域的合作,促进生态环境逐步改善。五是扩大社会领域协同发展空间。"强化高端、疏解一般",扩大科技、教育、文化、卫生等领域的交流与合作。充分利用京津冀一体化发展机遇,扩大人口疏散渠道,优化人口结构,从根本上解决人口规模问题。六是探索建立区域合作机制。突出特色、优势互补、密切合作,促进差别化发展,实现互补互利共赢。

第五,深化政府管理体制改革。

政府管理体制改革是经济体制改革的关键和核心。要以正确处理政府与市场的关系为核心,加快转变政府职能,充分发挥市场在资源配置中的决定作用,进一步激活市场竞争、创新驱动、内需释放等新的动力源,增强区域未来发展的新活力。一是加快向市场放权的步伐。合理界定和划分政府与市场、政府与社会的作用边界,厘清区与街道、功能区管委会等层级政府或政府派出机构的事权与财权范围,理顺政府各级部门之间的权责关系。严格约束行政权力,加快推进行政审批制度改革,全面推行"负面清单"准入管理方式,尽量减少对微观经济事务的直接干预,把资源配置主导权交还市场。加快完善市场监管体系,推动政府管理由事前审批向事中、事后监管转变。二是建立健全政府责任体系和权力清单。政府责任体系保障政府必须履职,权力清单确保政府不越权。通过"列单",梳理政府及其部门的责任,编制权力清单;通过"晒单",将政府的责任和权力公之于众;通过"跟单",跟踪检查权力运行的内、外流程和效果,客观评估权力行使效能;通过"调单",优化调整权力配置,改革权力运行机制,构建和完善行政权力的运行体系,使政府职能边界进一步明晰,政府行政效率进一步提升。三是推动政府职能行使市场化。改革主要依靠行政命令、行政管制、行政机构履行职能的传统方式,向市场放权,向社会放权,向人民放权,将政策决策与执行分离,"掌舵"与"划桨"分离,管办分离,推动政府将大量执行性职责交给市场化的机构、社会组织,从重事前审批逐步转向重事中、事后监管。四是建立服务承诺制度。建立责任和目标清晰、可考核、可追溯的服务承诺制度,针对服务对象,以其需求为导向,制定具体的服务标准、质量、措施、问责机制、奖惩办法,打造勤政、务实、高效的行政生态。

第八章 企业承诺制改革试点效果评估体系的构建及其实现

一、引 言

行政审批制度始于新中国成立初期,政府通过行政审批制度管理经济社会生活。改革开放初期,改革的市场取向还没有形成,人们对政府职能合理边界的认知比较模糊,社会利益结构的分化和调整也要求政府通过行政审批制度实现对社会的控制。这些因素导致行政审批的范围不断扩大,包含的事项也逐渐增多。随着改革开放的不断深化,市场取向的改革目标逐渐确定,人们对政府职能合理边界的认知逐渐清晰,我国于2001年开始在全国范围内推进行政审批制度改革,主要内容为精简审批事项、规范审批过程。

2001年以来,行政审批制度改革工作取得明显成效。特别是2012年党的十八大、2013年党的十八届三中全会以来,行政审批制度改革力度空前加大。党的十八届三中全会通过的《中共中央关于全面深化改革若干重大问题的决定》指出,要深化投资体制改革,确立企业投资主体地位。企业投资项目,除关系国家安全和生态安全,涉及全国重大生产力布局、战略性资源开发和重大公共利益等项目外,一律由企业依法依规自主决策,政府不再审批。2015年1月13日,习近平同志在中纪委第五次全体会议上强调,要着力深化体制机制改革,最大限度减少对微观事务的管理,推行权力清单制度,公开审批流程,强化内部流程控制,防止权力滥用。2016年3月,习近平同志在参加十二届全国人大四次会议上海代表团审议时再次要求,要深化行政审批制度改革,推进简政放权,强化事中、事后监管。2017年10月,党的十九大报告明确要求,要转变政府职能,深化简政放权,创新监管方式,增强政府公信力和执行力,建设人民满意的服务型政府。总体来看,中央对行政审批改革的要求,可以概括为3个词:一是减量提速,二是规范监管,三是服务转型。3个关键词体现了行政审批制度改革的核心价值轨迹。

行政审批制度改革是党中央、国务院从经济社会发展全局高度作出的重大决策,是推进行政管理体制改革、加强政府自身建设、完善社会主义市场经济体制和从源头上防治腐败的重要举措。党中央、国务院不断加大审批制度改革的力度,2015年2月,国务院印发了《国务院关于规范国务院部门行政审批行为改进行政审批有关工作的通知》;2015年10月,国务院印发了《国务院关于实行市场准入负面清单制度的意见》。2013年至2017年10月,国务院分13批审议取消和下放国务院部门行政审批事项675项,经过多轮改革,行政审批事项已经大幅精简,审批制度及其运行已明显优化。

为落实中央的有关精神,2017年4月山西省委深改领导小组第二十四次会议审议通过了《山西省深化投融资体制改革的实施意见》。2017年5月山西省委、省政府印发了《山西省企业投资项目试行承诺制实行无审批管理的决定》(晋发〔2017〕25号)。该文对企业投资项目试行承诺制实行无审批管理改革试点做出明确部署:一是明确对《政府核准的投资项目目录》之外的企业投资项目,试行承诺制;二是相关部门要以清单形式确定项目准入条件和标准;三是企业按照设定的准入条件和标准,作出具有法律效力的书面承诺后即可开工建设;四是变先批后建为先建后验,相关行政许可事项除法律有明确规定外,在投产前完成即可;五是相关部门必须依照法律法规加强事中、事后服务和监管;六是各区市选定一个开发区先行试点承诺制,总结经验,在全省推广。该文对此次改革试点也提出了明确要求:一是由先批后建变为先建后验,以企业承诺制的形式进行无审批管理,将开工前完成的审批事项,后置为投产前验收;二是由事前审批变为事中、事后服务监管,相关部门的工作重点转变为主动为企业做好服务和监管;三是由审批把关变为企业信用约束,实施承诺制,企业要以信用为基础,落实作为投资主体的责任和义务,履行承诺,失信必责。

为了深入落实晋发〔2017〕25号文精神,加快推进企业投资项目试行承诺制实行无审批管理试点落地实施,山西省2017年6月制定了《山西省企业投资项目试行承诺制实行无审批管理试点工作方案》(以下简称《开发区试点工作方案》)。对改革试点的范围、时间节点、责任分工进行了细化落实。经过近4个月的改革试点,2017年11月,形成在全省域推广企业投资项目承诺制的《山西省企业投资项目承诺制试点工作方案(试行)》(以下简称《全省域试点工作方案》)。按照《开发区试点工作方案》,试点工作在11个区市选定的10个开发区内开展,分别是山西转型综改示范区、大同经济技术开发区(国家级)、阳泉经济开发区、长治高新技术产业开发区(国家级)、晋城经济技术开发区(国家级)、朔州经济开发区、忻州经济开发区、孝义经济开发区、临汾经济开发区、运城经济开发区。对开发区内、《政府核准的投资项目目录》外的企业投资项目(含新建、扩建、改建)进行承诺制试点,总结经验后,2018年1月1日在全省推广。

20世纪70年代以来西方政府在改革热潮中,对改革的绩效评估工作被各国高度重视,并得到广泛应用、发展和研究,到21世纪初评估体系逐渐成熟。尽管20世纪90年代中国已有学者关注政府绩效评估,2007年深圳开展过改革效果评估,但重视改革评估及相关研究却是在中国进入全面深化改革之后。张博(2014)给出了全面深化改革背景下政府绩效评估制度改进办法,2015年湖北省发布全国首份全面深化改革第三方评估报告,徐艳晴和周志忍(2015)提出了一个大部制改革整合评估框架。

国内外学者从多个角度对行政审批进行了深入探讨,为我国行政审批制度改革提供了理论依据和可借鉴经验。虽然评价方法的应用在改革领域已有一定成果,但是应该看到,国内外有关改革成效方面的评估却多是就全面改革进行的评估,而就某项改革成效进行的评估却比较少见。现有的这些评估大都是对相关工作的陈述和总结,而围绕改革成效这个评价目标,从审批时间缩短、审批环节减少、审批部门精简、成本降低多少等多个维度,从政府、企业等多个角度,构建数理模型,运用事实、数据和案例,对改革成效进行客观评估的学术研究目前还没有。本书使用这种评估方式对改革效果进行评估,这在国内学术研究中尚属首次,具有突出的创新性。

二、企业项目承诺制无审批管理试点效果评价指标体系的构建

企业投资项目承诺制无审批管理试点是创优山西营商环境的重大举措,是山西省审批制度改革的重大突破,在全国具有重要的示范意义。改革试点效果如何,直接关系到山西审批制度改革的整体进程。如何客观评价改革试点成效,是当前摆在面前的一个关键问题。评价改革试点成效,必须紧紧围绕改革目标,首先构建科学的评价指标体系,这是客观评价改革成效的前提和基础。

(一) 评价承诺制无审批管理试点效果的主要维度

实施审批制度改革的主要目的决定了评价改革效果的主要维度。企业是市场和投资的主体。试行企业投资项目承诺制的核心在于,通过流程再造和机制再构,最大限度优化流程、简化事项、畅通机制、提升效率、创优服务,降低企业交易成本,提高投资效率,吸引更多企业到山西投资兴业。重点在于让企业感受到实实在在的优惠,让企业投资活动更加便利,让企业充分享受自由,企业做出承诺后,根据自主做出的投资决策,依法依规实施自主的投资活动,进一步突出企业作为投资主体的权利和责任。

山西省在审批制度改革方面进行了大胆探索,提出"六最"目标,即审批最少、

流程最优、体制最顺、机制最活、效率最高、服务最优。虽然改革试点工作仅开展五个多月,但是成效已经非常明显。通过改革,6项行政审批事项取消合并,4项审批事项改为政府统一服务事项,12项审批事项改为企业承诺,企业做出承诺即可开工。目前,仅保留6项行政审批事项。特别是深入开展审批管理流程再造,在晋中等地先行试点"五图会审""一费制"清单管理,有效地提升了行政效能,简化了行政审批,规范了行政行为,减轻了企业负担。

为便于用具体指标衡量这些改革任务的实际效果,进而便于评价审批效率提升情况,企业项目承诺制无审批管理试点改革成效可从3个维度进行衡量。

第一,企业角度,微观层面。让企业受益是改革的根本目的所在,从企业感受出发考察改革成效,也是评价改革成效的根本所在。从企业角度微观层面考察,重点是衡量改革试点是否让企业感受到审批时间缩短,审批成本降低,审批过程更加便利。同时,也考察企业是否因改革后的制度尚不完善,而出现负面作用。

第二,政府角度,中观层面。从中观层面衡量改革成效,重点是考察改革试点工作是否扎实到位、落到实处。从政府角度中观层面考察,重点是衡量改革试点过程中,是否进一步取消或合并相关审批事项,是否从制度设计层面,在审批时间、审批流程上有较大改进,是否制定出台相关文件,使得审批、承诺等事项的每个环节都有法可依,项目建设事中、事后监管是否合理到位,等等。

第三,区域发展,宏观层面。投资项目审批制度改革的最终目的是要在优化环境、方便企业的基础上,进一步吸引企业来山西投资,推动区域经济社会更好、更快地发展。因此,衡量改革试点成效,还必须考察改革前后区域投资增速的变化情况,比较改革试点地区与其他地区在同一时间段内的投资增速差别、投资项目数增加情况的差别。

(二) 构建改革评价指标体系的主要原则

构建改革成效评价指标体系,必须要对改革所取得的成效具备解释功能、评价功能,以及对下一阶段改革推进工作具有一定的指导功能。根据评价投资项目审批制度改革成效的三方面维度结构,在建立"企业投资项目承诺制无审批管理试点"改革成效评价指标体系时,必须遵循以下原则。

一是科学性原则。改革成效评价指标体系应建立在充分认识、系统研究"企业投资项目承诺制无审批管理试点"的科学基础上,能客观反映改革试点工作情况、审批效率提升情况、推动区域投资情况,并能科学度量审批制度改革各主要目标的实现程度。

二是整体性与层次性统一原则。指标体系是一个有机整体,审批制度改革是一项不同层次要素参与的系统工程。因此,改革评价指标体系不但应该能够从各个不同角度反映出被评价系统的主要特征和状况,而且应根据系统的结构,围绕评价改革效果这个总目标,分解成若干分指标系统,使指标体系结构清晰,层次分明,便于操作。

三是可操作性原则。指标内容应具有简单明了、容易获取的特点。指标体系中的指标取舍要考虑指标量化及数据取得的难易程度和可靠性,应以现有各项统计制度可采集数据为基础,剔除一些不适用的指标,改造某些传统指标的计算范围和方法,适当增设一些新指标,选择易定量、定性和标准化的指标。

四是可控性原则。"企业投资项目承诺制无审批管理试点"改革成效评价指标体系不仅是为了评价改革试点的成效本身,还要评价改革试点各方面情况之间的协调程度,通过分析协调度,找到需要进行调控的方面及程度,所以指标的选取应倾向于可调控的指标。

五是前瞻性原则。"企业投资项目承诺制无审批管理试点"改革成效评价指标体系应能反映今后改革的趋向性,不仅能揭示以前的改革进展情况,而且能为下一步改革重点和"主攻"方向提供间接信息,如预测指标和阈值,要能较好地描述、刻画与度量进一步审批制度改革的大体趋势。

六是可比性原则。"企业投资项目承诺制无审批管理试点"改革成效评价指标在时间上主要有两期,即改革前和改革后,但在空间上覆盖全部改革试点地区。在指标测算时,一方面,同一改革试点地区,改革前和改革后应能对评价指标进行对比分析;另一方面,在改革后的同一时点,改革试点地区与其他地区应能对评价指标进行对比分析,主要是投资情况的对比分析。

七是适应性和可获得性原则。山西省的"企业投资项目承诺制无审批管理试点"改革成效评价指标体系是区别于国家级的指标体系,应适应省、市、区县一级的发展要求,充分考虑其代表性,突出自身的区域特色。特别是要适应地方统计数据的获取方式和渠道,统计数据要具有可获得性,能够通过地方有关部门的统计或简单测算获得。

(三)改革试点成效评价指标体系的构建

主要评价指标为能够直接或间接评价改革成效的参数,构建指标体系的目的在于对"企业投资项目承诺制无审批管理试点"的改革成效进行评价,因此本书将"企业投资项目承诺制无审批管理试点"改革成效设为一级指标,即"改革成效指数",记为 I。将能够支撑改革成效的 3 个方面内容提升情况设为二级指标,3 个二级指标用字母分别表示为 A(企业审批效率)、B(改革工作成效)和 C(投资促进效果)。

第八章　企业承诺制改革试点效果评估体系的构建及其实现

A（企业审批效率）从企业角度对改革成效进行评价，主要包括客观测算数据（A1）和主观调查数据（A2）两部分，其中客观测算数据包含企业审批时间缩短数据（A11）、审批环节减少数据（A12）、审批部门精简数据（A13）、成本降低多少数据（A14）、接受事中与事后监管频次数据（A15）、项目后续建设中是否因审批减少而遇到障碍数据（A16）等；而主观调查数据包含企业对改革试点的实际感受，以及改革前后企业是不是真实感到审批时间缩短、审批成本减少等。这一数据采取调查问卷的形式获得，设定主要的调查项目11个，即意味着可对应为11个指标，分别用 $A21, A22, \cdots, A211$ 进行表示。综上，A1 和 A2 两个二级指标下将各数据 A11, A12, $\cdots$, A16；A21, A22, $\cdots$, A29 作为三级指标。其中，A11, A12, $\cdots$, A16 的每个指标都各自对应着试点前和试点后两个值，分别记为 $A11_{(1)}$、$A11_{(2)}$，$A12_{(1)}$、$A12_{(2)}$，$\cdots$，$A16_{(1)}$、$A16_{(2)}$。假设试点开发区的试点企业总数量为30，因此，用 $A1h_{(1)k}$ 表示试点前第 k 个企业的第 h 个指标值（$k=1,\cdots,30; h=1,\cdots,6$），用 $A1h_{(2)k}$ 表示试点后第 k 个企业的第 h 个指标值（$k=1,\cdots,30; h=1,\cdots,6$），其他指标表示形式依次类推。

B（改革工作成效）从政府改革工作推进情况的角度对改革成效进行评价，主要是指试点所涉及的11个城市、10个开发区政府部门推动此项改革的工作成效，包括5个三级指标：一是就此项改革本地政府（地市级政府）出台的文件个数（B1），设置该指标的目的在于大致考察，审批制度改革整个过程，以及审批改革后的整个审批流程，是否每个环节都有法可依；二是取消或合并的审批事项个数（B2）；三是改为政府统一服务的事项个数（B3）；四是改为企业承诺的事项个数（B4）；五是保留审批事项个数（B5）。由于 B5 与 B1～B4 指标具有较强关联度，因此，在此不再使用 B5 指标，即保留审批事项个数。B1～B4 每个指标都对应着试点前和试点后两个值，即试点前的 i 个指标值记为 $B_{(1)}i(i=1,\cdots,4)$；试点后的 i 个指标值记为 $B_{(2)}i(i=1,\cdots,4)$。假定试点开发区的数量为10，因此，用 $B_{(1)}ij$ 表示试点前第 j 个开发区的第 i 个指标值（$j=1,\cdots,10$），用 $B_{(2)}ij$ 表示试点后第 j 个开发区的第 i 个指标值（$j=1,\cdots,10$），其他指标表示形式依次类推。

C（投资促进效果）从改革促进区域发展，特别是促进投资的角度，对改革成效进行评价。主要是对比两种情况：一是同一改革试点区域内，改革前与改革后的情况；二是改革后的同一时间内，改革试点地区与改革试点地区以外其他区域情况。因此，C（投资促进效果）包括3个三级指标：一是试点地区投资总额同比增长率（C1），本年度改革前（1～6月）与改革后（6月以后）的对比；二是试点地区投资项目数同比增加率（C2），本年度改革前（1～6月）与改革后（6月以后）的对比；三是区域投资增长率（C3），改革试点开展以来，试点地区与非试点地区投资总额增长率的比较。

基于上述分析,"企业投资项目承诺制无审批管理试点"改革成效评价指标体系如表 8-1 所示。

表 8-1 "企业投资项目承诺制无审批管理试点"改革成效评价指标体系

一级指标	二级指标	三级指标
"企业投资项目承诺制无审批管理试点"改革成效指数	1.企业审批效率因子(A)	客观测算数据(A1)
		企业审批时间缩短数据(A11)
		审批环节减少数据(A12)
		审批部门精简数据(A13)
		成本降低多少数据(A14)
		接受事中与事后监管频次数据(A15)
		项目后续建设中是否因审批减少而遇到障碍(A16)
		主观调查数据(A2)
		在改革中受益与否的总体满意度(A21)
		对此次改革工作的总体满意度(A22)
		政务公开方面的满意度(A23)
		企业参与改革设计方面的满意度(A24)
		审批时间缩短方面的满意度(A25)
		审批环节减少方面的满意度(A26)
		审批成本下降方面的满意度(A27)
		事中与事后监管方面的满意度(A28)
		企业承诺制度设计方面的满意度(A29)
		审批流程有法可依方面的满意度(A210)
		审批制度改革对投资的吸引力(A211)
	2. 改革工作成效因子(B)	就此项改革本地政府出台的文件个数(B1)
		取消或合并的审批事项个数(B2)
		改为政府统一服务的事项个数(B3)
		改为企业承诺的事项个数(B4)
	3. 投资促进效果因子(C)	试点地区投资总额同比增长率(C1)
		试点地区投资项目数同比增加率(C2)
		区域投资增长率(C3)

需要说明如下几点。第一,关于数据获得。此次从企业、政府及对区域投资的促进作用 3 个方面进行客观评估。因此数据来源主要是两个方面,即政府填报数据、企业填报问卷。特别关注企业对此次改革的评价,改革是否真正让企业获得实实在在的收益。第二,关于 C(投资促进效果)指标。由于 2016 年的改革仍在改革试点阶段,每个开发区只选取数家企业进行"企业投资项目承诺制无审批管理试

点",改革试点促进区域投资的作用还无法充分显现,考虑这一指标可能存在数据统计方面缺失的问题,因此在实际测算中将其删除。第三,关于企业审批成本下降方面的指标,即 A14。由于企业在实际测算时较难度量,因此在评估中采用相近数代替。例如,由于晋中市是此次改革的先行区,晋中市在改革中由市政府出资,完善对投资项目的政府统一服务,大大地节约了企业审批成本。因此就以政府出资额为相近数,代替企业节约的审批成本。修正后的"企业投资项目承诺制无审批管理试点"改革成效评价指标体系如表 8-2 所示。

表 8-2 修正后的"企业投资项目承诺制无审批管理试点"改革成效评价指标体系

一级指标	二级指标	三级指标	
"企业投资项目承诺制无审批管理试点"改革成效指数	1. 企业审批效率因子(A)	客观测算数据(企业审批效率,A1)	企业审批时间缩短数据(A11)
			审批环节减少数据(A12)
			审批部门精简数据(A13)
			成本降低多少数据(A14)
			接受事中与事后监管频次数据(A15)
			项目后续建设中是否因审批减少而遇到障碍数据(A16)
		主观调查数据(企业满意度,A2)	在改革中受益与否的总体满意度(A21)
			对此次改革工作的总体满意度(A22)
			政务公开方面的满意度(A23)
			企业参与改革设计方面的满意度(A24)
			审批时间缩短方面的满意度(A25)
			审批环节减少方面的满意度(A26)
			审批成本下降方面的满意度(A27)
			事中与事后监管方面的满意度(A28)
			企业承诺制度设计方面的满意度(A29)
			审批流程有法可依方面的满意度(A210)
			审批制度改革对投资的吸引力(A211)
	2. 政府改革工作成效因子(B)	就此项改革本地政府出台的文件个数(B1)	
		取消或合并的审批事项个数(B2)	
		改为政府统一服务的事项个数(B3)	
		改为企业承诺的事项个数(B4)	
		本地区各项目的平均事中与事后监管频次(B5)	

三、评价与检验方法

(一) 指标的无量纲化处理

对于从企业角度通过调查获得的指标数据,单位都相同,不存在无量纲化的问题。

而对从开发区角度设计的指标,指标数值的单位可能存在不同,因此,需要对各个指标进行无量纲化处理。一般来说,指标的无量纲化方法有很多种,常用的有概率单位法、线性插值法、指数法、秩次法等。下面仍然以指标 A1 为例来对各个方法进行简单说明。

所谓概率单位法,其计算公式为 $A'_{1j} = 5 + \dfrac{A_{1j} - \dfrac{1}{7}\sum_{j=1}^{7} A_{1j}}{S}$,式中 S 为 A11 的标准差,无量纲化之后的 A'_{1j} 值在 0～10 之间,呈正态分布,所以概率单位法适用于呈正态分布的因子值标准化。

所谓线性插值法,其计算公式为 $A'_{1j} = \dfrac{A_{1j} - A_{1\min}}{A_{1\max} - A_{1\min}} \times 100$,无量纲化之后的 A'_{11t} 取值范围一般在 0～100 之间,各个值的分布仍与原相应值的分布相同,线性插值法一般适用于呈正态或非正态分布指标值的标准化。

所谓指数法,其计算公式为 $A'_{1j} = \dfrac{A_{1j}}{A_{1\max}(或 \overline{A_1})}$,无量纲化之后的 A'_{1j} 取值范围一般在 0～1 之间(或在 1 的左右波动)。指数法的不足之处在于无量纲化时仅以一个标准值为依据,未考虑全部因子值的分布情况。

所谓秩次法,是指将 A1 的各个值从小到大(正指标)或从大到小(逆指标)编秩序,并将秩序记为 x,x 即标准化值,x 的范围在 1～T 之间(T 为样本量),用秩次法进行无量纲化的不足在于较多地损失了原始数据值提供的信息。

这里在线性插值法的基础上,采用改进的功效系数法来进行指标的无量纲化,该方法的优点在于:第一,能够较好地展示无量纲化后指标数值的差异,这里为了较好地展示改革前后相应指标的差异,我们将 40 改为 90;第二,能够较为灵活地根据用户需求,来调整无量纲化指标的最小值。这里实际采用改进的功效系数法的计算公式如下(以指标 A1 为例):

$$A'_{1j} = \dfrac{A_{1j} - A_{1\min}}{A_{1\max} - A_{1\min}} \times 90 + 10 \quad (j = 1, \cdots, N)$$

(二) 指标加权方法的确定

1. 客观赋权法——均方差法

这里以开发区角度为例,假设开发区的评价效果用指标 A 来衡量,从而简单介绍用均方差法如何来进行客观赋权。对于指标 A1,其均方差计算公式为

$$\sigma_{A_1} = \sqrt{\frac{\sum_{j=1}^{10}(A_{1j}-\overline{A}_1)^2}{10}}$$

对于 A 中的第 i 个指标,根据均方差赋权时,第 i 个指标的权数可以表示为

$$w_{A_1} = \frac{\sigma_{A_1}}{\sum_{i=1}^{7}\sigma_{A_i}}$$

采用类似的方法,可以计算其他指标的客观权重。

2. 组合赋权法

采用主观赋权、客观赋权合成的方法来将不同赋权方法的结果组合归并,以得到一个组合赋权法的权数值。可用的合成方法较多,通常有加法合成法和乘法合成法。加法合成法其实质是利用算术平均数的方法来进行合成,其计算公式为

$$w_j = \frac{1}{m}\sum_{i=1}^{m}x_{ij} \quad (i=1,2,\cdots,m;j=1,2,\cdots,n)(等权加法合成)$$

$$w_j = \sum_{i=1}^{m}\lambda_i x_{ij} \quad (i=1,2,\cdots,m;j=1,2,\cdots,n)(不等权加法合成)$$

式中 x_{ij} 为第 i 种赋权法给第 j 个指标所赋的归一化权数,λ_i 为第 i 种赋权法的权数,w_j 为组合赋权法对第 j 个指标所赋的权数,m 为赋权法的个数。加法合成法适用于各种赋权法相互独立的场合,对各种赋权法结果的变动反映不太灵敏,该方法简单、易推广,但需要注意权数 λ_i 的确定要有理论依据,否则组合权精确度难以保证。

乘法合成法的实质是利用几何平均数来进行计算的合成方法,其计算公式为

$$w_j = \left(\prod_{i=1}^{m}x_{ij}\right)^{1/m} \quad (i=1,2,\cdots,m;j=1,2,\cdots,n)(乘方法)$$

乘法合成法适用于各种与赋权法有关联的场合,采用乘法合成法,各种赋权法间结果的补偿性较差,连乘法具有倍增效应,使得大者越大,小者越小;采用乘法合成法,各种赋权法的权数作用不明显,并且对各种赋权法结果的一致性要求较苛刻。但乘法合成法对各种赋权法结果变动反应灵敏,与加法合成法相比,乘法合成法稍复杂些。因此,这里采用等权加法合成的方法对主观权重和客观权重进行组合赋权。

(三) 评价指标的归并处理

对开发区的各个指标进行归并计算,可得到开发区的评价指数数值;同样对企业的各个指标进行归并计算,可以得到企业的评价指数数值。然后将开发区指数和企业指数再进行归并计算,则可以得到总体的评价指数。配合改进的功效系数法,这里选用加权求和法来进行评价指标的归并处理。

对于开发区角度的评价指数 A,其计算公式可以表示为

$$A = \sum_{i=1}^{7} w_{A_i} A'_i$$

对于企业角度的评价指数 B,其计算公式可以表示为

$$B = \sum_{h=1}^{8} w_{B_h} B'_h$$

对于总的评价指数 I(即试点效果评价指数),其最终计算公式可以表示为 $I_t = w_A A + w_B B$。

需要说明的是,这种计算方法简单直观,计算结果反映了空间单元评价因素的总体特征,是大多数空间单元影响因素综合作用的结果。该方法的不足之处在于,当各影响因素量化值的变异较大时,用它们的加权和作为反映空间单元的综合指标,会弱化和掩盖限制性因素的作用,使限制性因素的强限制性无法在空间单元的划分中得到体现,因而使得该方法的应用受到一定的限制。但采用改进的功效系数法能够较好地把各个因素数值控制在 60~100 之间,减少了影响因素量化值变异较大所带来的不足。

(四) 试点效果显著性

1. 检验方法一:配对样本符号检验

假定:

原假设 H0:试点前与试点后效果没有显著差异。

备择假设 H1:试点后的效果显著好于试点前的效果。

再进一步假设:$b=$ "+"符号的个数,即认为试点后效果好于试点前效果的企业(开发区)个数;$c=$ "-"符号的个数,即认为试点前效果好于试点后效果的企业(开发区)个数。

根据马克纽摩(McNemar)准则,如果原假设为真,那么下面的式子给出的数值将服从自由度为 1 的卡方分布:

$$\chi^2 = (b-c)^2/(b+c)$$

给定 5%的显著性水平,如果计算的卡方值大于双侧检验临界值,则拒绝原假

设,认为试点前与试点后的效果有显著差异。如果计算的卡方值大于单侧检验的临界值,则拒绝原假设,接受备择假设 H1,认为试点后的效果显著好于试点前的效果。

2. 检验方法二:Hotelling T2 检验

Hotelling T2 检验是一种多变量检验方法,是单变量检验方法的一种推广,一般适用于两组多元资料的比较检测。这里将其用于配对设计的两个均数向量比较。

假定:

原假设 H0:试点前与试点后效果没有显著差异。

备择假设 H1:试点后的效果显著好于试点前的效果。

首先,计算两个配对样本的均向量 $\overline{X_{(1)}}$、$\overline{X_{(2)}}$ 及合并协方差矩阵 V。其中 $\overline{X_{(1)}}$、$\overline{X_{(2)}}$ 分别表示试点前和试点后各指标均值以向量形式表示。$V=(L_{X(1)}+L_{X(2)})/(n+n-2)$,$L_{X(1)}$ 与 $L_{X(2)}$ 为两个配对样本的离差阵,即

$$L_{X(1)} = \sum_{i=1}^{n}(X_{(1)i}-\overline{X_{(1)}})^{\mathrm{T}}(X_{(1)i}-\overline{X_{(1)}})$$

$$L_{X(2)} = \sum_{i=1}^{n}(X_{(2)i}-\overline{X_{(2)}})^{\mathrm{T}}(X_{(2)i}-\overline{X_{(2)}})$$

其次,计算统计量 T^2:

$$T^2=\frac{n\cdot n}{n+n}(\overline{X_{(2)}}-\overline{X_{(1)}})^{\mathrm{T}}V^{-1}(\overline{X_{(2)}}-\overline{X_{(1)}})$$

式中 $(\overline{X_{(2)}}-\overline{X_{(1)}})^{\mathrm{T}}$ 是列向量 $(\overline{X_{(2)}}-\overline{X_{(1)}})$ 的转置,V^{-1} 是 V 的逆矩阵。

再次,求 F 值:

$$F=\frac{n+n-p-1}{n+n-2}T^2$$

式中 p 为变量个数,求出的 F 值服从自由度为 $r_1=p$,$r_2=n+n-p-1$ 的 F 分布。

最后,通过查 F 分布表,来判断是否接受原假设。

四、评价结果分析

(一) 数据采集方案设计与预处理方法

1. 数据采集

此次从企业、政府,以及对区域投资的促进作用 3 个方面进行客观评估。因此数据来源主要是两个方面,即政府填报数据、企业填报问卷。特别关注企业对此次

改革的评价,改革是否真正让企业获得实实在在的收益。2017年11月,课题组经省发改委协助,向11个城市的10个开发区征集数据。各城市及开发区在详细测算的基础上,对指标体系所涉及的各项数据进行了提供。同时,课题组要求各试点城市分别提供数家典型试点企业,这些企业的选取标准:一是"企业投资项目承诺制无审批管理"制度实施后,在新审批制度下有项目参与改革试点的企业;二是这些企业的试点项目已经涵盖了该城市所有试点项目的类型;三是个别有试点项目的企业,因在试点之前已经开始审批流程,不能完整观察整个审批流程的变化,因此没有统计。考虑上述因素,各地方提供试点企业共32家。课题组向这32家试点企业发放调查问卷,除联系不通畅未发到的情况、统计学允许的"不回答率"等原因外,共计收回调查问卷27份,涵盖了以完整审批流程考察试点效果的所有试点企业。

2. 数据预处理

在测算之前,对采集的基础数据需要进行如下预处理。

第一,对个别缺失数据进行插补。插补方法是指根据具体指标的具体情况来进行相应选择。可选用的方法有回归插补、等比插补、等差插补等。这里以三级指标A11为例来简单说明上述3种常用插补方法。回归插补一般是指找出与A11相关的指标(记为X),一般指标X的数据不存在缺失,利用现有的数据对A11与X做回归分析,得到回归方程$E(A11)=a+bX$(这里的参数a和b是已经估计出来的回归方程参数),进而实现对A11缺失数据的插补。等比插补一般是指利用A11的时间序列数据,计算相邻两期的增长率,从而利用相邻两期增长率变化较小的假定对缺失数据进行插补。等差插补则是指利用A11的上下期数据差额相近的假定对缺失数据进行插补。

第二,异常值的检测与处理。根据整体数据的情况,尽可能采用定量的方法客观地来判断异常值,并进行相应插补。常用的量化判断方法为3σ法,即在假定总体数据是正态分布的情况下,计算某个三级指标(如A11)的标准差σ,则置信区间以99%的概率覆盖A11的指标值,如果该指标某个值不在该区间内,则可以认定为异常值。在数据欠缺的情况下,可以采用主观判断的方法来确定数据指标是否存在异常值。具体来说,可以根据专家意见,也可以根据相应业务部门经验丰富的工作者经验来对指标是否存在异常值进行判断。

第三,逆指标的正向化处理。逆指标的正向化处理通常有两种方法,对于负值指标,则可以通过改变符号来进行正向化处理,而对于正值逆指标,则可以采用取倒数的方法来进行正向化处理。

(二)企业通过改革试点获得收益方面的评价结果分析(A1)

根据表8-2,企业是否从改革中获得收益,以及获得多少收益,主要通过如下指标衡量：一是企业审批时间缩短（A11），二是审批环节减少（A12），三是审批部门精简（A13），四是成本降低多少（A14），五是接受事中与事后监管频次（A15），六是项目后续建设中是否因审批减少而遇到障碍（A16）。需要注意的是：第一，除A15外，其余指标A11、A12、A13、A14、A16均为逆指标，即指标值越小越好，为便于统计测算，首先将指标正向化处理，将指标值修正为在0～100之间越大越好；第二，上述指标单位均不相同，例如，审批时间单位是天，审批环节单位是个，审批成本单位是万元等。为便于统计，首先将指标进行无量纲化处理。

根据11个城市的10个开发区的数据，计算得到的结果如表8-3和表8-4所示。

表8-3 改革前企业审批效率数据

改革前	审批时间/天（A11）	审批环节/个（A12）	审批所涉及部门/个（A13）	审批成本/万元（A14）	单个项目的事中与事后监管频次/次（A15）	项目审批中企业所需准备的文件数/个（A16）
平均值（无量纲化后）	48.66	28.08	42.20	62.07	61.01	40.48
客观权数	0.13	0.20	0.09	0.25	0.13	0.20

表8-4 改革后企业审批效率数据

改革后	审批时间/天（A11）	审批环节/个（A12）	审批所涉及部门/个（A13）	审批成本/万元（A14）	单个项目的事中与事后监管频次/次（A15）	项目审批中企业所需准备的文件数/个（A16）
平均值（无量纲化后）	86.13	96.96	93.03	86.94	93.98	85.58
客观权数	0.15	0.15	0.16	0.22	0.16	0.16

改革前的企业审批效率为$A_{1(1)}$：

$$A_{1(1)} = \sum_{i=1}^{6} w_i A_{1i}$$
$$= 0.13 \times 48.66 + 0.20 \times 28.08 + 0.09 \times 42.20 +$$
$$0.25 \times 62.07 + 0.13 \times 61.01 + 0.20 \times 40.48$$
$$\approx 47.28$$

改革后的企业审批效率为$A_{1(2)}$：

$$A_{1(2)} = \sum_{i=1}^{6} w_i A_{1i}$$
$$= 0.15 \times 86.13 + 0.15 \times 96.96 + 0.16 \times 93.03 +$$
$$0.22 \times 86.94 + 0.16 \times 93.98 + 0.16 \times 85.58$$
$$\approx 90.20$$

从数据测算结果看,改革后企业审批效率 90.20 远远高于改革前的 47.28。其原因一是审批时间大大缩短。逆指标正向化之后,改革后审批时间 A_{11} 为 86.13,远远好于改革前的 48.66。从对应实际审批时间来看,例如,山西转型综改示范区项目审批时间改革前平均为 220 天,改革后为 70 天;晋中市项目审批时间改革前为 235 天,改革后为 113 天。改革前后,缩短审批时间的效果非常明显。

二是审批环节和涉及部门大大减少。逆指标正向化之后,改革后审批环节 A_{12} 为 96.96,涉及部门个数 A_{13} 为 93.03,远远好于改革前的 28.08 和 42.20。由于审批事项由原来的 28 项,大幅缩减为 6 项以下,审批环节和所涉及的部门也大幅缩减,例如,山西转型综改示范区改革前审批环节为 28 个,涉及部门 15 个,改革后审批环节减少到 5 个,涉及部门减少到 4 个;晋中市改革前审批环节为 50 个,涉及部门 24 个,改革后审批环节减少到 34 个,涉及部门减少到 8.5 个。

三是审批成本大幅下降。逆指标正向化之后,改革后审批成本 A_{14} 为 86.94,远远好于改革前的 62.07。审批成本下降体现在 3 个方面:部分审批事项改为政府统一服务,政府承担了部分原来由企业承担的审批费用;部分审批事项改为企业承诺,让企业减少了部分原来必须找第三方论证的费用;由于审批环节减少,企业也减少了大量用来"打点关系"的成本,这块费用难以计算,不得而知。例如,晋中市审批成本由原来的平均值为 33 万元,降低到改革后的 23.5 万元;临汾市的一个项目审批成本由原来的 50 万元,减少为 20 万元左右。

四是单个项目的事中与事后监管频次有较大幅度提高。改革后监管频次 A_{15} 为 93.98,远远好于改革前的 61.01。仍以晋中市为例,改革前监管频次平均为 5,改革后监管频次增加到 12。临汾市改革前监管频次为 10,改革后监管频次增加到 65。原因在于,一方面,大量事项由原来的事前审批转变为事中、事后监管,客观上要求必须增加监管频次;另一方面,审批改为监管后,进一步强化了有关政府部门的监管责任,为确保项目建设和运行过程自始至终合法合规、达到技术标准,监管部门不得不主动强化监管,增加监管频率。

五是项目审批中企业所需准备的文件数大幅减少。逆指标正向化之后,审批中企业所需准备的文件数 A_{16} 改革后为 85.58,远远好于改革前的 40.48。例如,晋中市项目审批中企业所需准备的文件数由改革前的 35 个,减少到改革后的 22 个。从这个方面看,审批事项减少后,企业负担也大幅减小。

从数据测算和实际情况分析看,改革后企业审批效率较之前大幅提高,审批时间、审批环节、涉及部门、审批成本、企业所需准备的文件等都大幅减少。但是,经与相关企业了解,单个项目接受的事中、事后监管频次 A15 一项与实际情况有所出入。虽然从各地方报来的数据看,监管频次有较大增加,但是各地反映,这个数据只是估计数。原因在于,虽然各项目的事中、事后监管频次明显增加,但是由于改革试点以来时间较短,大部分项目经过审批后才刚刚开始建设或者尚未开始建设,距离全部建设完成还有一个较长的过程。就已建设的过程来看,单个项目的监管频次有所增加,但是未建设部分的事中、事后监管情况还不得而知。

(三) 企业对此次改革试点的满意度评价结果分析(A2)

企业项目承诺制无审批制改革,根本目的还是要让企业获益。因此,改革评价特别关注企业对此次改革的评价,改革是否真正让企业获得实实在在的收益。企业满意度主要是通过企业填写调查问卷的形式进行调查的。课题组收回的 27 份调查问卷,除联系不通畅未发到的情况、统计学允许的"不回答率"等原因外,涵盖了以完整审批流程考察试点效果的所有试点企业。调查问卷统计数据如表 8-5 所示。

表 8-5 企业对此次改革试点的满意度评价

问 题	符 号	满意度
对此次改革工作的总体满意度	A21	88.46%
在改革中受益与否的总体满意度	A22	96.15%
政务公开方面的满意度	A23	92.31%
企业参与改革设计方面的满意度	A24	84.61%
审批时间缩短方面的满意度	A25	84.61%
审批环节减少方面的满意度	A26	80.77%
审批成本下降方面的满意度	A27	84.61%
事中、事后监管方面的满意度	A28	88.46%
企业承诺制度设计方面的满意度	A29	80.77%
审批流程有法可依方面的满意度	A210	76.92%
审批制度改革对投资的吸引力	A211	92.31%

考虑 A21 和 A22 是总体满意度,因此首先对这两个满意度进行简单加权,然后将该结果再与其他 9 个单项满意度的简单加权结果进行再次的简单加权,计算过程和结果如下:

$$A_2 = \frac{1}{2} \times \left[\frac{1}{2}(A_{21} + A_{22}) + \frac{1}{9}\sum_{i=3}^{11} A_{2i}\right] \times 100 = 88.68$$

从企业对此次改革的总体满意度、单项满意度看,企业对此次改革的满意度达到88.68(满分为100),这是一个相当高的满意度水平。特别是,企业基本一致认为在此次改革中是受益的,并且对受益程度满意,此项满意度达到96.15%。落脚到对整个区域发展的影响看,调查问卷显示,92.31%的企业认为此次改革很有力度,如果企业再有项目要投资的话,排除企业战略因素、市场因素、家乡情感因素等外,只考虑企业投资环境因素,该企业仍然愿意在山西投资。这说明,此次审批制度改革对投资产生较大吸引力。

相比之下,企业对审批流程有法可依方面的满意度不高,仅为76.92%;在审批环节减少程度方面、企业承诺制度设计方面满意度也不高,均为80.77%。有企业提出,在监管方面,不仅要加强对企业的监管,还要加强对监管部门自身是否依法履职方面的监管。在强化了一些部门的监管责任之后,一些领域出现"任性检查"、执法扰民、执法不公、执法不严等问题。有企业提出,在对项目的图纸进行审核方面,应该制定更为严密的标准,目前的情况是,不同人审核图纸时,对标准的把握也不同,看似审核有依据,但由于标准不严密,审核标准或松或严实际上掌握在审核人手里。有企业提出,承诺制无审批管理办法中有些规定比较模糊,措辞不够准确,理解上有歧义,在具体执行的时候容易产生障碍。有企业提出,审批环节仍然有减少和改进的空间。从调研情况看,省有关部门和有关地区已经认识到这个问题,例如,晋中市将在下一阶段继续减少审批事项,向真正的"无审批"方向继续探索推进。

(四) 政府推进改革工作成效的评价(B)

政府是改革试点的推动者,在改革试点过程中,政府做了大量工作。但工作成效的衡量主要是考察通过工作产生了多少成果,改革前的数据与改革后的数据进行比较。因此,评价政府推进改革工作的成效,主要从可衡量的5个方面着手:一是就此项改革本地政府出台的文件个数B1,此项参数主要反映改革推进有法可依的程度;二是取消或合并的审批事项个数B2;三是改为政府统一服务的事项个数B3;四是改为企业承诺的事项个数B4;五是本地区各项目的平均事中、事后监管频次B5。需要说明的是:第一,有些工作虽然有关部门付出很大努力,但工作成果暂时体现不出来,可能要在以后某个时间点上才能有所体现,这类工作在本期评估期内并未产生成效,因而在指标评价中也难以体现;第二,B2、B3、B4这3项数据具有一定的相关性,为便于统计的计算,将B2、B3、B4这3项数据统筹考虑;第三,B1项只有改革后的数据,而改革前的数据为0,难以进行改革前后对比,因此此项数据在计算时只好放弃。因为这一指标只是22项指标中的一项,对计算结果影响不大,因此即使放弃也基本不影响评估结果。

根据山西省实际情况,改革前审批事项B6(1)为28项。如上所述,为计算需要,将取消或合并的审批事项个数(B2)、审批改为政府统一服务的事项数(B3)与改为企业承诺的事项个数(B4)进行加总,再将[28-(B2+B3+B4)]作为现有保留的审批事项数 B6(2)。11 个地区上述 4 个指标的平均值及其客观权重计算结果如表 8-6 所示。

表 8-6 政府推进改革工作成效的评价

改革前	改革前事中、事后监管频次 B5(1)	改革后事中、事后监管频次 B5(2)	改革前审批事项的个数(B6(1))	改革后审批事项的个数(B6(2))
平均值(无量纲化后)	55.04	88.28	23.91	90.02
客观权数	0.48	0.45	0.52	0.55

计算政府维度的改革综合评价指数 $B_{(1)}$ 和 $B_{(2)}$。

$$B_{(1)} = \sum_{i=5}^{6} w_i B_{i(1)} = 0.48 \times 55.04 + 0.52 \times 23.91 \approx 38.85$$

$$B_{(2)} = \sum_{i=5}^{6} w_i B_{i(2)} = 0.45 \times 88.28 + 0.55 \times 90.02 \approx 89.24$$

从计算的结果来看,显然,在"政府推进改革工作成效"方面,改革后的指数 89.23 明显高于改革前的指数 38.85,说明改革后的效果要好于改革前,政府在改革推进中工作卓有成效。再考虑指标"就此项改革本地政府出台的文件个数 B1",从调研情况看,改革试点工作启动以来,山西省省级层面共出台文件 3 个,即《山西省企业投资项目试行承诺制实行无审批管理的决定》《山西省企业投资项目试行承诺制实行无审批管理试点工作方案》《山西省企业投资项目承诺制试点工作方案》,其中包括《山西省企业投资项目试行承诺制实行无审批管理事项清单》《山西省企业投资项目试行承诺制实行无审批管理可承诺事项准入条件和标准》等若干附件。各地市出台市级层面文件共计 67 个,平均每个地市出台文件 6 个。政策文件的制定出台有力地推动了改革试点工作的深入落实,让各层面改革试点工作有据可依。

从落实《开发区试点工作方案》的实际情况看,13 项改革推进的重点任务基本完成,只有个别任务因外部不可控因素影响尚未完成。其中,第一、二、三、五、六、七、八、九、十二、十三项任务已经完成。第十、十一两项(即"制订企业守信激励和失信惩戒办法"、"深入研究涉及事项的法律法规依据"两项)任务都在根据改革试点进展情况不断深化研究。例如,晋中市在研究涉及事项的法律依据后,根据本地情况,将审批事项只保留 4 项,下一阶段,还要向真正的"无审批"方向继续探索推进。第四项任务(即"各市尽快对试点开发区授权")尚未完成,原因在于国务院向山西省的改革授权需要经过一定程序,有关授权的协调工作还在加快推进中,各市对试点开发区的授权也因此而延后。

（五）成效指数的改革前后对比

根据前面3个分指数的计算结果，我们将其进行加权计算，得到改革前的总指数 I(1) 和改革后的总指数 I(2)。这两个总指数代表的是改革前后统筹考虑企业通过改革获得的收益、企业对改革的主观评价、政府改革工作成效等因素，而综合测算出来的总体改革成效。I(1)与I(2)进行比较，即可直观看出改革试点的实际成效。需要说明的是，改革后的总指数包括满意度指数在内，而改革前的指数则不包括满意度指数，因此，我们在加权时，适当地降低了满意度指数在改革后总指数计算中的权数。具体计算如下：

$$I_{(1)} = \frac{1}{2}(B_{(1)} + A_{1(1)})$$
$$= 0.5 \times 38.85 + 0.5 \times 47.28$$
$$\approx 43.07$$
$$I_{(2)} = 0.4 \times B_{(2)} + 0.4 \times A_{1(2)} + 0.2 \times A_2$$
$$= 0.4 \times 89.23 + 0.4 \times 90.20 + 0.2 \times 88.68$$
$$\approx 89.51$$

从总指数计算的结果来看，"企业投资项目承诺制无审批管理试点"改革后的总指数(89.51)要远远高于改革前的总指数(43.07)，说明改革后企业审批效率、企业获得收益、政府推进改革工作等方面的总体效果要远远好于改革前。

（六）试点效果显著性检验

虽然从直观感受看，改革后的总指数(89.51)要远远高于改革前的总指数(43.07)，但是这在统计学上仍不足以说明改革前与改革后的效果差异。因此，必须对改革前与改革后两组数据进一步做显著性检验。本书使用配对样本符号检验、Hotelling T2 检验两种方法，对改革前后两组数据进行检验，均得出改革成效显著的结论。

1. 检验方法一：配对样本符号检验

假定：

原假设 H0：试点前与试点后效果没有显著差异。

备择假设 H1：试点后的效果显著好于试点前的效果。

再进一步假设：b="+"符号的个数，即认为试点后效果好于试点前效果的企业（开发区）个数；c="−"符号的个数，即认为试点前效果好于试点后效果的企业（开发区）个数。

根据马克纽摩准则，如果原假设为真，那么下面的式子给出的数值将服从自由度为1的卡方分布：

$$\chi^2=(b-c)^2/(b+c)$$

给定5%的显著性水平,如果计算的卡方值大于双侧检验临界值,则拒绝原假设,认为试点前与试点后的效果有显著差异。如果计算的卡方值大于单侧检验的临界值,则拒绝原假设,接受备择假设 H1,认为试点后的效果显著好于试点前的效果。

由于此项改革的最终效果由企业说了算,因此,本检验重点从企业角度,根据获取的数据情况,分为下面3种情况,利用配对样本符号检验来检验此项改革的效果是否显著。3种情况的检验结果一致表明：企业承诺制改革试点后的效果显著好于试点前的效果。

从企业实施项目的角度,依据企业项目的调查数据进行统计,$b=85,c=4$,根据马克纽摩准则,如果原假设为真,那么下面的式子给出的数值将服从自由度为1的卡方分布：

$$\begin{aligned}\chi^2&=(b-c)^2/(b+c)\\&=(85-4)^2/(85+4)\\&\approx 73.72>3.84\end{aligned}$$

给定5%的显著性水平,卡方分布单侧检验值为3.84,由于计算的卡方值大于3.84,因此,拒绝原假设,接受备择假设 H1,认为试点后的效果显著好于试点前的效果。(说明：这里考虑企业项目调查数据中的缺失数据,对部分缺失数据进行了插补,对完全无法插补的部分缺失数据进行了删除。)

从企业主观满意程度的角度,依据企业满意度调查数据进行统计,$b=246$,$c=40$,同样根据马克纽摩准则,如果原假设为真,那么下面的式子给出的数值将服从自由度为1的卡方分布：

$$\begin{aligned}\chi^2&=(b-c)^2/(b+c)\\&=(246-40)^2/(246+40)\\&\approx 148.38>3.84\end{aligned}$$

给定5%的显著性水平,卡方分布单侧检验值为3.84,由于计算的卡方值大于3.84,因此,拒绝原假设,接受备择假设 H1,认为试点后的效果显著好于试点前的效果。(说明：为了便于分析,我们将回答③、④、⑤的记为不满意,回答①、②的记为满意。)

结合企业的项目实施和企业的主观满意度,依据上述两类数据进行统计,$b=331,c=44$,同样根据马克纽摩准则,如果原假设为真,那么下面的式子给出的数值将服从自由度为1的卡方分布：

$$\chi^2 = (b-c)^2/(b+c)$$
$$= (331-44)^2/(331+44)$$
$$\approx 219.65 > 3.84$$

给定5%的显著性水平,卡方分布单侧检验值为3.84,由于计算的卡方值大于3.84,因此,拒绝原假设,接受备择假设 H1,认为试点后的效果显著好于试点前的效果。

2. 检验方法二:Hotelling T2 检验

Hotelling T2 检验是一种多变量检验方法,是单变量检验方法的一种推广,一般适用于两组多元资料的比较检测。这里将其用于配对设计的两个均数向量的比较。

假定:

原假设 H0:试点前与试点后效果没有显著差异。

备择假设 H1:试点后的效果显著好于试点前的效果。

首先,计算两个配对样本的均向量$\overline{X_{(1)}}$、$\overline{X_{(2)}}$及合并协方差矩阵 V。其中$\overline{X_{(1)}}$、$\overline{X_{(2)}}$表示试点前和试点后各指标均值以向量形式表示。$V = (L_{X(1)} + L_{X(2)})/(n+n-2)$,$L_{X(1)}$ 与 $L_{X(2)}$ 为两个配对样本的离差阵,即

$$L_{X(1)} = \sum_{i=1}^{n}(X_{(1)i} - \overline{X_{(1)}})^T(X_{(1)i} - \overline{X_{(1)}})$$

$$L_{X(2)} = \sum_{i=1}^{n}(X_{(2)i} - \overline{X_{(2)}})^T(X_{(2)i} - \overline{X_{(2)}})$$

其次,计算统计量 T^2:

$$T^2 = \frac{n \cdot n}{n+n}(\overline{X_{(2)}} - \overline{X_{(1)}})^T V^{-1}(\overline{X_{(2)}} - \overline{X_{(1)}})$$

式中$(\overline{X_{(2)}} - \overline{X_{(1)}})^T$是列向量$(\overline{X_{(2)}} - \overline{X_{(1)}})$的转置,$V^{-1}$是 V 的逆矩阵。

再次,求 F 值:

$$F = \frac{n+n-p-1}{n+n-2}T^2$$

式中 p 为变量个数,求出的 F 值服从自由度为 $r_1 = p, r_2 = n+n-p-1$ 的 F 分布。

最后,通过查 F 分布表,来判断是否接受原假设。

具体计算时,根据数据情况,我们分为下面两种情况来进行检验。

从企业项目的角度进行 Hotelling T2 检验,即根据所获得的改革前和改革后的 6 个指标,21 个观测值来进行 Hotelling T2 检验。具体计算时,我们根据需要,对部分缺失数据进行了插补,通过 R 软件编程,计算了 T^2 的值:

$$T^2 = 80.5286$$

因此:

第八章 企业承诺制改革试点效果评估体系的构建及其实现

$$F = \frac{n+n-p-1}{n+n-2}T^2 = \frac{21+21-6-1}{21+21-2} \times 80.5286 \approx 70.64$$

通过查表可得5%的显著性水平下,F 统计量的上侧分位点为2.37,计算的 F 值大于2.37,因此拒绝原假设,接受备择假设,即认为试点后的效果显著好于试点前的效果。

从各地区政府角度进行 Hotelling T2 检验,即将各地区企业项目的调查结果进行简单平均,得到6个指标,同时引入政府审批事项个数(根据政府填表结果计算得到),这样一共7个指标,$n=11$,进行 Hotelling T2 检验。具体计算时,我们根据需要,对部分缺失数据进行了插补,通过 R 软件编程,计算了 T^2 的值如下:

$$T^2 = 145.5529$$

因此:

$$F = \frac{n+n-p-1}{n+n-2}T^2 = \frac{11+11-7-1}{11+11-2} \times 145.5529 = 101.89$$

通过查表可得5%的显著性水平下,F 统计量的上侧分位点为2.76,显然计算的 F 值大于2.37,因此拒绝原假设,接受备择假设,即认为试点后的效果显著好于试点前的效果。

因此,总结上述两种情况下的 Hotelling T2 检验结果,可以得出如下结论,即进行企业承诺制改革试点后的改革效果显著好于试点前的效果。

五、政策建议

1. 进一步深化改革试点,探索"零审批"管理

目前,山西省承诺制试点保留的审批事项仅剩余建设用地(含临时用地)规划许可证核发、建设工程规划类许可证核发、建筑工程施工许可证核发、供地方案审批、建设项目环境影响评价报告书及报告表审批、涉及国家安全事项的建设项目审批6项审批事项。对于剩余6项审批事项也可以探索进一步简化或取消。其中,对于项目建设国家安全审批有关部门完全可划定安全敏感区域,对于区域以外的项目免于安全审批;对于环境影响评价可以实行分类管理,制定有重大环境影响的项目目录,对目录内项目实行建设前审批,其余项目则纳入承诺事项,通过加强事中、事后监管进行管理。对规划许可证和施工许可证核发,规划管理可以通过土地预审环节进行,转为政府内部审核,可将施工许可改为施工备案管理。

2. 进一步拓展改革内容,探索推动全流程审批改革

目前,山西省承诺制试点改革已经初步构建起了备案制项目报建阶段承诺制管理的制度体系,但对报建前期企业所要开展的各项工作、准备的各种材料的改革还没有涉及,承诺制管理的流程还需要进一步完善,对于项目前期土地手续、环评手续等严重影响项目建设进度的重点环节还需要进一步突破。如目前备案项目报建阶段需进行中介评审、施工图纸审查的有13项,企业分别提交材料,然后分别审查,耗费时间长、成本高。但同时,国家对中介机构都进行资质管理,相关中介机构按照国家制定的行业规范、标准编制各类报告(书)、方案、施工图纸、设计等,对其技术性、科学性、合理性等负终身责任。完全可以明确,凡企业委托有资质中介机构编制的,审批部门不需另行委托中介机构组织评审,也可以取消图审机构对施工图纸的审查,由其编制机构依法对其终身负责。再如,对环境影响评价完全可以进行分类管理,制定重点管理项目清单,将垃圾焚烧发电、危险化工等项目一些特殊项目清单,实行严格审批,其余项目列为承诺事项。

3. 进一步强化事中、事后监管,构建有效透明的协同监管机制

企业投资项目行政审批事项的设立,是为了确保项目建设运营的规范,避免建设运营过程中出现问题。简化审批不等于监管缺位,企业承诺不能"光说不干"。因此,一方面,要对项目建设中的重点环节、监管要点、监管标准进行逐项梳理,构建与承诺制相匹配的严格事中、事后监督管理体系,确保项目建设运营规范达标,切实做到项目实施过程中不出问题。另一方面,还要规范有关监管部门的监管行为,制定严格的监管程序、标准,督促监管部门依法监管,避免一些企业提出的监管问题;同时,还要构建有效透明的协同监管机制,探索运用多种手段加强事中、事后监管,重点是健全"互联网+监管"模式,用足用好企业投资项目在线审批监管平台、信用信息共享平台,真正建立透明、规范、高效的投资项目纵横联动协同监管机制。

4. 进一步完善政策体系和配套措施,规范和优化政府服务

一是规范完善政策性条件体系。在全省域推广事项设置的基础上,细化完善可承诺事项的准入标准、政府统一服务事项的各类评估报告、确需保留审批事项的流程和要求等政策性条件,并将其作为企业投资项目试行承诺制的规范标准。

二是建立高效精准的政府靠前服务机制。对政府统一服务事项,由部门在供地阶段介入、主动办理完成。探索企业投资项目代理代办服务制度,建立从立项后到投产前的全程代办或者部分代办咨询服务的准公益机构,让靠前服务常态化、长效化。

三是加强双向信用约束体系建设。运用省信用信息共享平台,建立健全各类市场主体信用等级评价机制和"红黑名单"制度,强化对企业作为投资主体守信践诺的约束作用。同时,以政务诚信为引领,严格落实政务履约和行政守诺机制。

四是探索全过程清单式一费制度。在简化事项、优化流程的同时,对报建阶段所设收费事项摸底,变"多头多次缴费制"为"一费制",统一收费事项、收费标准,实行清单管理,清单之外无费用。

五是探索改革成果运用于自贸区建设。把承诺制改革的政策成果移植推广到自贸区内的外商投资项目的引进和落地建设中,发挥好政策叠加效应,切实提高对外资项目的服务水平,增强对外资的吸引力,着力建设山西版的中国(山西)自由贸易试验区,打造内陆地区对外开放新高地。

参 考 文 献

[1] 金璐,何伟,闫华光,等.基于改进TOPSIS的乡镇综合能源系统效益综合评价方法[J].电测与仪表,2021:1-9.

[2] 宇文塔曼.AHP-灰色关联汉服综合评价体系研究[J].丝绸,2021,58(5):53-61.

[3] 李新宇.基于模糊综合评价方法的通用桥式起重机风险评价[J].工业安全与环保,2021,47(4):26-30.

[4] 范韩璐,徐镭.基于数据包络分析的配电台区综合指标量化评价[J].东北电力技术,2021,42(3):46-50.

[5] 梅红伟.多元统计法在银行财务竞争力评价中的应用[J].北方经贸,2021(3):94-97.

[6] 俞裕兰,杨靛青.跨境电商信用多指标综合模糊评价模型研究[J].牡丹江师范学院学报(社会科学版),2021(1):11-22.

[7] 卢天鸣,夏梦雷,曹林,等.装备采购综合评价指标权重确定的群组层次分析方法[J].信息系统工程,2021(1):142-144.

[8] 曾守桢,骆丹丹.基于类Pearson综合相关系数的概率语言TOPSIS多属性决策方法[J].系统科学与数学,2021,41(1):126-143.

[9] 王计瑞,谭均,李隆云,等.基于多指标综合评价的不同规格槐花干燥方法研究[J].中国中药杂志,2021,46(6):1401-1409.

[10] 谢忠秋.统计综合评价中无量纲化方法选择的t检验思路[J].统计与决策,2020,36(22):32-36.

[11] 卞理,窦志华,黄斯嘉.灰色关联度分析法评价大黄饮片质量研究[J].现代中药研究与实践,2020,34(5):39-42.

[12] 杨靛青,韩清云.基于TOPSIS的网络舆情态势等级模糊多指标综合评价模型[J].系统科学与数学,2020,40(8):1352-1364.

[13] 肖枝洪,王一超.关于"评测指标权重确定的结构熵权法"的注记[J].运筹与管理,2020,29(6):145-149.

[14] 俞立平,宋夏云.评价型无量纲法、自然权重与线性科技评价[J].现代情报,

2020,40(4):120-127.

[15] 刘照德,詹秋泉,田国梁.因子分析综合评价研究综述[J].统计与决策,2019,35(19):68-73.

[16] 张发明,华文举,李玉茹.几种综合评价方法的稳定性分析[J].系统科学与数学,2019,39(4):595-610.

[17] 吴伟,王国辉,顾丹.模糊综合评价的偏序集表示方法[J].辽宁工程技术大学学报(自然科学版),2018,37(5):851-856.

[18] 韩晓,刘凤之,谢计蒙,等.四种综合评价法对不同葡萄品种设施环境适应性的评价和比较[J].植物生理学报,2017,53(12):2235-2243.

[19] 彭张林,张爱萍,王素凤,等.综合评价指标体系的设计原则与构建流程[J].科研管理,2017,38(S1):209-215.

[20] 刘勇,熊晓旋,全冰婷.基于灰色关联分析的双边公平匹配决策模型及应用[J].管理学报,2017,14(1):86-92.

[21] 钟赛香,胡鹏,薛熙明,等.基于合理权重赋值方法选择的多因素综合评价模型——以JCR中70种人文地理期刊为例[J].地理学报,2015,70(12):2011-2031.

[22] 彭张林,张强,杨善林.综合评价理论与方法研究综述[J].中国管理科学,2015,23(S1):245-256.

[23] 李茜,胡昊,李名升,等.中国生态文明综合评价及环境、经济与社会协调发展研究[J].资源科学,2015,37(7):1444-1454.

[24] 张子龙,孙萌,李凯明,等.基于TOPSIS-RSR法的三七连作障碍消减效应综合评价[J].中国生态农业学报,2015,23(6):713-724.

[25] 苏李维,李胜,马绍英,等.葡萄抗寒性综合评价方法的建立[J].草业学报,2015,24(3):70-79.

[26] 穆永铮,鲁宗相,乔颖,等.基于多算子层次分析模糊评价的电网安全与效益综合评价指标体系[J].电网技术,2015,39(1):23-28.

[27] 李沙浪,雷明.基于TOPSIS的省级低碳经济发展评价及其空间面板计量分析[J].中国管理科学,2014,22(S1):741-748.

[28] 张文朝,顾雪平.应用变异系数法和逼近理想解排序法的风电场综合评价[J].电网技术,2014,38(10):2741-2746.

[29] 向欣,罗煜,程红胜,等.基于层次分析法和模糊综合评价的沼气工程技术筛选[J].农业工程学报,2014,30(18):205-212.

[30] 张洪青,赵艳丽.多指标常用综合评价方法比较研究[J].现代商贸工业,2014,26(7):20.

[31] 林海明,杜子芳.主成分分析综合评价应该注意的问题[J].统计研究,2013,

30(8):25-31.

[32] 刘思峰,蔡华,杨英杰,等.灰色关联分析模型研究进展[J].系统工程理论与实践,2013,33(8):2041-2046.

[33] 糜万俊.无量纲化对属性权重影响的传导机制及调权研究[J].统计与决策,2013(4):11-14.

[34] 韩小孩,张耀辉,孙福军,等.基于主成分分析的指标权重确定方法[J].四川兵工学报,2012,33(10):124-126.

[35] 沈阳武,彭晓涛,施通勤,等.基于最优组合权重的电能质量灰色综合评价方法[J].电力系统自动化,2012,36(10):67-73.

[36] 李红,朱建平.综合评价方法研究进展评述[J].统计与决策,2012(9):7-11.

[37] 王先甲,张熠.基于AHP和DEA的非均一化灰色关联方法[J].系统工程理论与实践,2011,31(7):1222-1229.

[38] 缪胜光,陈国宏.产业集群企业技术创新能力研究——基于云理论[J].技术经济,2011,30(5):1-5.

[39] 程启月.评测指标权重确定的结构熵权法[J].系统工程理论与实践,2010,30(7):1225-1228.

[40] 柳顺,杜树新.基于数据包络分析的模糊综合评价方法[J].模糊系统与数学,2010,24(2):93-98.

[41] 戚湧,李千目,孙海华.基于主成分神经网络和聚类分析的高校创新能力评价[J].科学学与科学技术管理,2009,30(10):112-117.

[42] 钱吴永,党耀国,熊萍萍,等.基于灰色关联定权的TOPSIS法及其应用[J].系统工程,2009,27(8):124-126.

[43] 贾品,李晓斌,王金秀.几种典型综合评价方法的比较[J].中国医院统计,2008,15(4):351-353.

[44] 刘继斌,曲成毅,王瑞花.基于属性AHM的Topsis综合评价及其应用[J].现代预防医学,2006(10):1862-1863.

[45] 潘石柱,殳伟群,王令群.基于GHA的核主成分分析及其应用[J].计算机技术与发展,2006(10):23-25.

[46] 杨宇.多指标综合评价中赋权方法评析[J].统计与决策,2006(13):17-19.

[47] 王其荣,黄建.综合评价方法之评价[J].统计与决策,2006(11):137-138.

[48] 章雁.企业竞争力综合评价与组合评价方法探讨[J].商业研究,2006(10):65-68.

[49] 刘英平,林志贵,沈祖诒.有效区分决策单元的数据包络分析方法[J].系统工程理论与实践,2006(3):112-116.

[50] 李昕泠,李小宇,朱跃,等.石灰石固硫特性指标体系的建立与综合评价[J].

电站系统工程,2006(1):17-18.

[51] 侯志东,吴祈宗.基于 Hausdauff 度量的模糊 TOPSIS 方法研究[J].数学的实践与认识,2005(3):233-237.

[52] 虞晓芬,傅玳.多指标综合评价方法综述[J].统计与决策,2004(11):119-121.

[53] 陈孝新.几种综合评价方法的实证比较[J].江西财经大学学报,2004(3):20-23.

[54] 陈衍泰,陈国宏,李美娟.综合评价方法分类及研究进展[J].管理科学学报,2004(2):69-79.

[55] 李荣平,李剑玲.多指标统计综合评价方法研究[J].河北科技大学学报,2004(1):85-88.

[56] 陈雷,王延章.基于熵权系数与 TOPSIS 集成评价决策方法的研究[J].控制与决策,2003(4):456-459.

[57] 杨印生,李洪伟.基于数据包络分析模型的绿色产品非均一评价[J].中国机械工程,2003(11):71-73.

[58] 王青华,向蓉美,杨作廪.几种常规综合评价方法的比较[J].统计与信息论坛,2003(2):30-33.

[59] 苏为华.多指标综合评价理论与方法问题研究[D].厦门:厦门大学,2000.

[60] 吕建伟,付黎,李积源.武器装备研制项目重要度评估模型研究[J].系统工程理论与实践,2000(1):80-85.

[61] 安景文,韩朝,关红,等.灰色聚类关联分析法在大气环境质量评价中的应用[J].数量经济技术经济研究,1999(12):69-71.

[62] 毛定祥.上市公司复合财务系数[J].系统工程理论与实践,1999(10):43-48.

[63] 赵艳林,梅占馨.模糊灰关联模式识别方法及其应用[J].系统工程理论与实践,1999(6):68-71.

[64] 王建华,赖明勇.中国工业制造业技术创新的相对评价及实证研究[J].系统工程,1999(2):25-28.

[65] 安景文,杜蓉晖,韩朝.旅游饭店经营绩效综合评价方法探讨[J].数量经济技术经济研究,1998(10):35-38.

[66] 翟忠和,翟丽丽.石灰石脱硫特性指标体系的建立与综合评价[J].系统工程理论与实践,1998(6):131-135.

[67] 薛峰,杨德礼.评价银行经营与管理综合效益的 DEA 模型[J].数量经济技术经济研究,1998(5):63-66.

[68] 王建成,高大启,王静,等.改进的遗传和 BP 杂交算法及神经网络经济预警

系统设计[J].系统工程理论与实践,1998(4):137-142.
[69] 金星日,尹锡杰,许虎男.主成分分析法在工业企业经济效益综合评价中的应用[J].数理统计与管理,1997(6):15-18.
[70] 杨善朝,李志友.广西地区经济指标评价[J].数理统计与管理,1997(4):1-4.
[71] 谈永飞,邵亚农,周家仪,等.用主成分分析法综合评价医疗质量[J].中国医院统计,1997(2):74-76.
[72] 吕昌会,何湘藩.具有专家权重的模糊多层次多目标群决策方法[J].数量经济技术经济研究,1997(5):30-33.
[73] 徐川育,钱尚玮.工业行业综合经济效益比较的神经网络方法[J].管理工程学报,1997(2):109-116.
[74] 王惠文.用主成分分析法建立系统评估指数的限制条件浅析[J].系统工程理论与实践,1996(9):25-30.
[75] 祝世京,陈珽.社会技术系统中的多目标综合评价[J].系统工程,1996(4):35-39.
[76] 应竹青.城市环境质量多元统计分析——永安市城市环境质量综合评价[J].数理统计与管理,1995(6):1-4.
[77] 李平玉.非负约束主成分分析[J].统计研究,1995(4):62-66.
[78] 冯玉国.水质综合评价灰色理论模型及其应用[J].环境科学动态,1995(2):20-22.
[79] 陈述云,张崇甫.对多指标综合评价的主成分分析方法的改进[J].统计研究,1995(1):35-39.
[80] 罗庆成,何勇.农业综合生产力的多层次灰关联评估[J].系统工程理论与实践,1994(4):75-80.
[81] 王庆石.统计指标间信息重叠的消减办法[J].财经问题研究,1994(1):57-61.
[82] 赵树宽,陆晓芳.关于企业综合经济效益评价模型的讨论——兼与孙书安、刘贤龙等同志商榷[J].数理统计与管理,1993(4):24-28.
[83] 王晓军.多指标综合评价中指标无量纲化方法的探讨[J].人口研究,1993(4):47-51.
[84] 何湘藩.关于"三力"建标法与最优评价指标体系[J].数量经济技术经济研究,1993(7):46-48.
[85] 苏为华.对数型功效系数法初探[J].统计研究,1993(3):63-66.
[86] 余迪意.因子分析法介评[J].财经科学,1993(5):62-63.
[87] 陈守煜,赵瑛琪.系统模糊决策理论与应用[C]//中国航空学会自动控制专

业委员会等.1993年中国控制与决策学术年会论文集.1993:683-687.

[88] 孟生旺.用主成分分析法进行多指标综合评价应注意的问题[J].统计研究, 1992(4):67-68.

[89] 彭家生,陈述云,黄茹.经济效益评价的灰色——多元方法[J].统计与决策, 1992(2):36-37.

[90] 刘贤龙.对企业经济效益综合指标数学模型的研究[J].数理统计与管理, 1990(3):49-55.

[91] 魏权龄,卢刚,蒋一清,等.DEA方法在企业经济效益评价中的应用[J].统计研究,1990(2):58-62.

[92] 张尧庭,张璋.几种选取部分代表性指标的统计方法[J].统计研究,1990(1):52-58.

[93] 王铮.谈建立评估指标体系的综合回归法[J].教学与管理,1988(3):21-26.

[94] 孙宇,刘静海,徐向羽.企业多指标综合评价方法——前缘分析方法[J].数量经济技术经济研究,1986(8):52-58.

[95] 高元源,毕凤英.用二级判别法评价企业综合经济效益的探讨[J].数理统计与管理,1986(3):13-17.

[96] 胡祖光.均匀度定理和协调度定理及其在企业综合经济效益排序中的应用[J].数量经济技术经济研究,1986(2):51-57.

[97] 和金生,赵焕臣,杜秀珍.用层次分析法探讨科研成果的综合评价[J].系统工程理论与实践,1985(1):33-38.

[98] 庞皓,谢胜智.再论评价综合经济效益的多目标规划方法[J].财经科学, 1983(4):55-64.

[99] Wang C L, Yoon K S. Multiple attributedecision making[M]. Berlin: Spring-Verlag,1981.

[100] 汪培庄.模糊集与随机集落影[M].北京:北京师范大学出版社,1985.

[101] 邓聚龙.灰色系统理论教程[M].武汉:华中理工大学出版社,1990.

[102] 邱东.多指标综合评价方法的系统分析[M].北京:中国统计出版社,1991.

[103] 陈湛匀.现代决策分析概论[M].上海:上海科学技术文献出版社,1991.

[104] 邓聚龙.灰色系统基本方法[M].武汉:华中科技大学出版社,2005.

[105] 杜栋,庞庆华.现代综合评价方法与案例精选[M].北京:清华大学出版社,2008.

[106] 徐广军,倪晓华.标普、穆迪、邓白氏企业信用评价指标体系比较研究[J].浙江金融,2007(3):51-52.

[107] 李丹,伦杭,聂逆,等.国际三大评级机构信用评级定义及方法研究[J].征信,2013,31(8):47-50.

[108] 贺书婕. 穆迪公司及信用评级制度(上)[J]. 城市金融论坛,2000(8):46-51.

[109] 穆迪[EB/OL].[2020-05-15]. https://www.moodys.com/researchdocumentcontentpage.aspx?docid=PBC_1116508.

[110] 标普[EB/OL].[2020-05-15]. https://www.standardandpoors.com/en_US/web/guest/article/-view/type/HTML/id/2153168.

[111] 惠誉[EB/OL].[2020-05-15]. https://www.fitchratings.com/site/re/10044407.

[112] 金兵兵. 新时代市场开放条件下我国信用评级机构发展问题研究[J]. 征信,2019,37(1):35-39.

[113] 张浩. 中国信用评级市场的发展回顾与展望[J]. 金融发展研究,2018(10):29-35.

[114] 李鸿禧. 企业信用评级的国际经验与方法研究[J]. 新金融,2020(1):54-58.

[115] 国家统计局. 中国统计年鉴2006[M]. 北京:中国统计出版社,2007.

[116] 国务院发展研究中心课题组. 主体功能区形成机制和分类管理政策研究[M]. 北京:中国发展出版社,2008.

[117] 宏观经济研究院国土地区所课题组. 我国主体功能区划分理论与实践的初步思考[J]. 宏观经济管理,2006(10):43-46.

[118] 胡慧平. 用地不多环境美日本国土规划的特色[J]. 中国房地信息,2005(7):65-66.

[119] 胡序威. 论中国经济区的类型与组织[J]. 地理学报,1993(3):193-203.

[120] 胡序威. 组织大经济区和加强省区间规划协调[J]. 地理研究,1994(1):16-22.

[121] 黄秉维. 中国综合自然区划的初步草案[J]. 地理学报,1958(4):348-365.

[122] 黄勤. 对统筹区域发展的几点思考[J]. 西南民族大学学报(人文社科版),2004(4):159-161.

[123] 贾若祥. 东北地区主体功能区规划需要处理的几个关系[J]. 宏观经济管理,2007(11):33-35.

[124] 姜爱林. 论土地政策的几个问题[J]. 东北财经大学学报,2001(2):24-27.

[125] 金相郁. 韩国国土规划的特征及对中国的借鉴意义[J]. 城市规划汇刊,2003(4):66-96.

[126] 景跃军. 东北地区相对资源承载力动态分析[J]. 吉林大学社会科学学报,2006(4):105-110.

[127] 雷国锋,吴传清. 韩国的国土规划模式探析[J]. 经济前沿,2004(9):37-40.

[128] 黎婴迎,曹小曙. 对广东省国土规划的几点认识与思考[J]. 热带地理, 2007(2):149-153.

[129] 李成,李成宇. 21世纪国土规划的理论探讨[J]. 人文地理,2003(4): 37-41.

[130] 李成,王波. 关于新一轮国土规划性质及其理论体系建设的思考[J]. 经济地理,2003(3):289-312.

[131] 李德仁. 数字省市在国土规划与城镇建设中的作用(上)[J]. 建设科技, 2002(9):30-32.

[132] 李德仁. 数字省市在国土规划与城镇建设中的作用(下)[J]. 建设科技, 2002(10):52-53.

[133] 李家成. 空间经济结构动态研究方法[J]. 华中师范大学学报(自然科学版),1996(2):226-232.

[134] 李建红. 国土规划要实现的几个转变[J]. 地域研究与开发,1995(3): 17-18.

[135] 李建红. 市场经济条件下国土规划的新思路[J]. 国土与自然资源研究, 1995(3):4-5.

[136] 李建民. 中国劳动力市场多重分割及其对劳动力供求的影响[J]. 中国人口科学,2002(2):1-7.

[137] 石刚. 我国主体功能区的划分与评价——基于承载力视角[J]. 城市发展研究,2010(3):44-50.

[138] 苏建华. 关于新时期区域国土规划思路的探讨[J]. 福建地理,1997(1): 38-40.

[139] 苏建华. 浅议区域国土规划思路与方法的创新[J]. 发展研究,1997(2): 15-16.

[140] 孙敬之. 论经济区划[J]. 教学与研究,1955(11).

[141] 孙姗姗,朱传耿. 论主体功能区对我国区域发展理论的创新[J]. 现代经济探讨,2006(9):73-76.

[142] 孙坦. 奥地利国土规划管理工作[J]. 国土资源情报,2002(1):54-57.

[143] 孙文盛. 在广东省国土规划编制启动仪式上的讲话[J]. 国土资源通讯, 2006(2):23.

[144] 唐敏. 为何启动新一轮国土规划[J]. 瞭望,2005(21):11-13.

[145] 汪一鸣,刘云朝,刘加清. 国土规划理论方法的几点新认识[J]. 宁夏大学学报(自然科学版),1999(3):268-273.

[146] 王贵明,匡耀求. 基于资源承载力的主体功能区与产业生态经济[J]. 改革与战略,2008(4):147.

[147] 王建廷. 区域经济发展动力与动力机制[M]. 上海:上海人民出版社, 2008:117-121.

[148] 王黎明,冯仁国,杨燕风. 区域可持续发展指标的相关性分析及降维模型研究——以中国省级区域为例[J]. 地球科学进展,2001(6):802-812.

[149] 王书华,毛汉英. 土地综合承载力指标体系设计及评价——中国东部沿海地区案例研究[J]. 自然资源学报,2001(3):248-254.

[150] 王治祥,马云昌. 国土规划的系统工程方法[C]//科学决策与系统工程——中国系统工程学会第六次年会论文集. 1990:461-464.

[151] 卫大同. 辽宁省国土规划地理信息系统设计与构架[D]. 长春:吉林大学, 2006:1-40.

[152] 魏后凯. 对推进形成主体功能区的冷思考[J]. 中国发展观察,2007(3):28-30.

[153] 魏后凯. 荷兰国土规划的经验与教训[J]. 经济学动态,1994(8):47-49.

[154] 魏后凯. 荷兰国土规划考察[J]. 国土经济,1994(3):44-50.

[155] 魏后凯. 荷兰国土规划与规划政策[J]. 地理学与国土研究,1994(3):54-60.

[156] 魏后凯. 区域经济发展的新格局[M]. 昆明:云南人民出版社,1995:153.

[157] 吴次芳,潘文灿. 国土规划的理论与方法[M]. 北京:科学出版社,2003.

[158] 吴殿廷,虞孝感,查良松,等. 日本的国土规划与城乡建设[J]. 地理学报, 2006(7):771-780.

[159] 吴敬琏. 当代中国经济改革[M]. 上海:上海远东出版社,2004.

[160] 肖扬. 黄土高原地区国土规划与可持续发展思考与分析[J]. 忻州师范学院学报,2005(5):127-130.

[161] 徐文吉. 朝鲜的国土规划与开发[J]. 东北亚论坛,2002(3):57-60.

[162] 杨树珍. 中国经济区划研究[M]. 北京:中国展望出版社,1990.

[163] 杨伟民. 规划体制改革的理论探索[M]. 北京:中国物价出版社,2003.

[164] 杨伟民. 关于推进形成主体功能区的几个问题[J]. 中国经贸导刊,2007(2):23.

[165] Chen G Q,Zhang B. Greenhouse gas emissions in China 2007: inventory and input - output analysis[J]. Energy Policy,2010,38(10):6180-6193.

[166] Chen L, Nico H, Marrit B. Energy consumption in rural China: a household model for three villages in Jiangxi Province[J]. Ecological Economics, 2006, 58(2):407-420.

[167] Eurostat. Economy-wide Material Flow Accounts and Derived Indicators: A Methodological Guide[M]. Luxembourg: Office for Offcial Publications of

the European Communities, 2001.

[168] Frey H C, Zheng J. Probabilistic analysis of driving cycle-based highway vehicle emission factors[J]. Environmental Science and Technology, 2002, 36(23):5184-5191.

[169] He K, Huo H, Zhang Q, et al. Oil consumption and CO_2 emissions in China's road transport: current status, future trends, and policy implications [J]. Energy Policy, 2005, 33(12):1499-1507.

[170] Huo H, Zhang Q, Wang M, et al. Environmental Implication of Electric Vehicles in China[J]. Environ. Sci. Technol, 2010, 44(13):4856-4861.

[171] IAEA, UNDESA, IEA, et al. Energy Indicators for Sustainable Development: Guidelines and Methodologies. IAEA, Austria, 2005.

[172] Intergovernmental Panel on Climate Change. 2006 IPCC Guidelines for National Greenhouse Gas Inventories[EB/OL]. [2010-07-12]. http://www.ipcc-nggip.iges.or.jp/public/2006gl/index.html.

[173] International Atomic Energy Agency(IAEA), United Nations Department of Economy and Social Affairs (UNDESA), International Energy Agency (IEA), et al. Energy Indicators for Sustainable Development: Methodologies and Guidelines[M]. Vienna: IAEA Publishing Section, 2005.

[174] Eggleston S, Buendia L, Miwa K, et al. 2006 IPCC guidelines for national greenhouse gas inventories[R]. Japan: IGES, 2006.

[175] Kennedy C, Steinberger J, Gasson B, et al. Greenhouse Gas Emissions from Global Cities[J]. Environ. Sci. Technol, 2009, 43(19): 7297-7302.

[176] Kennedy C, Steinberger J, Gasson B, et al. Methodology for inventorying greenhouse gas emissions from global cities[J]. Energy Policy, 2010, 38(9): 4828-4837.

[177] Kenny T, Gray N F. Comparative Performance of Six Carbon Footprint Models for Use in Ireland [J]. Environmental Impact Assessment Review, 2009, 29(1):1-6.

[178] Li L, Chen C, Xie S, et al. Energy demand and carbon emissions under different development scenarios for Shanghai, China [J]. Energy Policy, 2010, 38(9):4797-4807.

[179] Park S H. Decomposition of industrial energy consumption: an alternative method[J]. Energy Economics, 1992, 14(4):265-270.

[180] Parshall L, Gurney K, Hammer S, et al. Modeling energy consumption

and CO_2 emissions at the urban scale: methodological challenges and insights from the United States[J]. Energy Policy,2010,38(9):4765-4782.

[181] Patlitzianas K D, Doukas H, Kagiannas A G, et al. Sustainable energy policy indicators: review and recommendations[J]. Renewable Energy,2008,33(5): 966-973.

[182] Proops J L. The lifetime pollution implications of various types of electricity generation. An input-output analysis[J]. Fule and Energy Abstracts,1996,37(3):224.

[183] Schulz N B. Delving into the carbon footprints of Singapore-comparing directand indirect greenhouse gas emissions of a small and open economic system[J]. Energy Policy,2010,38(9):4848-4855.

[184] Timothy D S, Steven P H, Jerry M, et al. Fixing a critical climate accounting error[J]. Science,2009, 326 (10): 527-528.

[185] Unander F. Energy Indicators and Sustainable Development: The International Energy Agency Approach[J]. Natural Resources Forum, 2005, 29(4):377-391.

[186] Peters G P, Andrew R M, Boden T, et al. The challenge to keep global warming below 2 ℃[J]. Nature Climate Change, 2013(3):4-6.

[187] Vera I, Langlois L. Energy Indicators for Sustainable Development[J]. Energy,2007, 32(6): 875-882.

[188] Wang M, Huo H, Johnson L, et al. Projection of Chinese motor vehicle growth, oil demand, and CO_2 emissions through 2050. 2006.

[189] What is a carbon footprint? [EB/OL][2011-05-06]. http://www.carbontrust.co.uk/energy.

[190] Zhu Liu,Guan Dabo, Wei Wei, et al. Reduced carbon emission estimates from fossil fuel combustion and cement production in China[J]. Nature,2015,524(7565):335-338.

[191] Xu Guoquan, Liu Zeyuan, Jiang Zhaohua. Decomposition model and empirical study of carbon emissions for China, 1995—2004[J]. China Population, Resource and Environment, 2006, 16(6): 158-161.

[192] 北京市统计局.北京统计年鉴 2014[M].北京:中国统计出版社,2015.

[193] 北京市环保局.北京市环境保护局关于建设项目主要污染物排放总量指标审核及管理的补充通知[EB/OL].[2016-09-10]. http://www.bjepb.gov.cn/bjepb/413526/413560/413590/414960/4395292/index.html.

[194] 安金朝.企业节能减排执行能力综合评价研究[J].科技进步与对策,2010

(27):138-140.

[195] 陈文颖,高鹏飞,何建坤.二氧化碳减排对中国未来GDP增长的影响[J].清华大学学报(自然科学版),2004,44(6):744-747.

[196] 陈诗一.节能减排与中国工业的双赢发展:2009—2049[J].经济研究,2010(3):129-143.

[197] 陈诗一.能源消耗、二氧化碳排放与中国工业的可持续发展[J].经济研究,2009(4):41-55.

[198] 陈黎明,王颖,田建芳.中国省域能源-经济-环境系统协调性实证研究[J].财经理论与实践,2015(1):105-110.

[199] 陈建军,郭春景,何晓洁,等.印染企业节能减排状况与对策研究[J].环境污染与防治,2009(6):96-100.

[200] 陈一萍.基于密切值法的节能减排评价研究[J].生态环境学报,2010(19):419-422.

[201] 程永正.基于绿色GDP核算体系的节能减排政策制定研究[J].环境科技,2009(1):6-9.

[202] 程豪.碳排放怎么算—2006年IPCC国家温室气体清单指南[J].中国统计,2014(11):28-30.

[203] 但智钢.基于分解模型的全过程节能减排定量评价方法及应用[J].中国环境科学,2010(30):852-857.

[204] 邓玲玲.能源-经济-环境(3E)系统协调度评价及其影响因素研究[D].长沙:湖南大学,2012.

[205] 付允,马永欢,刘怡君,等.低碳经济的发展模式研究[J].中国人口·资源与环境,2008(3):14-19.

[206] 高敏雪,许健,周景博,等.综合环境经济核算——基本理论与中国应用[M].北京:经济科学出版社,2007.

[207] 国务院.国务院批转节能减排统计监测及考核实施方案和办法的通知[EB/OL].[2007-06-08].http://www.gov.cn/zwg k/2007-11/23/content_813617.htm.

[208] 国务院.节能减排综合性工作方案.2012.

[209] 国家环境保护总局规划与财务司.环境统计概论[M].北京:中国环境科学出版社,2001.

[210] 国家统计局.中国统计年鉴2014[M].北京:中国统计出版社,2015.

[211] 国家统计局.能源统计工作手册[M].北京:中国统计出版社,2010.

[212] 国家发展和改革委员会.中华人民共和国气候变化初始国家信息通报[M].北京:中国计划出版社,2004.

[213] 郭英玲,刘红旗,郭瑞峰,等.面向节能减排的简式生命周期评价方法[J].环境保护,2009(6):8-10.

[214] 韩颖,李廉水,孙宁,等.中国钢铁工业二氧化碳的排放研究[J].南京信息工程大学学报,2011(3):53-57.

[215] 郝千婷,黄明祥,包刚.碳排放核算方法概述与比较研究[J].中国环境管理,2011(4):4-9.

[216] 何斯征,黄东风.浙江省可持续发展能源指标研究[J].研究与探讨,2007(2):1-8.

[217] 何伟,秦宁,何玘霜.节能减排绩效及其与经济效益协调性的监控和评估[J].环境科学学报,2010(30):1499-1509.

[218] 国家环保总局.主要污染物总量减排统计办法[J].轻工标准与质量,2008(2):29.

[219] 环境保护部、统计局、发展改革委、监察部.关于印发"十二五"主要污染物总量减排统计、监测办法的通知[EB/OL].http://www.zhb.gov.cn/gkml/hbb/bwj/201302/t20130204_245884.htm.

[220] 胡瑞,张学伟.环境统计中污染物产生量排放量核算方法的探讨[J].科技视界,2012(34):115.

[221] 湖南省科技厅.基于组织的温室气体排放计算方法[Z].2010.

[222] 江苏省人民政府.江苏省温室气体排放信息平台计算指南[Z].2012.

[223] 江亿,刘兰斌,杨秀.能源统计中不同类型能源核算方法的探讨[J].中国能源,2006,28(6):5-8.

[224] 江亿,杨秀.在能源分析中采用等效电方法[J].中国能源,2010,32(5):5-11.

[225] 科技部.中国节能减排专项行动计划[M].北京:人民出版社,2007.

[226] 梁巧梅,魏一鸣,范英.中国能源需求和能源强度预测的情景分析模型及其应用[J].管理学报,2004(1):62-66.

[227] 李若霓."当量值"和"等价值"对节能工作的影响[J].节能与环保,2012(10):52-53.

[228] 李国志,李宗植.中国二氧化碳排放的区域差异和影响因素研究[J].中国人口·资源与环境,2010(5):22-27.

[229] 李启明,欧晓星.低碳建筑概念及其发展分析[J].建筑经济,2010(2):41-43.

[230] 李冰.基于投入产出技术的河北省能源利用效率分析[D].保定:河北大学,2010.

[231] 李贵林,路学军,陈程.物料衡算法在工业源污染物排放量核算中的应用

探讨[J].淮海工学院学报(自然科学版),2012(4):66-69.

[232] 李亮,吴瑞明.节能减排效用分析与评价研究[J].科学技术与工程,2009(9):1-4.

[233] 李宁,刘铭,杨印生.生态文明视角下山东省工业节能减排绩效评价[J].生态经济,2015(5):62-66.

[234] 李志春,金志伟.基于AHP-模糊综合评价的港航系统节能减排的评价研究[J].船海工程,2009(5):173-176.

[235] 林伯强,何晓萍.中国油气资源耗减成本及政策选择的宏观经济影响[J].经济研究,2008(5):94-104.

[236] 刘元明,单绍磊,高朋钊.煤炭企业节能减排评价指标体系及模型构建[J].经济研究导刊,2011(25):34-35.

[237] 刘起运,彭春燕.90年代以来我国结构转变中的产业关联变动——从能源消耗角度所作的分析[J].冶金经济与管理,2002(6):12-15.

[238] 卢建明,焦有梅.按照节能规律规范能耗核算方法[J].山西能源与节能,2009(1):34-36.

[239] 吕安涛,张存保,石永辉,等.山东省港航系统节能减排评价指标体系研究[J].交通信息与安全,2009(6):52-54.

[240] 马明珠,张旭.基于LCA研究建筑保温的节能减排效益[J].环境工程,2008(1):88-89.

[241] 饶清华,邱宇,许丽忠,等.节能减排指标体系与绩效评估[J].环境科学研究,2011,24(9):1067-1073.

[242] 饶清华,邱宇,许丽忠,等.基于多目标决策的节能减排绩效评估[J].环境科学学报,2013(2):617-625.

[243] 上海市发展和改革委员会.上海市温室气体排放核算与报告指南(试行).[EB/OL].(2018-10-14)[2012-05-08].https://wenku.baidu.com/view/c697184187
6fb84ae45c3b3567ec102de3bddf68.html.

[244] 尚春静,张智慧.建筑生命周期碳排放核算[J].工程管理学报,2010,24(1):7-12.

[245] 沈利生.怎样实现单位产值能耗下降20%的目标——利用投入产出模型测算的结果[C]//中国投入产出学会第七届年会论文集,2011:241-260.

[246] 石刚.我国主体功能区的划分与评价——基于承载力视角[J].城市发展研究,2010(3):44-50.

[247] 石刚.环境与能源双重约束下的经济增长——理论模型与经验分析[D].北京:中央财经大学,2010.

[248] 石红莲. 降低我国碳排放量的对策探析[J]. 理论月刊,2010(7):97-99.

[249] 宋辉. 用投入产出模型对河北"九五"计划和 2010 年规划预测的研究[J]. 数量经济技术经济研究,2003(9):158-160.

[250] 宋国君,王军霞,王晨. 如何完善污染物总量减排核算方法[J]. 环境保护, 2009(11):37-40.

[251] 宋马林,杨杰,孙欣. 国内各地区节能减排评价研究[J]. 资源开发与市场, 2008,24(1):31-33.

[252] 苏伟健,黎碧霞,李霞. 工业锅炉大气污染物源强核算方法的研究[J]. 环境科学与管理,2015(8):101-105.

[253] 孙建卫,赵荣钦,黄贤金,等. 1995—2005 年中国碳排放核算及其因素分解研究[J]. 自然资源学报,2010,25(8):1284-1295.

[254] 王长波,张力小,栗广省. 中国农村能源消费的碳排放核算[J]. 农业工程学报,2011(增刊1):6-11.

[255] 王益烜. 我国初步建立资源环境核算体系[EB/OL]. (2018-11-04)[2019-05-03]. www.hzo-China.com/news/75939.html.

[256] 王海鲲,张荣荣,毕军. 中国城市碳排放核算研究——以无锡市为例[J]. 中国环境科学,2011,31(6):1029-1038.

[257] 王宇鹏,许健,吴灿. 中国投入产出表直接消耗系数变动研究[J]. 统计研究,2010(7):73-77.

[258] 王灿,陈吉宁,邹骥,等. 基于 CGE 模型的 CO_2 减排对中国经济的影响[J]. 清华大学学报(自然科学版),2005,45(2):1621-1624.

[259] 王雪娜,顾凯平. 中国碳源排碳量估算办法研究现状[J]. 环境科学与管理,2006,31(4):78-80.

[260] 王锦,吉奕康. 北京市主要大气污染源清单及火电厂排放污染物对雾霾天气的影响[J]. 北京交通大学学报,2015,39(1):78-82.

[261] 王强,吴悦颖,张文静,等. 我国石油炼化企业主要水污染物排放量核算方法研究[J]. 油气田环境保护,2015,25(1):48-51.

[262] 王兵,刘光天. 节能减排与中国绿色经济增长——基于全要素生产率的视角[J]. 中国工业经济,2015(5):57-69.

[263] 王俊岭,赵瑞芬,王贤. 能源-经济-环境(3E)系统和谐度评价研究——以河北省为例[J]. 经济与管理,2012,26(9):94-96.

[264] 王林,杨新秀. 道路运输企业节能减排评价指标体系的构建[J]. 武汉理工大学学报(信息与管理工程版),2009,31(4):654-657.

[265] 王霞. 能源-经济-环境复杂系统持续协调发展评价指标体系与方法研究——以山东省为例[J]. 特区经济,2006(9):369-370.

[266] 王铮,苗立永,马强.煤矿企业清洁生产评价指标体系研究及应用[J].煤田地质与勘探,2006(4):45-49.

[267] 王侃宏,王立学,袁晓华,等.折标系数的选取及其对节能量核算的影响[J].节能,2012(9):22-25.

[268] 吴国华.中国节能减排战略研究[M].北京:经济科学出版社,2009.

[269] 吴国华.我国节能减排的理性思考——基于"十一五"头两年节能减排目标完成情况的分析[J].山东财政学院学报(双月刊),2009(3):7-11.

[270] 吴开尧,朱启贵.上海市2007年SEEA-E流量核算研究[J].上海交通大学学报(哲学社会科学版),2010(4):34-39.

[271] 肖琪.基于投入产出视角的企业节能减排评价指标体系研究[J].商,2012(8):168-169.

[272] 夏炎,杨翠红.基于投入产出优化方法的行业节能潜力和节能目标分析[J].管理评论,2010(6):93-99.

[273] 夏炎,陈锡康,杨翠红.基于投入产出技术的能源效率新指标——生产能耗综合指数[J].管理评论,2010(2):17-22.

[274] 徐嵩龄,沈可挺.不同方案下中国CDM的成本-效益分析:基于CGE的实证模拟[J].气候变化研究进展,2006(6):268-291.

[275] 杨志荣.低位热值·当量热值·等价热值[J].中国能源,1993(5):29-33.

[276] 杨宏伟.IPCC能源清单指南进展及其对中国的影响[J].气候变化研究进展,2006(6):273-276.

[277] 杨玉峰,刘滨.温室气体排放总量计算的不确定性及对清洁发展机制的影响[J].上海环境科学,2001(2):75-77.

[278] 杨华峰,姜维军.企业节能减排效果综合评价指标体系研究[J].工业技术经济,2008(10):55-58.

[279] 张鹤丹,王惺,付峰,等.中国城市能源指标体系初探[J].中国能源,2006(5):42-45.

[280] 张淑杰.江苏省COD排放总量不同计算方法对比研究[D].南京:南京师范大学,2008.

[281] 张艳.浅析环境统计中污染物核算方法的比较[J].环境与生活,2014(19X):240.

[282] 张德英,张丽霞.碳源排碳量估算办法研究进展[J].内蒙古林业科技,2005(1):20-23.

[283] 章蓓蓓,成虎,张涛,等.市政基础设施碳排放核算框架研究[J].工程管理学报,2010(6):626-630.

[284] 赵队家.高速公路运营期节能减排绩效评价指标体系研究[J].交通建设与

管理,2015(12):49-53.

[285] 政府间气候变化专门委员会. 2006 年 IPCC 国家温室气体清单指南[Z]. 2006.

[286] 朱启贵. 能源流核算与节能减排统计指标体系[J]. 上海交通大学学报(哲学社会科学版),2010(6):28-34.

[287] 朱秋燕. 江西省能源效率及环境影响的投入产出分析[D]. 南昌:江西财经大学,2010.

[288] 周树勋,任艳红,康颖,等. 排污权核定及案例[M]. 杭州:浙江人民出版社,2014.

附录 各个计算表格结果

附表1 基于三产调整的人口承载力测算

年 份	三产人均产值/万元	三产就业人口占总人口比重	三产调整目标（占GDP比重）	产业结构变动对人口承载力测算/万人
2010年	10.599 6	24.82%	75.62%	211.2
2015年	19.079 3	24.1%	80%	208.8
	21.886 4			182

【说明】 24.1%是按照北京2009年三产就业人口占总就业人口的比重0.737 8乘以就业率98%,再乘以人口抚养系数1/3估算而来的;19.079 3是三产人均产值比2010年增加80%的计算结果;21.886 4是北京市2009年的三产人均产值。

附表2 基于金融业调整的人口承载力测算

年 份	金融产业人均产值/万元	金融产业就业人口占总人口比重	金融产业调整目标（占GDP比重）	产业结构变动对人口承载力测算/万人
2010年	51.233 5	0.63%	9.22%	211.2
2015年	87.774 7	1.05%	20%	260.2
	92.220 3			247.7
	102.467			222.9

【说明】 1.05%是根据北京市2009年金融业的0.043 6(占三产比重)乘以三产比重0.737 8,乘以就业率0.98,乘以抚养系数1/3得到的;87.774 7是北京2009年的金融业水平;92.220 3是丰台区在2010年的基础上金融业人均收入增加80%的计算结果;102.467是在2010年的基础上增加100%的计算结果。

附表3 基于现代制造业调整的人口承载力测算

年 份	现代制造业人均产值/万元	现代制造业就业人口占总人口比重	现代制造业调整目标（占GDP比重）	产业结构变动对人口承载力测算/万人
2010年	13.830 2	3.39%	13.48%	211.2
2015年	19.127 2	4.69%	18%	240.7
	24.894 4			185

【说明】 4.69%是根据北京市2009年工业就业人口占二产就业人口比重(0.718 4)乘以二产就业人口比重(0.199 9),乘以0.98,乘以1/3得到的;19.127 2是北京市2009年的工业人均产值;24.894 4是丰台在2010年的基础上工业人均产值增长80%的计算结果。

附表4 基于现代制造业调整的人口承载力测算

年 份	高新技术产业人均产值/万元	高新技术产业就业人口占总人口比重	高新技术产业调整目标（占GDP比重）	产业结构变动对人口承载力测算/万人
2010年	13.830 2	5.93%	23.39%	211.2
2015年	24.722 5	6%	25%	202.2
	27.469 5			182

【说明】 由于基础数据的缺乏,6%是根据试算结果假设的一个值;24.722 5是在2010年现代制造业人均产值的基础上增加80%的结果;27.469 5是在2010年现代制造业人均产值的基础上增加80%的结果。

附表5 基于现代服务业调整的人口承载力测算

年 份	现代服务业人均产值/万元	现代服务业就业人口占总人口比重	现代服务业调整目标（占GDP比重）	产业结构变动对人口承载力测算/万人
2010年	20.214 7	8.4%	48.71%	211.2
2015年	36.386 5	9%	60%	219.9
	40.429 5			197

【说明】 由于基础数据的缺乏,9%是根据试算结果假设的一个值;36.386 5是在2010年现代服务业人均产值的基础上增加80%的结果;40.429 5是在2010年现代服务业人均产值的基础上增加100%的结果。

附表6 基于文化创意产业调整的人口承载力测算

年 份	文化创意产业人均产值/万元	文化创意产业就业人口占总人口比重	文化创意产业调整目标（占GDP比重）	产业结构变动对人口承载力测算/万人
2010年	22.353 4	1.39%	8.94%	211.2
2015年	40.236 2	1.7%	12%	210.5
	44.706 9			189.5

【说明】 由于基础数据的缺乏,1.7%是根据试算结果假设的一个值;40.236 2是在2010年文化创意产业人均产值的基础上增加80%的结果;44.706 9是在2010年文化创意产业人均产值的基础上增加100%的结果。

附表 7　基于建设用地规划的人口承载力测算

年　份	建设用地/km²	人口密度/(万人·千米⁻¹)	建设用地对人口承载力测算/万人
2010 年	211.88	9 967.88	211.2
2015 年	219.5	9 967.88	218.8
		10 175.51	223.4
		13 263.49	291

【说明】　211.88 是在 2009 年（210.39 km²）的基础上，根据 2009—2015 年（219.5 km² 是 2015 年的规划值）的几何平均增长率 0.007 09 进行测算得到的；10 175.51 是朝阳区 2010 年的人口密度；13 263.49 是海淀区 2010 年的人口密度。

附表 8　基于建设用地规划（考虑 GDP 影响）的人口承载力测算

年　份	建设用地/km²	人均 GDP	地均 GDP/（万元·千米⁻¹）	建设用地对人口承载力测算/万人
2010 年	211.88	34 791	34 679	211.2
2015 年	219.5	69 582	54 669.7	172.5
		62 624		191.6
		52 186		230

【说明】　211.88 是在 2009 年（210.39 km²）的基础上，根据 2009—2015 年（219.5 km² 是 2015 年的规划值）的几何平均增长率 0.007 09 进行测算得到的；54 669.7 是根据"十二五"规划到 2015 年丰台区 GDP 达到 1 200 亿元计算得到的；69 582 是根据人均 GDP 增幅达到 2010 年的 100% 计算得到的；62 624 是根据人均 GDP 增幅达到 2010 年的 80% 计算得到的；52 186 是根据人均 GDP 增幅达到 2010 年的 80% 计算得到的。

附表 9　基于住宅建筑面积的人口承载力测算

年　份	住宅建筑面积/(10⁴ m²)	人均住宅面积/(米²·人⁻¹)	住宅建筑面积对人口承载力测算/万人
2010 年	4 797.35	22.71	211.2
2015 年	5 168.11	22.71	227.6
		25.5	202.7
		26.6	194.3

【说明】　4 797.35 是基于 2008 年的普查数据，根据《北京统计年鉴 2008》的新建住宅销售面积计算而来的；5 168.11 是在 2010 年的基础上，按照销售面积年

均增长 1.5% 计算而来的。25.5 是北京市 2007—2009 年人均住宅水平;26.6 是北京市人均住宅面积的规划标准。

附表 10　基于生活用水量的人口承载力测算

年　份	生活用水量规划值/(10^4 m³)	人均生活用水量/m³	生活用水对人口的承载力/万人
2011 年	16 366	77	213.7
2015 年	18 489	77	240
		85.2	217
		87.2	212

【说明】　2015 年规划值 18 489 和 2011 年规划值 16 366 来自区水务局的"十二五"规划;77 是根据生活用水规划值和 2010 年人口以 0.012 的增长率(该增长率是基于线性布朗二次平滑预测法测算的结果)测算的 2011 年的结果;213.7 是 2010 年人口以 0.012 的增长率测算的结果;85.2 是北京市近五年人均生活用水量的最低值;87.2 是北京市近五年人均生活用水量的平均值。

附表 11　基于供水总量的人口承载力测算

年　份	供水总量规划值/(10^4 m³)	人均供水量/m³	供水总量对人口的承载力/万人
2011 年	26 776	125.3	213.7
2015 年	33 210	125.3	265
		161.8	205
		202.3	164

【说明】　2011 年与 2015 年的供水总量规划值来自区水务局的"十二五"规划;125.3 是根据 2011 年供水总量规划值和 2010 年人口以 0.012 的增长率(该增长率是基于线性布朗二次平滑预测法测算的结果)测算的 2011 年的结果;213.7 是 2010 年人口以 0.012 的增长率测算的结果;161.8 是北京市 2009 年的人均供水量的 80%;202.3 是北京市 2009 年的人均供水量。

附表 12　基于供水总量及万元 GDP 耗水量的人口承载力测算

年　份	供水总量规划值/(10^4 m³)	人均 GDP/元	万元 GDP 耗水/(米³·万元$^{-1}$)	生活用水对人口的承载力/万人
2011 年	26 776	38 504	32.54	213.7
2015 年	33 210	69 582	29.92	159.5
		62 624		177.3
		52 186		212.7

【说明】 2011 年与 2015 年的供水总量规划值来自区水务局的"十二五"规划;29.92 是北京市 2009 年万元 GDP 的耗水量;2011 年人均 GDP 38 504,是根据在 2010 年 GDP 增长 12%、人口增长 1.2% 测算得到的;69 582 是根据人均 GDP 增幅达到 2010 年的 100% 计算得到的;62 624 是根据人均 GDP 增幅达到 2010 年的 80% 计算得到的;52 186 是根据人均 GDP 增幅达到 2010 年的 80% 计算得到的。

附表 13 基于公路里程数的人口承载力测算

年 份	公路里程/km	人均公路里程/(千米·万人$^{-1}$)	公路里程数对人口的承载力/万人
2010 年	1 303.2	6.17	211.2
2015 年	1 476.2	6.92	213.3
		9.46	156
		11.83	124.8

【说明】 1 476.2 是根据丰台区"十二五"规划中公路里程数增加 173 km,进而在 2010 年的基础上计算得到的;6.92 是丰台区近三年人均公路里程数的均值;9.46 是北京市 2009 年人均公路里程数水平的 80%;11.83 是北京市 2009 年的人均公路里程数水平。

附表 14 基于公路里程数同时考虑 GDP 因素的人口承载力测算

年 份	公路里程/km	人均 GDP/元	每公里公路支撑 GDP/(万元·千米$^{-1}$)	公路里程数对人口的承载力/万人
2010 年	1 303.2	38 504	5 638	211.2
2015 年	1 476.2	69 582	8 129	172.5
		62 624		191.6
		52 186		230

【说明】 1 476.2 是根据丰台区"十二五"规划中公路里程数增加 173 km,进而在 2010 年的基础上计算得到的;8 129 是根据"十二五"规划的 GDP 值和公路里程数计算得到的;69 582 是根据人均 GDP 增幅达到 2010 年的 100% 计算得到的;62 624 是根据人均 GDP 增幅达到 2010 年的 80% 计算得到的;52 186 是根据人均 GDP 增幅达到 2010 年的 80% 计算得到的。

附表 15 基于病床数的人口承载力测算

年 份	病床数/张	每千人病床数/张	病床数对人口的承载力/万人
2010 年	7 876	3.67	211.2
2015 年	9 273	4.5	198.4
	10 073		215.5

【说明】 9 273 是以丰台区 2010 年的病床数为基础,按照北京市 2005—2009 年的几何平均增长率计算而得到的;10 073 是以丰台区 2010 年的病床数为基础,按照丰台区 2005—2010 年的几何平均增长率计算而得到的。

附表 16 基于卫生技术人员数的人口承载力测算

年 份	卫生技术人员/人	每千人卫生技术人员数/人	卫生技术人员数对人口的承载力/万人
2010 年	10 172	4.74	211.2
2015 年	14 643	8.3	169.9
	13 041		151.3

【说明】 14 643 是以丰台区 2010 年的卫生技术人员数为基础,按照北京市 2005—2009 年的几何平均增长率计算而得到的;13 041 是以丰台区 2010 年的卫生技术人员数为基础,按照丰台区 2005—2010 年的几何平均增长率计算而得到的。

附表 17 基于教育的人口承载力测算

年 份	中小学教师人数/人	师生比(人/人)	中小学生数/总人数（人/万人）	根据教育资源计算承载力/万人
2010 年	7 038	0.073 9	451.13	211.2
2015 年	7 089	0.085 1	451.13	184.7
			541.36	153.9
			666	125

【说明】 7 089 是以丰台区 2010 年的中小学教师数为基础,按照北京市 2005—2009 年的几何平均增长率计算而得到的;0.085 1 是北京市 2009 年的水平;541.36 是在丰台区 2010 年的基础上增加 20% 的结果;666 是北京市 2009 年的水平。

附表 18 基于医疗保险的人口承载力测算

年 份	医疗保险人数/万人	户籍人口比重	医疗保险占户籍人口比重	社会保障对人口的承载力/万人
2010 年	57.7	0.503 4	0.542 7	211.2
2015 年	83.8	0.6	0.7	199.5
		0.7		171

【说明】 83.8 是根据丰台区近五年的医疗保险人数的几何平均增长率,在 2010 年的基础上推算得到的;0.7 是北京 2009 年户籍人口占总人口比重的水平;

0.6 是考虑流动人口因素而选择的一个中间水平;医疗保险占户籍人口比重 0.7 是北京市 2008 年的水平。

附表 19　基于养老保险的人口承载力测算

年　份	养老保险人数/万人	户籍人口比重	养老保险占户籍人口比重	社会保障对人口的承载力/万人
2010 年	59.6	0.503 4	0.560 5	211.2
2015 年	106.6	0.6	0.66	269
		0.7		230.7

【说明】　106.6 是在 2010 年的基础上,以北京市的增长水平测算的养老保险人数(近五年丰台养老人数的几何平均增长率在 13.75%,高于北京市近五年的水平 12.32%);养老保险人数占户籍人口比重 0.66 是北京市 2009 年的水平;0.7 是北京市 2009 年户籍人口占总人口比重的水平;0.6 是考虑流动人口因素而选择的一个中间水平。

附表 20　基于社会安全的人口承载力测算

年　份	刑事案件立案数/件	每万人刑事案件立案数/(件·万人$^{-1}$)	社会安全对人口的承载力/万人
2010 年	18 411	87.17	211.2
2015 年	16 464	80.73	204
	17 954		222.4
	14 200		175.9

【说明】　16 464 是以丰台 2010 年刑事案件立案数为基础,以北京市近五年刑事案件数量的几何平均增长率(−2.2%)推算而得到的;14 200 是丰台区 2008 年刑事案件立案数的大致水平;17 954 是丰台区奥运前 2007 年刑事案件立案数的水平;80.73 是丰台区 2008 年奥运会期间每万人刑事案件立案数的水平。

附表 21　基于公园绿地面积的人口承载力测算

年　份	公园绿地面积/hm²	人均公园绿地面积/(米²·人$^{-1}$)	环境对人口的承载力/万人
2010 年	2 726.59	12.91	211.2
2015 年	3 271.91	15.31	213.7
	3 947.26		257.8
	4 073.48		266.0

【说明】　15.31 是 2015 年的规划值;3 271.91 是在丰台 2010 年公园绿地面

积的基础上增加20%的结果;3 947.26是根据丰台近4年来的几何平均增长率测算的结果;4 073.48是根据北京市近5年来的几何平均增长率测算的结果。

附表22　基于生活垃圾清运量的人口承载力测算

年　份	生活垃圾清运量/(10^4 t)	人均生活垃圾清运量/(吨·人$^{-1}$)	环境对人口的承载力/万人
2010年	88.8	0.420 5	211.2
2015年	89.6	0.373 8	239.8
		0.464 7	192.9

【说明】　89.6是丰台近五年生活垃圾清运量的平均值;0.373 8是北京市2009年人均生活垃圾清运量的水平;0.464 7是丰台剔除2007年和2008年的值(因为奥运会,这两年的值较高)后近三年的人均生活垃圾清运量的均值。

附表23　基于农村人口比重的人口承载力测算

年　份	农村人口/万人	农村人口占比	城市化的承载力/万人
2010年	12.049 9	5.70%	211.2
2015年	7.228 7	3.85%	187.8
		4.21%	171.6

【说明】　2015年农村人口7.228 7万人是根据未上楼人数计算而得到的;农村人口占比3.85%是根据近六年来丰台农村人口的几何平均增长率(-7.57%)计算而得到的;4.21%是根据丰台区2005—2009年的几何平均增长率(-5.88%)计算得到的,因为2009—2010年减少较多(北京市的农村人口比重高,且降低速率低,因此不拿来作为参照)。

附表24　基于回迁面积的人口承载力测算

年　份	回迁面积/(10^4 m^2)	人均回迁面积/m^2	农村人口占比	城市化的承载力/万人
2010年	341.19		5.70%	211.2
2015年	838.031	80	3.85%	256.7
		100		205.4
		80	4.21%	234.5
		100		187.6

【说明】　2015年规划建设回迁房总面积达到838.031×10^4 m^2。根据2010年已建回迁面积和已经上楼人数进行大致测算,人均回迁面积选择80 m^{2}和100 m^{2}两种情况;农村人口占比的测算与基于农村人口比重的测算相同。